应用技能型院校"十四五"规划教材
立体化校企合作财经教材

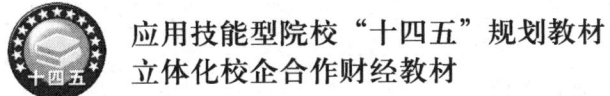

管理会计
（第二版）

虎玲华◎主　编
徐　扬　黎耀川◎副主编

立信会计出版社
LIXIN ACCOUNTING PUBLISHING HOUSE

图书在版编目(CIP)数据

管理会计/虎玲华主编. -- 2 版. --上海：立信
会计出版社，2025.8.-- ISBN 978-7-5429-7959-9

Ⅰ. F234.3

中国国家版本馆 CIP 数据核字第 2025DR5502 号

策划编辑　　　王斯龙
责任编辑　　　汤　晏
美术编辑　　　吴博闻

管理会计(第二版)

GUANLI KUAIJI

出版发行	立信会计出版社		
地　　址	上海市中山西路 2230 号	邮政编码	200235
电　　话	(021)64411389	传　　真	(021)64411325
网　　址	www.lixinaph.com	电子邮箱	lixinaph2019@126.com
网上书店	http://lixin.jd.com		http://lxkjcbs.tmall.com
经　　销	各地新华书店		

印　　刷	浙江天地海印刷有限公司
开　　本	787 毫米×1092 毫米　　　1/16
印　　张	16
字　　数	390 千字
版　　次	2025 年 8 月第 2 版
印　　次	2025 年 8 月第 1 次
书　　号	ISBN 978-7-5429-7959-9/F
定　　价	47.00 元

如有印订差错，请与本社联系调换

自 2014 年至今,中国的管理会计体系建设取得明显成效,形成以《管理会计基本指引》为统领、《管理会计应用指引》为具体指导、示范案例为补充的管理会计指引体系。2024 年 11 月,财政部发布《关于全面深化管理会计应用的指导意见》,提出当前和今后一个时期是以中国式现代化全面推进强国建设、民族复兴伟业的关键时期,要全面深化管理会计应用,推动经济社会高质量发展。2024 年,原全国职业院校技能大赛升级为世界职业院校技能大赛,创新采用"技能水平、职业素养、应用价值、团队合作、创新创意"五大统一要素对不同赛道参赛作品进行整体评价,更加注重考查不同专业学生基于技能操作表现出的综合素质。

本教材的主要内容包括管理会计概述、战略管理、变动成本管理、本量利分析、目标成本管理、标准成本管理、作业成本管理、预算管理、绩效管理、管理会计报告与管理会计信息系统。在本次修订中,编者根据各项目的内容明确了各项目课程思政目标、编写了课程思政案例;对目标成本管理、标准成本管理、绩效管理三个项目增加了案例材料及思考题,介绍企业如何应用管理会计工具解决生产一线实际问题或现实困难,注重培养学生的综合能力。

本教材具有如下特点:

(1) 内容完整,体现新知识、新技术和新发展。本教材以财政部发布的《管理会计基本指引》《管理会计应用指引》为依据,结合世界职业院校技能大赛,同时考虑到与"成本会计""财务管理"等财会类课程的内容分工与衔接,安排了管理会计概述、战略管理、变动成本管理、本量利分析等 10 个项目的内容,兼顾了管理会计的基础知识和新发展、新技术。

(2) 明确学习要求,注重引导。为了更好地帮助学生开展课程学习,编者在每一个项目前均设置了知识目标、能力目标、素质目标和思政目标;安排了导学内容,通过与知识内容相关的案例或业务引导学生思考和分析,激发学生的学习兴趣。

(3)贯穿了管理会计应用原则。本教材突出学以致用的教学理念,侧重于对学生管理思维的培养和岗位技能的学习和锻炼。本教材增加了较多的案例知识、业务素材,通过案例分析激发学生的学习兴趣,培养学生分析问题的能力和实践应用能力;理论和方法的讲解能够培养学生的基本理论素养,增强知识的系统性;课后配有职业资格与技能训练以帮助学生巩固知识和提升技能。

本教材是在线开放课程"管理会计"的配套教材,配有丰富的教学资源。学生可以利用课程网站上提供的微课、习题、试题、图片、案例等教学资源进行学习。本教材既可作为高等职业院校、成人院校和本科院校会计、财务管理及相关专业的教学用书,又可供广大在职人员自主学习的参考用书。

由于编者水平有限,本教材可能存在不足之处,恳请大家批评指正。

编者

2025 年 8 月

contents

项目一

管理会计概述

知识目标

了解管理会计的产生和发展

理解管理会计的概念

掌握管理会计的基本内容

掌握管理会计与财务会计的区别与联系

理解单位应用管理会计的原则

理解单位应用管理会计的要素

了解管理会计师职业建设和职业道德体系

能力目标

能够根据单位的实际情况选择合适的管理会计工具和方法

素质目标

培养终身学习和不断探究新事物的习惯

思政目标

通过介绍我国在管理会计领域取得的成果，激发学生的
民族自豪感和爱国主义情怀，增强学生对于会计职业的认知，
树立职业荣誉感

【导学】

随着"大、智、移、云、物、区"时代的到来,会计工作进入了高度信息化时代,业财融合、财务共享等会计信息系统,使会计信息成为企业管理大数据的来源,为大力发展管理会计提供了技术支持。在这样的背景下,随着我国管理会计理论与指引体系的建立,围绕单位价值创造的核心能力培植与提升,管理会计将形成独特的、超越传统财务会计的全新综合体系,成为中国经济发展的助力器。

任务一 了解管理会计的产生与发展

管理会计,顾名思义,是"管理"与"会计"的有机结合,管理会计的产生与会计的发展以及管理科学的发展密不可分。管理会计自觉行为的产生与发展源于企业经营管理的需要,这既是社会经济环境变迁的产物,又是多种经济思想与管理方法相互借鉴、发展推动的结果。

一、管理会计的萌芽与产生(19 世纪至 20 世纪 30 年代末)

伴随着第一次工业革命的到来,企业规模不断扩大,如何有效利用资源,管理复杂而庞大的企业,以不断提高经营效益是当时企业家们面临的主要矛盾和问题。最早的管理会计实践起源于美国和英国的纺织业的成本管理。当时的企业家们在多步骤生产纺织品的过程中,通过对成本信息进行记录与分析,确定了中间产品和完工产品的成本,并按照每码成本或每磅成本建立了内部经营绩效评价指标,从而为衡量生产效率、评价员工绩效、降低成本提供了有效的信息依据。19 世纪 40 年代以后,英国、美国的铁路部门为管理大规模企业,提出了解决现代企业管理核心问题的内部会计方法,它们设计了特殊的记账制度和成本会计系统,发明了货物运输每吨公里成本,每位旅客行程公里成本等铁路经济业务的计量指标,用于评价和控制内部生产过程。商业企业借鉴铁路运输业的做法,设计了毛利、存货周转率等考核部门经营业绩的指标,突出了对营运成本的控制,将管理会计的实践范围由成本、人工、绩效扩展到资本和营运,进一步推动了管理会计的实践与发展。20 世纪 30 年代,美国企业为了应对第一次世界大战后出现的经济大萧条,广泛推行弗雷德里克·温斯洛·泰勒、亨利·法约尔、马克斯·韦伯等创立的科学管理理念,在管理实践中先后应用了以科学管理学说为基础而形成并发展起来的标准成本系统,以制定定额为目的的时间、动作研究技术和差别计件工资制,以及以计划、执行职能分离为特征的预算管理和差异分析。早期执行性管理会计以标准成本和预算控制为主要支柱。标准成本、差异分析、预算控制是与科学管理理论相联系的计划、控制技术,这些理论与技术应用到会计实务中,使表现为事后消极反应的传统会计受到严峻挑战和强大冲击,但也带来了巨大的发展空间和机遇。会计在环境的压力下,突破了原有的事后反映格局,而采用事前规划、事中控制的技术方法,以适应企业管理的需求和提高工作效率。

二、管理会计的形成(20 世纪 40 年代初至 50 年代初)

第二次世界大战后,西方国家纷纷致力于修复战争创伤,大力发展经济。一方面,现代科学技术突飞猛进并大规模应用于生产,使社会生产力获得了十分迅速的发展;另一方面,企业进一步集中,跨国公司大量涌现,企业规模越来越大,生产经营日趋复杂。通货膨胀、银行贷款紧缩、筹资困难,企业经营管理的难度越来越大。在复杂的经济环境下,大量企业开始采用更适合当时客观环境的管理新技术和新方法,加强对企业各项生产经营活动的事前规划和事中控制,许多企业把职能管理(function management)、行为科学管理(behavioral science management)、数量管理(quantitative management)等理论和方法应用到管理实践,尤其是现代计算机技术应用于日常的控制和决策,使企业管理步入崭新的阶段。以西蒙为代表的管理科学理论的发展是管理会计迅速发展的重要动力。至此,以强化内部管理、提高经济效益为目的的管理会计体系形成。

1922 年,美国会计学家奎因斯坦在其著作《管理会计:财务管理入门》中首次提出管理会计这一专门术语,该术语于 1952 年在伦敦举行的国际会计师联合会代表大会上正式通过,会计也因此被细分为财务会计和管理会计两大领域。

三、管理会计的发展(20 世纪 50 年代末至今)

管理会计与财务会计分离后,不断吸收现代管理科学,特别是系统论、控制论、信息论、决策论和代理理论等的研究成果,利用现代高等数学方法与电子计算机技术进行科学分析,使自身理论和方法体系日臻完善,在改善企业内部管理、提高经济效益方面显示了极大的优势。管理会计使用范围也由制造业推广到非营利机关团体等各行各业,成为单位实现管理现代化的重要手段。

第二次世界大战后,新理论和新技术如雨后春笋般破土而出,企业开始通过职能管理与行为科学管理来提高产品质量,降低产品成本,扩大企业利润。同时,运用运筹学和数理统计的方法,把复杂的经济现象演变成各种数学模型,然后通过电子计算机进行求解,帮助企业管理当局进行最优化的经济预测和经济决策。行为科学与管理控制相结合的责任会计、全面控制、成本-业务量-利润分析和各种预测分析、决策分析模型等管理会计的专门方法已应用于企业管理。

20 世纪 80 年代中期以来,社会经济环境发生了翻天覆地的变化,传统的以"福特制"为特征的大批量生产模式正在被适应多样化、个性化顾客需求的"顾客化生产模式"所替代;随着经济全球化的发展和新技术革命的兴起,生产要素在全球范围内流动,企业竞争也更加具有国际化的特征;环境巨变和竞争方式的演化,增加了企业经营风险的来源并使其更加难以预测;技术突飞猛进,使数控机床、智能机器人、电子计算机辅助设计、电子计算机辅助生产、弹性制造系统等高科技成果在生产中得到广泛应用,也使得企业生产组织和管理出现了许多革命性的变化,适时生产系统(juse in time, JIT)、全面质量管理(total quality contnol,TQC)等新的理论和方法相继形成,作业成本法、作业管理、质量成本管理计算与控制、人力资源管理会计、战略管理会计等新的领域日益引起人们的关注。

管理会计的发展历史表明,随着企业变得越来越复杂以及技术变更和新企业的出现,管理会计实践的创新受到新战略对信息需求的推动,未来还将持续受到这种推动。当控制和降低成本很重要时,就会出现成本系统的创新。当组织从规模效应和多元化中获得优势时,富有创造性的管理者们提出了新的管理控制体系来控制和管理复杂的企业。当竞争优势转移到企业如何运用和管理其无形资产(如客户关系、流程质量、创新,特别是员工)时,成本和绩效管理的新体系就出现了。

四、管理会计在我国的发展

(一)社会主义计划经济体制时期

中华人民共和国自成立至改革开放初期,一直实行社会主义计划经济体制,企业生产的产品由国家统一进行销售,因而企业管理主要关注生产环节,而不关注经济效益。受计划经济体制和企业管理模式的制约,管理会计在计划经济时代并没有大量应用,但以成本为核心的班组核算、经济活动分析、资金成本归口分级管理等内部责任会计在社会主义经济发展中则有所应用。改革开放后,国内企业开始实行承包经营责任制、租赁经营责任制,同时引进外资,出现了"三资企业"(即中外合作企业、中外合资企业、外商独资企业)。一方面,承包制和租赁制的实施,让经济效益管理成为企业的自觉要求;另一方面,三资企业的成立带来了先进的管理理念和管理会计的工具和方法,应用管理会计开展企业经济管理成为企业的自觉实践。1980 年 10 月,财政部召开了第三次全国会计工作会议,时任财政部部长的王丙乾在会上竭力呼吁"全国会计界今后一定要学习和借鉴西方管理会计的有用经验",并要求部属五所高等财经院校开设管理会计这门课程。厦门大学余绪缨教授和中央财政金融学院李天民教授,通过编写教材、出版专著译著和在国内外发表学术论文,研究并推广适合我国企业管理需要的管理会计体系。

(二)社会主义市场经济体制建立初期

20 世纪 90 年代后,随着社会主义市场经济体制的建立,国有企业开始现代企业制度改革,与之相适应的成本性态分析、本量利分析、经营决策和经济效益分析评价等管理会计工具被一些企业自觉使用。全面预算管理、平衡计分卡等绩效评价方法,作业成本法、标准成本法等成本管理方法也陆续在我国企业中运用。但管理会计在企业中没有很好地发挥作用,没有真正改善企业管理,导致企业、行政事业单位领导及会计人员对管理会计的运用不够重视,管理会计未能得到普及和推广应用。

(三)国际化时期

进入 21 世纪后,中国经济发展进入了爬坡过坎的关键时期。由于经济形势、技术发展和模式创新等变化,企业向管理要效益的需求越来越迫切,传统财务会计向现代管理会计转型,建立中国管理会计体系已是大势所趋。

1. 内部控制体系建立

内部控制规范建设是中国管理会计体系建设中的基础。为了强化内部管理,降低单位运营风险,2008 年 5 月,财政部出台了《企业内部控制规范》。2010 年 4 月,财政部会同证监会、审计署、中国银行保险监督管理委员会联合发布了由《企业内部控制应用指引》《企业内部控制评价指引》与《企业内部控制审计指引》组成的《企业内部控制配套指引》,并于2015 年、2017 年先后发布了《行政事业单位内部控制规范》和《小企业内部控制规范》,标志着我国内部控制规范体系的全面建立。

2. 全面推进管理会计

2014 年财政部发布《全面推进管理会计体系建设的指导意见》(以下简称《指导意见》),标志着政府推动下的管理会计时代的到来。2016 年 6 月 22 日,财政部发布了《管理会计基本指引》,共 6 章 29 条,明确管理会计基本概念、基本原则、基本方法、基本目标等内容,将管理会计普遍规律上升到标准,形成指导单位应用管理会计的规范文件。自 2017 年起,财政部共发布了 34 项管理会计应用指引,内容涵盖战略管理、预算管理、成本管理、营运管理、投融资管理、绩效管理、企业管理会计报告、管理会计信息系统、作业预算、内部转移定价、多维度盈利能力分析、风险清单、行政事业单位等内容,总结提炼了在企业普遍应用且较为成熟的部分管理工具,清晰明确地说明了这些工具是什么、怎么用,有哪些优缺点、如何选择、预计效果等,用于指导单位选择适合的管理会计工具。今后国家将会随着管理会计实践发展而不断增加、修订、完善应用指引的具体内容。建立管理会计案例库,为单位提供直观的参考借鉴,是管理会计指引体系指导实践的重要内容和有效途径,也是管理会计体系建设区别于企业会计准则体系建设的一大特色。我国管理会计体系建设取得明显成效,管理会计理论研究成果不断丰富,以基本指引为统领、应用指引为具体指导、示范案例为补充的管理会计指引体系基本建成,管理会计人才队伍不断壮大,管理会计信息化支撑蓬勃发展,管理会计咨询服务市场快速增长。2021 年财政部发布的《会计改革与发展"十四五"规划纲要》指出要全面深化管理会计应用,积极推动会计职能拓展。2024 年 11 月,财政部发布《关于全面深化管理会计应用的指导意见》,提出当前和今后一个时期是以中国式现代化全面推进强国建设、民族复兴伟业的关键时期,要全面深化管理会计应用,推动经济社会高质量发展。通过 5 年左右的努力,管理会计指引体系进一步健全,管理会计数字化、智能化水平显著提高,管理会计理论研究和人才队伍进一步加强,管理会计咨询与技术服务市场更加规范,管理会计应用水平明显跃上新台阶;通过 10 年左右的努力,管理会计在大中型企业和有条件的行政事业单位得到全面应用与推广,一批单位的管理会计应用水平位居世界前列,管理会计应用的综合效用显著提升,管理会计服务经济社会发展更加有力有效。

任务二　掌握管理会计的概念

一、管理会计的定义

财政部在《指导意见》中指出:管理会计是会计的重要分支,主要服务于单位(包括企业和行政事业单位,下同)内部管理需要,是通过利用相关信息,有机融合财务与业务活动,在单位规划、决策、控制和评价等方面发挥重要作用的管理活动。

二、管理会计的职能

(一)预测职能

预测职能是管理会计的基本职能,是执行其他职能的基础。预测是指采用科学方法预计、推断客观事物未来发展的方向和程度的管理行为,也就是根据过去、现在预计未来,由已知推断未知的过程。管理会计的预测职能是根据企业未来的目标和经营方针,充分考虑经济规律和资源约束,利用会计、统计和其他有关信息,采用科学的经济预测法,对企业未来的销售、成本、利润、资金需求等重要经济指标进行合理的预计和推断,为企业管理者进行正确的经营决策提供信息支持。

(二)参与决策职能

决策俗称拍板,是指对未来行动的目标或方向以及实现目标的方法、手段作出决定。参与决策是指管理会计人员为了使企业决策者作出正确的判断和决策,在充分利用会计信息和其他相关信息的基础上,对生产经营或投资活动中的特定问题拟定备选方案,运用专门的方法进行科学测算、比较和分析,初步筛选出可行方案,供决策者进行选择的各种准备工作及过程。

(三)预算职能

预算职能是行动计划的定量表现,就是在最终确定的决策方案基础上,编制企业的全面预算和各责任单位的责任预算,从而确定企业各方面应达成的主要目标,借以指导当前及未来的经济活动。预算职能既是参与决策职能的继续,又是控制职能、评价职能的基础。

(四)控制职能

控制职能主要是根据预算标准来衡量执行情况,纠正预算执行中的偏差,确保预算目标的实现。这一职能的充分发挥,要求将经济过程的事前控制与事中控制有机地结合起来,即通过事前预设科学的控制标准(预算标准),并对标准执行偏差及时处理,以保证企业各项经济活动不偏离既定的目标。

(五)评价职能

评价职能主要是在事后,根据各责任单位所编制的业绩报告,将实际数据与预算标准进行对比,并分析其中的差异及其产生的原因,明确责任归属,以此作为对各责任单位的工作业绩或经济成果进行评价、考核并奖惩的依据。

三、管理会计的内容

管理会计的内容是指管理会计服务的领域。《管理会计基本指引》中概括说明了管理会计的基本内容主要包括战略管理、预算管理、成本管理、营运管理、投资管理和融资管理、风险管理、绩效管理七个领域的活动。

(1)战略管理是指对企业全局的、长远的发展方向、目标、任务和政策,以及资源配置作出决策和管理的过程。

(2)预算管理是指企业以战略目标为导向,通过对未来一定期间内的经营活动和相应的财务结果进行全面预测和筹划,科学、合理地配置企业各项财务和非财务资源,并对执行过程进行监督和分析,对执行结果进行评价和反馈,指导经营活动的改善和调整,进而推动实现企业战略目标的管理活动。

(3)成本管理是指企业在营运过程中实施成本预测、成本决策、成本计划、成本控制、成本核算、成本分析、成本考核等一系列管理活动的总称。

(4)营运管理是指为了实现企业战略和经营目标,各级管理者通过计划、组织、指挥、协调、控制、激励等活动,实现对企业生产经营过程中的物料供应、产品生产和销售等各环节的价值增值管理。

(5) 投资管理是指企业根据自身战略发展规划,以企业价值最大化为目标,对资金投入营运进行的管理活动;融资管理是指企业为实现既定的战略目标,在风险匹配的原则下,对通过一定融资方式和渠道筹集资金进行管理的活动。

(6) 风险管理是指企业对风险进行有效识别、评估、预警和应对,为企业风险管理目标的实现提供合理保证的过程和方法。

(7) 绩效管理是指企业与所属单位(部门)、员工之间就绩效目标及如何实现绩效目标达成共识,并帮助和激励员工取得优异绩效,从而实现企业目标的管理过程。

四、管理会计与财务会计的联系

管理会计是从财务会计中分离出来的,两者之间存在着某种天然的联系。

(1) 管理会计与财务会计的原始资料基本上是同源的。管理会计需要使用财务会计输出的某种资料,通过加工、改制和延伸,使其符合内部经营管理的需要。管理会计没有必要另行组织一套原始数据。

(2) 管理会计与财务会计的主要指标相互渗透。财务会计提供的历史性的资金、成本、利润等指标,是管理会计进行长、短期决策分析的依据,而管理会计中确定的预算、标准等数据又是组织财务会计日常核算的基本前提。

(3) 管理会计与财务会计存在交叉部分,即成本会计。成本会计既用于内部管理又用于期间损益计算。成本会计发挥着管理会计和财务会计中间过渡的作用。

(4) 管理会计的一些内部报表有时也被财务会计列为对外公开发布的范围。1987 年 11 月,美国财务会计准则委员会发布了财务会计准则公告第 95 号《现金流量表》,正式把原属于企业内部管理需要的"财务状况变动表(现金流量表)"列为对外必须编报的基本财务报表。

(5) 管理会计与财务会计同时作为经济管理的组成部分,它们所提供的财务报告和管理报告都可服务于有关方面的决策分析。

(6) 财务会计的改革有助于管理会计的发展。

五、管理会计与财务会计的区别

大部分学生在学习"基础会计""财务会计"两门课程之后才学习"管理会计"课程。管理会计和财务会计这两门学科都以财务信息和其他关于企业经营的定量信息为基础,因此两者具有一些重要的相似之处,但是它们在相似中又有所不同。

(一)会计主体不同

管理会计主要以企业内部各层次的责任单位为主体,更突出以人为中心的行为管理,同时兼顾企业主体;财务会计往往只以整个企业为工作主体。

(二)具体工作目标不同

管理会计作为企业会计的内部管理系统,其工作侧重点主要为企业内部管理服务;财务会计工作的侧重点在于为企业外界利害关系集团提供会计信息服务。

（三）基本职能不同

管理会计主要履行预测、决策、规划、控制和考核的职能,解析过去、控制现在、筹划未来,三者有机结合,侧重于创造价值,属于经营型会计;财务会计通过确认、计量、记录和报告等程序提供并解释历史信息,侧重于记录价值,属于报账型会计。

（四）工作依据不同

管理会计不受会计准则、会计制度的制约,其处理方法可以根据企业实际情况和需要确定,具有很大的灵活性;财务会计进行核算与监督必须受会计准则、会计制度及其他法规的制约,其处理方法只能在允许的范围内选用,灵活性较小。

（五）方法及程序不同

管理会计适用的方法灵活多样,工作程序性较差;财务会计核算时往往只需运用简单的算术方法,遵循固定的会计循环程序。

（六）信息特征不同

（1）管理会计与财务会计的时间特征不同。管理会计信息跨越过去、现在和未来三个时态,财务会计信息则大多为过去时态。

（2）管理会计与财务会计的信息载体不同。管理会计大多以没有统一格式、无固定报告日期和不对外公开的内部报告为其信息载体;财务会计在对外公开提供信息时,其载体是具有固定格式和固定报告日期的财务报表。

（3）管理会计与财务会计的信息属性不同。管理会计在向企业内部管理部门提供定量信息时,除了使用货币计量单位外,还经常使用非货币计量单位,此外还可以根据部分单位的需要,提供定性的、特定的、有选择的、不强求计算精确的,以及不具有法律效用的信息;财务会计主要向企业外部利益关系集团提供以货币为计量单位的信息,并使这些信息满足全面性、系统性、连续性、综合性、真实性、准确性、合法性等原则和要求。

（七）体系的完善程度不同

管理会计缺乏规范性和统一性,体系尚不健全;财务会计工作具有规范性和统一性,体系相对成熟,形成了通用的会计规范和统一的会计模式。

（八）观念取向不同

管理会计注重管理过程及其结果对企业内部各方面人员在心理和行为方面的影响,而财务会计往往不大重视管理过程及其结果对企业职工心理和行为的影响。

任务三　理解单位应用管理会计的原则与要素

一、单位应用管理会计的原则

（一）战略导向原则

管理会计的应用应以战略规划为导向,以持续创造价值为核心,促进单位可持续发展。

新经济条件下,全球价值分工体系、组织结构、商业模式、价值创造模式、绩效与竞争力的衡量标准等都发生了重大变化,在这种情况下,企业要取得竞争优势和可持续发展必须确定正确的战略方向,并在单位内部各部门、各环节和各项活动中予以执行。为此管理会计在预算编制、营运决策、投融资决策、风险控制、成本管理及绩效评价等工作中,必须以战略为导向,实施和战略一致的管理活动,正确处理单位自身利益与价值链分工利益、单位全局利益与内部责任中心局部利益、单位短期利益与长期利益、员工整体利益和个人薪酬等之间的关系,而不可简单地以单一项目或单一环节是否取得利润作为决策标准,更不能在不同环节、不同项目中实施与战略方向不同的方案。战略导向原则是我国管理会计的基本原则,它使管理会计各项工作成为一个相互依存、相互支持的有机系统。

(二)融合性原则

管理会计应嵌入单位相关领域、层次、环节,以业务流程为基础,利用管理会计工具方法,将财务和业务等有机融合。

企业所有部门的共同目标是提升企业的价值,实现企业的战略意图,所以业务和财务的融合是必然的。无论是早期资本家的成本控制、绩效评价,还是泰勒的科学管理,以及后来的预测决策活动和战略管理活动,都是将业务与财务融合在一起,以业务驱动财务,以财务服务业务。随着"大、智、移、云、物、区"时代的到来,互联网技术及信息技术的发展为业财融合提供了支持,也为管理会计的创新发展创造了新的应用环境。在网络、数据库、软件平台等构成的 IT 环境下,将企业的业务流程、资金运动过程和数据流程有机整合,建立基于业务活动驱动的业财一体化信息收集、处理、分析流程,使财务数据和业务信息融为一体,是当前管理会计应用必须遵守的原则。在当前企业管理中,财务共享中心的各项服务、ERP 系统应用、作业成本管理、全面预算管理等都是业财融合的具体应用。

(三)适应性原则

管理会计的应用应与单位应用环境和自身特征相适应。单位自身特征包括单位性质、规模、发展阶段、管理模式、治理水平等。

管理会计的产生及发展基于单位内部管理的需要,也正因为每个单位自身特征不同,才产生了适用于不同单位和不同情境的各种管理工具和方法。因而管理会计的实施必须遵循适应性原则,根据单位的性质、规模、发展阶段、管理模式、治理水平等特征,以及单位内部、外部应用环境、管理活动内容不同,选择适合本单位应用环境和应用项目方法的管理工具与方法。

(四)成本效益原则

管理会计的应用应权衡实施成本和预期效益,合理、有效地推进管理会计应用。

每一项管理工具和方法的运用都有一定的成本,也将预期产生效益。以实现单位的价值创造、提升企业的竞争力和可持续发展能力为目标的管理会计,在实施过程中,应根据单位的实际情况合理预计实施成本和效益,确保在决策中选择效益最优的方案,以实现管理会计的最终目标。各单位要结合自身实际和财力,权衡成本效益,稳步推进,分步落实,不要急于求成,避免造成人力、财力、物力的浪费。

二、单位应用管理会计的要素

管理会计工作是企业的一项系统工作,其应用应先建设管理会计应用环境,并以单位的应用环境为基础选择合适的管理会计工具与方法,再开展规划、决策、控制、评价等管理会计活动,并通过管理会计报告反馈管理的过程和结果。因而财政部《管理会计基本指引》第六条规定:单位应用管理会计,应包括应用环境、管理会计活动、管理会计工具方法、管理会计信息与报告四个要素。

(一)应用环境

单位应用管理会计,应充分了解和分析其应用环境。管理会计应用环境,是单位应用管理会计的基础,包括内部环境和外部环境。

内部环境主要包括与管理会计建设和实施相关的价值创造模式、组织架构、管理模式、资源保障、信息系统等因素。外部环境主要包括国内外经济、市场、法律、行业等因素。

单位应准确分析和把握价值创造模式,推动财务与业务等的有机融合。根据组织架构特点,建立健全能够满足管理会计活动所需的由财务、业务等相关人员组成的管理会计组织体系。有条件的单位可以设置管理会计机构,组织开展管理会计工作。根据管理模式确定责任主体,明确各层级以及各层级内的部门、岗位之间的管理会计责任权限,制定管理会计实施方案,以落实管理会计责任;从人力、财力、物力等方面作好资源保障工作,加强资源整合,提高资源利用效率效果,确保管理会计工作顺利开展;注重管理会计理念、知识培训,加强管理会计人才培养;将管理会计信息化需求纳入信息系统规划,通过信息系统整合、改造或新建等途径,及时、高效地提供和管理相关信息,推进管理会计实施。

(二)管理会计活动

管理会计活动是单位利用管理会计信息,运用管理会计工具方法,在规划、决策、控制、评价等方面服务于单位管理需要的相关活动。

单位应用管理会计,应作好相关信息支持,参与战略规划拟定,从支持其定位、目标设定、实施方案选择等方面,为单位合理制定战略规划提供支撑;应融合财务和业务等活动,及时充分提供和利用相关信息,支持单位各层级根据战略规划作出决策;应设定定量、定性标准,强化分析、沟通、协调、反馈等控制机制,支持和引导单位持续、高质、高效地实施单位战略规划;应合理设计评价体系,基于管理会计信息等,评价单位战略规划实施情况,并以此为基础进行考核,完善激励机制,同时,对管理会计活动进行评估和完善,以持续改进管理会计应用。

从管理会计活动内容,可以看出,单位管理会计活动是一个由规划、决策、控制和评价组成的完整闭环。

(三)管理会计工具方法

管理会计工具方法是单位应用管理会计时所采用的战略地图、滚动预算管理、作业成本管理、本量利分析、平衡计分卡等模型、技术、流程的统称。管理会计工具方法具有开放性,随着实践发展不断丰富完善。

管理会计工具方法主要应用于以下领域:战略管理、预算管理、成本管理、营运管理、投融资管理、绩效管理、风险管理等。表1-1列示了常见的管理会计工具方法,单位应用管理会计,应结合自身实际情况,根据管理特点和实践需要选择适用的管理会计工具方法,并加强管理会计工具方法的系统化、集成化应用。

表 1-1　常见的管理会计工具方法

管理领域	常见的工具方法
战略管理	战略地图、价值链管理等
预算管理	全面预算管理、滚动预算管理、作业预算管理、零基预算管理、弹性预算管理等
成本管理	目标成本管理、标准成本管理、变动成本管理、作业成本管理、生命周期成本管理等
营运管理	本量利分析、敏感性分析、边际分析、标杆管理等
投融资管理	贴现现金流法、项目管理、资本成本分析等
绩效管理	关键指标法、经济增加值、平衡计分卡等
风险管理	单位风险管理框架、风险矩阵模型等

(四)管理会计信息与报告

管理会计信息包括管理会计应用过程中所使用和生成的财务信息和非财务信息。单位应充分利用内外部各种渠道,通过采集、转换等多种方式,获得相关、可靠的管理会计基础信息。应有效利用现代信息技术,对管理会计基础信息进行加工、整理、分析和传递,以满足管理会计应用需要。单位生成的管理会计信息应相关、可靠、及时、可理解。

管理会计报告是管理会计活动成果的重要表现形式,旨在为报告使用者提供满足管理需要的信息。管理会计报告按期间可以分为定期报告和不定期报告,按内容可以分为综合性报告和专项报告等类别。单位可以根据管理需要和管理会计活动性质设定报告期间。一般应以公历期间作为报告期间,也可以根据特定需要设定报告期间。

上述四项要素构成了管理会计应用的有机体系,单位应在分析管理会计应用环境的基础上,合理运用管理会计工具方法,全面开展管理会计活动并提供有用信息,生成管理会计报告,支持单位各项管理会计活动,推动单位实现战略规划。

任务四　了解管理会计师职业建设与职业道德体系

一、管理会计师职业建设

随着经济社会的发展以及对管理会计需求的日益增长,管理会计师职业逐渐发展起来。在美国、英国等发达国家,管理会计师职业已形成比较完善的职业知识体系及行为规范。通常是以加入协会成为会员及参加相关资格考试的形式来培养管理会计师。管理会计师资格考试,是为了让管理会计成为一种专门的职业并使其专业地位得到会计职业界和社会承认,考试内容包括四个方面:

(1)经济学、财务和管理学。

(2)财务会计及报告。

(3)管理报告、分析与行为专题。

(4)决策分析与信息系统。

随着会计国际化的进程,中国也采用与国际机构合作和自我发展相结合的方式大力开展管理会计师职业建设。

美国管理会计师协会(The Institute of Management Accountants,IMA)是一家全球领先的国际管理会计师组织,一直致力于支持企业内部的财会专业人士推动企业的整体绩效和表现。IMA成立于1919年,由美国成本会计师协会(NACA)衍生而来,总部设立在美国新泽西州,拥有遍布全球265个分会的超过80 000名会员。IMA发布的《管理会计公告》一直在全球范围内享有盛誉,它涵盖了管理会计领域的各项实务及专题,包括有关风险管理、成本核算、供应链、可持续发展报告、公允价值和组织行为等主题的定义、框架、指导、最佳实践和案例。这些公告侧重于实务指导,可以帮助首席财务官(CFO)及其团队增强企业实力,实现企业的可持续发展。美国注册管理会计师(CMA或ICMA)资格认证是美国管理会计师协会建立的专业认证制度,是全球针对管理会计及财务管理领域的权威认证。CMA考试包括"财务规划、绩效评估与控制"和"财务决策"两部分,考试涉及经济、金融、管理、会计等多方面内容,考试主要以基础知识、实用知识为主,知识覆盖面很广;具有很强的实用性、可操作性。要成为CMA,不仅必须通过CMA的考试,而且还要符合IMA制定的学历和道德行为标准,CMA的入会标准比其他专业职称要高。IMA于1983年发布了《管理会计与财务管理人员的道德行为准则》,从能力、保密、正直、客观等方面对管理会计师职业道德行为进行了规范。近年来IMA与中国国际人才交流基金会、国资委、财政部会计司、中国注册会计师协会、中国顶尖学府合作在中国推广CMA,CMA的会员绝大多数在著名跨国公司担任财务总监和高级财务经理的职务。

我国财政部在《指导意见》系列解读中也将管理会计人才建设作为推进管理会计体系建设的重要内容,提出"以提高单位持续价值创造为导向,以提升管理会计实务能力为重点,推动研究发布管理会计人才能力框架;积极探索和优化管理会计人才的多种培养模式;加强管理会计人才培养国际交流与合作,打造更多符合市场和单位需要的高端管理会计人才,为管理会计在我国的深入应用打下坚实的人才基础,为我国管理会计发展建立人才储备"的管理会计职业建设目标。

二、管理会计师职业道德体系

管理会计师职业道德是指在管理会计职业活动中应当遵循的、体现管理会计职业特征的、调整管理会计职业关系的职业行为准则和规范。

(一)职业认知与价值观念

作为一名优秀的管理会计从业者应端正职业认知和树立正确的价值观,包括爱岗敬业、诚实守信、客观公正、保守秘密和廉洁自律五个方面。

1. 爱岗敬业

爱岗敬业要求管理会计人员热爱管理会计工作,安心于本职岗位,忠于职守、尽心尽力、尽职尽责。爱岗敬业是职业道德的基本要求,是否爱岗敬业是判断每个从业者是否有职业道德的首要条件。爱岗是敬业的基石,敬业是爱岗的升华,如果不爱岗,就谈不上敬业;如果只有一腔热情,没有勤奋踏实的工作作风和忠于职守的实际行动,敬业也就成为一句空话。

2. 诚实守信

诚实是指言行思想一致,不弄虚作假、不欺上瞒下,做老实人、说老实话、办老实事。守信就是遵守自己所作出的承诺,讲信用、重信用,信守诺言,保守秘密。诚实守信是做人的基本准则,是人们古往今来在交往中产生的最根本的道德规范,也是管理会计职业道德的精髓。中国现代会计之父潘序伦认为,"诚信"是会计职业道德的重要内容。他终身倡导"信以立志、信以守身、信以处事、信以待人,毋忘'立信',当必有成",并将其作为立信会计学校的校训。

3. 客观公正

客观是指按事物的本来面目去反映,既不掺杂个人的主观意愿,又不为他人意见所左右;公正就是平等、公平、正直,没有偏失。客观公正是会计职业道德所追求的理想目标。客观是公正的基础,公正是客观的反映,要达到公正,仅仅作到客观是不够的。公正不仅仅单指诚实、真实、可靠,还包括在真实、可靠中作出公正选择,这种选择不仅是建立在客观的基础之上,还需要在主观上作出公平合理的选择。

管理会计师有义务做到:①避免介入实际或明显的利害冲突,并向任何可能的利害冲突方提出忠告。②不得从事道德上有害于其履行职责的活动。③拒绝收受影响其行动的任何馈赠、赠品和宴请。④严禁主动或被动地破坏企业组织的合法性和道德目标的实现。⑤了解和沟通不利于作出认真负责的判断或顺利完成工作的某些专业性限制或其他约束条件。⑥禁止从事或支持任何有害于职业团体的活动。

4. 保守秘密

由于工作的关系,管理会计师必然会掌握企业诸多经营管理信息,甚至包括战略决策方面的信息,这些信息都是企业的商业机密。作为管理会计师有义务作到:①对于工作中获取或知晓的企业机密信息,必须秉承保密的原则,除法律规定外,未经核准,不得泄露工作过程中所获得的机密信息。②告诉下属要适当注意工作中所得信息的机密性并监督其行为,以确保严守机密。③禁止将工作中所获得的机密信息,经由个人或第三者用于不道德行为或获取非法利益。

5. 廉洁自律

廉洁就是不贪污钱财,不收受贿赂,保持清白。自律是指自律主体按照一定的标准,自己约束自己、自己控制自己的言行和思想的过程。廉洁自律是会计职业道德的前提,也是会计职业道德的内在要求。

(二)能力准备与自我提高

作为管理的参与者,管理会计师在具备相应能力的同时更要不断提高自己的能力,包括专业能力,职业技能,以及对业务、行业环境和宏观政策的把握能力。具备了优秀的能力,才能在职业认知和价值观的引导下,真正为所服务的机构作出应有的贡献。

1. 专业能力

管理会计师从事的工作层次较高,为了能够更好地满足工作的要求,管理会计师必须具备充足的专业能力有:①熟悉国家相关法律法规、财税法规,以及所属行业的其他主管部门的行业管理规定和实施办法,保障企业运行在法律法规所允许的轨道上。②具备管理能力,利用财务的工具和思维参与企业管理。③学习战略、投融资管理的知识,提升决策支持和管理能力。

2. 职业技能

管理会计的很多工作属于管理工作,这要求管理会计师具备领导力、计划总结能力、协调沟通能力和监督执行能力。

3. 对业务、行业环境和宏观政策的把握能力

当前企业之间的竞争激烈,行业内的运作方式、规律不断发生创新和变化,而且变化的速度也在加快。任何单位在运营中,都无法脱离行业的大环境而独善其身。企业的经营管理工作和决策工作也必须把行业因素纳入进来。管理会计师需要对行业情况和变化有更多的了解。宏观环境对所有的企业都有深远影响,管理会计师只有密切关注并了解相关的政策和变化,才能带领企业逐步实现战略目标。

4. 创新意识和学习意识

管理会计师要有不断学习技能的意识和愿望,不断总结学习方法,通过自学、听课学习、考试、工作中学习总结和与他人讨论等不同的方式,合理安排学习时间,切实提高自己的能力。

5. 道德危机处理能力

在应用各项道德行为准则时,管理会计师常常会面临确认非道德行为以及违反道德的处理问题。如遇到严重的职业道德问题,管理会计师应当遵循专业组织制定的有关政策,若这些政策不能解决特定的职业道德问题,管理会计师应采取如下适当的行动。

(1)除涉及有关其他上级者外,与直接上级商讨这些问题。如不能得到解决,提交更高一级主管人员。

(2)如果直接上级是最高级主管,则复议当局可能是审计委员会、执行委员会、董事会、理事会或业主。如果上级与问题无关,应在上级知情的情况下越级报告。

(3)与顾问进行机要性讨论,澄清相关概念,以明确可能的行动方针。

(4)如果问题通过各层次内部的检查,依然存在不符合道德准则的问题,管理会计师对此重要问题无法解决,只能向组织提出辞呈,并向组织的指定代表提交信息备忘录。除法律另有规定外,一般不可把这些问题告知企业管理者或非服务于组织的个人。

 **思政园地**

项目一:政策引领与制度优势:中国管理
会计发展的十年跨越(2014—2024)

【职业资格与技能训练一】

一、单项选择题

1. "管理会计"这个名词首次出现在(　　　)年。

A. 1949　　　　　B. 1952　　　　　C. 1984　　　　　D. 2008

2. 管理会计在西方率先应用的领域是( )。

A. 成本管理领域　　　　　　　　　B. 投资管理领域

C. 风险管理领域　　　　　　　　　D. 绩效管理领域

3. 下列各项中,不符合管理会计原则的是( )。

A. 某单位根据其战略方向确定绩效考核体系

B. 某单位在管理会计工作中严格划分财务和业务工作,并分别取得财务、业务信息

C. 某单位应根据其特征选择适合的管理会计工具、方法

D. 为适用某种国外先进的管理会计工具,单位投入各项成本300万元,当年由此提高的效益为20万元

4. 明确我国管理会计概念框架的法规是( )。

A. 《管理会计案例库》　　　　　　B. 《企业会计基本准则》

C. 《管理会计基本指引》　　　　　D. 《管理会计应用指引》

5. 管理会计的主要服务对象是( )。

A. 单位内部各管理层级　　　　　　B. 社会公众

C. 单位债权人　　　　　　　　　　D. 单位供应商

6. 下列各项中,属于管理会计分析职能的是( )。

A. 分析单位外部环境机会　　　　　B. 进行单位预算

C. 找出执行中偏差的原因　　　　　D. 通过业绩评价进行奖惩

7. 下列各项中,不符合管理会计合理分期假设的是( )。

A. 管理会计的期间是由管理项目的特点、管理主体的需要而划分的

B. 管理会计主体可根据管理需要灵活确定时间范围

C. 管理会计的期间划分受到财务会计期间的约束

D. 管理会计的期间可以是一年,也可以是一小时

8. 下列各项中,能够规定管理会计工作对象基本活动空间的假设是( )。

A. 多层主体假设　　　　　　　　　B. 理性行为假设

C. 合理预期假设　　　　　　　　　D. 充分占有信息假设

9. 下列各项关于管理会计应用环境的说法,不正确的是( )。

A. 管理会计应用环境包括单位内部环境

B. 单位应用管理会计,应充分了解和分析其应用环境

C. 管理会计是对内报告会计,其应用环境不应包括外部环境

D. 管理会计应用环境是单位应用管理会计的基础

10. 下列关于管理会计工具与方法的说法,不正确的是( )。

A. 管理会计工具方法是实现管理会计目标的具体手段

B. 管理会计工具方法应与时俱进,不断创新

C. 单位应在分析应用环境的基础上选择合适的工具与方法

D. 管理会计工具方法应用可不遵循成本效益原则

11. 下列各项中,属于单位应用管理会计要素的是( )。

A. 资产　　　　　　B. 所有者权益　　　　　C. 信息与报告　　　　　D. 负债

12. 下列各项中,不属于管理会计报告的是( )。

A. 由作业小组编制的本小组作业成本报告　　B. 由总账会计编制的现金流量表

C. 由项目组编制的投资项目可行性报告　　D. 由人事部门编制的绩效考核报告

二、多项选择题

1. 会计的两个重要分支是指(　　)。

A. 管理会计　　　　B. 财务会计　　　　C. 成本会计　　　　D. 税务会计

2. 《科学管理原理》一文的发表,使美国企业家们开始使用的管理会计的工具与方法有(　　)。

A. 标准成本　　　　B. 差异分析　　　　C. 预算控制　　　　D. 目标成本

3. 下列各项中,符合管理会计适应性原则的有(　　)。

A. 管理会计的应用应与单位应用环境相适应

B. 管理会计的应用应与单位性质相适应

C. 管理会计的应用应与单位规模相适应

D. 管理会计的应用应与单位管理模式相适应

4. 下列各项中,符合管理会计战略导向原则的有(　　)。

A. 企业以战略为导向进行投资决策

B. 企业以战略为导向进行绩效指标体系设计

C. 企业风险管理不需考虑企业的战略目标

D. 企业以战略为导向进行营运管理

5. 我国《管理会计基本指引》规定的管理会计原则有(　　)。

A. 战略导向原则　　B. 适应性原则　　　C. 成本效益原则　　D. 融合性原则

6. 《管理会计基本指引》中明确管理会计基本理论包括(　　)。

A. 基本概念　　　　B. 基本原则　　　　C. 基本方法　　　　D. 基本目标

7. 管理会计主要服务于单位内部管理需要,并有机融合(　　)活动。

A. 财务与管理　　　B. 财务与生产　　　C. 财务与销售　　　D. 财务与供应

8. 管理会计的职能包括(　　)。

A. 分析职能　　　　B. 规划职能　　　　C. 决策职能　　　　D. 控制职能

9. 管理会计与财务会计的主要区别包括(　　)。

A. 服务对象不同　　　　　　　　　　　B. 职能作用不同

C. 报告期间不同　　　　　　　　　　　D. 信息特征不同

10. 管理会计的内容包括(　　)。

A. 预算管理　　　　B. 战略管理　　　　C. 绩效管理　　　　D. 风险管理

11. 管理会计的基本前提主要包括(　　)。

A. 多层次主体假设

B. 合理预期假设

C. 理性行为假设

D. 充分信息假设

12. 管理会计应用环境中的内部环境内容主要包括(　　)。

A. 组织架构

B. 管理模式

C. 价值创造模式

D. 资源保障

13. 管理会计的管理活动包括(　　　)。

A. 规划　　　　　　　　B. 控制　　　　　　　　C. 决策　　　　　　　D. 评价

14. 下列各项中,属于成本管理领域工具方法的有(　　　)。

A. 作业成本法　　　　B. 品种法　　　　　　C. 目标成本法　　　　D. 分步法

15. 下列各项中,属于管理会计信息特征的有(　　　)。

A. 谨慎性　　　　　　B. 相关性　　　　　　C. 及时性　　　　　　D. 灵活性

三、判断题

1. 杜邦公司所设计的经营和预算指标中,最重要的会计创新是投资报酬率指标。
　　　　　　　　　　　　　　　　　　　　　　　　　　　　　　　　(　　　)

2. 泰勒的"科学管理活动"主要解决了美国企业当时缺乏合理的工作定额而导致的劳资关系紧张,生产效率低下等问题。　　　　　　　　　　　　　　　　　(　　　)

3. 管理会计应嵌入单位相关领域、层次、环节,以业务流程为基础,利用管理会计工具方法,将财务和业务等有机融合。　　　　　　　　　　　　　　　　　(　　　)

4. 管理会计的应用应权衡实施成本和预期效益,合理、有效地推进管理会计应用。
　　　　　　　　　　　　　　　　　　　　　　　　　　　　　　　　(　　　)

5. 管理会计的产生与发展均源自单位内部经营管理的需要。　　　　(　　　)

6. 新中国成立后,由于生产水平较为低下,基本没有管理会计活动。　(　　　)

7. 管理会计和财务会计一样要受会计准则、会计制度的制约。　　　(　　　)

8. 管理会计在进行预测、决策时,要大量应用现代数学方法。　　　(　　　)

9. 管理会计的服务对象可以是一个作业责任单位。　　　　　　　(　　　)

10. 管理会计的期间视单位管理会计内容而灵活划分,可以为几年,也可以为一个小时。
　　　　　　　　　　　　　　　　　　　　　　　　　　　　　　　　(　　　)

11. 单位开展管理会计工作应以其应用环境为基础满足了管理会计的适应性原则。
　　　　　　　　　　　　　　　　　　　　　　　　　　　　　　　　(　　　)

12. 管理会计活动应遵循战略导向原则。　　　　　　　　　　　(　　　)

13. 平衡计分卡是绩效管理领域工具与方法。　　　　　　　　　(　　　)

14. 管理会计信息和财务管理会计信息都应满足相关性、客观性原则。　(　　　)

项 目 二

战 略 管 理

知识目标

了解战略管理的概念和特点

了解战略管理的原则

掌握 PEST 分析、波特五力分析模型、SWOT 分析和波士顿矩阵分析等战略分析方法

理解战略地图的含义和作用

能力目标

能进行 PEST 分析　　　　　　　　能进行 SWOT 分析

能进行波特五力分析　　　　　　　能进行波士顿矩阵分析

能根据相关分析,确定战略方向　　能绘制战略地图的通用模型

素质目标

树立战略意识

思政目标

通过介绍各种战略分析工具,引导学生利用其中的一些工具对自己的个人发展和规划进行分析,通过学以致用激发学生的学习热情和主动性,增加学生的获得感和对专业、课程的认可度

【导学】

"三年发展靠机遇,十年发展靠战略"。随着经济全球化、市场国际化的步伐不断加快,公司的核心竞争优势不再是规模经济、大手笔投入广告等传统竞争元素,而是科学、前瞻、正确地确定企业的发展方向,即实施战略管理。管理大师彼得·德鲁克曾经说过这样一段话:"我们走进一片丛林,开始清除矮灌木林。当我们千辛万苦,好不容易清除完这一片灌木林,直起腰来,准备享受一下成功的喜悦的时候,却猛然发现,旁边的一片灌木林才是我们要去清除的丛林!"我们必须承认,战略是方向,唯有方向正确,才会越努力越接近成功。

任务一　认识战略管理

一、战略管理概述

(一)战略

战略是指企业从全局考虑作出的长远谋划。战略具有以下特点。

1. 全局性

全局性是企业战略的最根本特点。企业的战略是以企业的全局为研究对象,来确定企业的总体目标、规定企业的总体行动和追求企业的总体效果。

2. 长远性

战略的着眼点是企业的未来而不是现在,是谋求企业的长远利益,而不是眼前的利益。

3. 纲领性

战略确定了企业的发展方向和目标,是原则性和总体性的规定,对企业所有行动能起到强有力的指引和号召作用;战略是对企业未来的粗线条设计,是对企业未来成败的总体谋划,而不纠缠于现实的细枝末节。

4. 风险性

战略是对企业未来发展方向和目标的谋划,而未来是不确定的,因此,战略必然带有一定的风险性。

5. 创新性

战略是根据特定的内外部环境,对企业的发展方向、目标、模式和行动等作出的独特安排,是创新性的。

(二)战略管理

战略管理是对企业全局的、长远的发展方向、目标、任务和政策以及资源配置作出决策和管理的过程。战略管理具有以下特点。

1. 全局性

战略管理是以全局为对象,根据总体发展需要而制定、实施和控制的。战略规划及具体措施涉及企业的全局和整体,管理者需要跨越职能领导分配资源、解决问题,须与不同利益团队、不同职能岗位的人进行协调,使单位整体对战略规划达成共识,并予以实施。

2. 全过程

战略管理是从战略分析开始,在制定单位愿景、使命和战略目标的基础上,由单位各部门协调配合进行战略实施,并在实施的过程中不断进行战略评价,进而根据评价结果动态地对战略进行调整的过程。单位高层、中层及基层人员均参与企业战略管理的过程。其中,单位最高层管理者由于能够统观企业全局,了解全面情况,掌握着对战略规划或措施实施所需资源进行分配的权利,其战略管理的主要任务是进行战略分析、战略制定和战略调整;中层和基层人员作为企业业务的执行者,其战略管理的主要任务是战略实施,并为战略评价提供基础的数据和信息。

3. 长远性

战略管理的根本目的是为企业长远发展进行谋划。战略管理者应该以分析预测为基础,从迅速变化和竞争的环境中,分析和判断影响企业未来取得成功的因素及其态势,并作出适应环境变化的措施和任务。从这一特点看,战略管理是高层管理者对企业未来一段时期(通常为 5 年以上)内的生存和发展所作的统筹规划。

4. 综合性

战略管理需要综合考虑外部环境、内部环境和企业自身的资源。企业面临的环境和资源是开放的,因而在战略管理中,既要强调与外部的竞争与合作,以满足相关利益者的期望,又要根据企业自身资源在企业内部不断进行变革和创新,以适应不断变化的环境。同时,战略管理是一个需要管理者在相当长的时间内致力于一系列活动的过程,而这一过程的实施需要有大量的人力、资金等资源作为保障。因此,为保证战略目标的实现,必须综合协调外部机会、威胁和内部的优势、劣势,并合理配置资源。

二、战略管理的原则

企业实施战略管理通常必须遵循以下四个原则。

(一)目标可行原则

企业战略目标的设定,应该具有一定的前瞻性和适当的挑战性,使战略目标通过一定的努力可以实现,并能够使长期目标与短期目标有效衔接。

(二)资源匹配原则

企业应该根据各业务部门承担的战略目标配置相应的资源,使资源与战略目标相匹配。

(三)责任落实原则

企业应该将战略目标落实到具体的责任中心和责任人,构成不同层级彼此相连的战略目标责任圈。

(四)协同管理原则

企业应该以实现战略目标为核心,考虑不同责任中心业务目标之间的有效协同,加强各部门之间的协同管理,有效提高资源使用的效率和效果。

三、战略管理的应用程序

战略管理的应用程序包括战略分析、战略制定、战略实施、战略评价与控制、战略调整。

（一）战略分析

战略分析是制定战略的基础，包括外部环境分析和内部环境分析。战略分析的方法主要包括态势分析法（strength weakness opportunity threat，SWOT）、波特五力分析法（Michael Porter's five forces model）和波士顿矩阵分析法（BCG Matrix）。其中，波特五力分析法主要在外部环境分析中运用；SWOT分析和波士顿矩阵分析法可以对内、外部环境进行综合分析。

1. 外部环境分析

外部环境分析主要包括宏观环境分析、产业环境分析。

1）宏观环境分析

宏观环境分析又称 PEST 分析，是指通过政治（politics）的、经济（economic）的、社会（society）的和技术（technology）的角度或四个方面的因素进行分析，从总体上把握宏观环境，并评价这些因素对企业战略目标和战略制定的影响。

（1）政治要素是指对组织经营活动具有实际与潜在影响的政治力量和有关的法律、法规等因素。政治环境主要包括政治制度与体制，政局与政府的态度等；法律环境主要包括政府制定的法律、法规。

（2）经济要素是指一个国家的经济制度、经济结构、产业布局、资源状况、经济发展水平以及未来的经济走势等。构成经济环境的关键要素包括 GDP 的变化发展趋势、利率水平、通货膨胀程度及趋势、失业率、居民可支配收入水平、汇率水平、能源供给成本、市场机制的完善程度、市场需求状况等。

（3）社会要素是指社会组织中成员的民族特征、文化传统、价值观念、宗教信仰、教育水平以及风俗习惯等因素。构成社会环境的要素包括人口规模、年龄结构、种族结构、收入分布、消费结构和水平、人口流动性等。其中人口规模直接影响着一个国家或地区市场的容量，年龄结构则决定消费品的种类及推广方式。

（4）技术要素不仅仅包括那些引起革命性变化的发明，还包括与企业生产有关的新技术、新工艺、新材料的出现和发展趋势以及应用前景。

【例 2-1】 某酒店集团公司地处华东某省会城市，随着度假经济的蓬勃发展，公司拟进行战略调整，特此进行了 PEST 分析。

1. 政治因素

（1）2023 年以来，国家发布了《关于释放旅游消费潜力推动旅游业高质量发展的若干措施》《关于促进服务消费高质量发展的意见》等政策文件。从加大优质旅游产品和服务供给、激发旅游消费需求、加强入境旅游工作、提升行业综合能力、保障措施五个方面，提出了推动旅游业高质量发展的 30 条工作措施。文件提出要提升住宿服务品质和涉外服务水平，培育中高端酒店品牌和民宿品牌，支持住宿业与旅游、康养、研学等业态融合发展等；同时，强调要强化政策保障，用好各有关渠道财政资金，加强政策协调配合，将旅游领域符合条件的项目纳入地方政府专项债券支持范围，加强用地、人才保障，完善旅游统计制度等。

（2）当前国家实施优化旅游环境,加快旅游交通、游客服务、旅游安全等重点设施的建设,推动旅游产品多样化发展,加强旅游从业人员素质建设和旅游市场的监督管理等利好政策。未来几年将是酒店业的黄金发展期,酒店业"大集团主导、中小企业联动、新业态不断涌现"的发展格局正在形成。

2. 经济因素

（1）随着我国经济社会的持续快速发展,市场需求增加,企业发展的机会越来越多,旅游业将继续保持较快增长的态势,2023年全国旅游及相关产业增加值为54 832亿元,占国内生产总值(GDP)的比重为4.24%。

（2）城乡居民收入稳定增长,2024年人均GDP将突破1.3万美元,旅游业正从"量增"转向"质变"。政府将加大旅游基础设施投入,如交通、景区升级、智慧旅游系统等,企业将加速产品创新,如主题公园、康养旅游、文旅融合项目等,将为旅游业进一步发展创造新的机遇。

（3）中国对外开放的进一步扩大,将为我国旅游业在国际市场和世界舞台更好地发挥作用,创造有利条件。

3. 社会因素

（1）旅游者的旅游行为是一种文化消费行为,其外出旅游的动机和目的在于获得精神上的享受和心理上的满足;近年来人口流动性加大,大量农村人口涌向城市,同时人口又在城市间流动。人口流动性的加大,提升了人们的旅游意识。去旅游必然要解决住宿的问题,旅游业的发展加速了酒店业的发展。

（2）随着我国经济的持续快速增长和人民生活水平的不断提高,在传统的观光旅游持续增长的同时,休闲度假旅游也在快速发展。与现代生活方式紧密相关的旅游新业态将大量涌现。城乡居民出游的选择将更趋向多样性,旅游产品的供应更加丰富。

4. 技术因素

（1）科技和管理工具的广泛应用为酒店运营商带来发展空间,比如,由于竞争性的信息服务和通信技术运营商的竞争,以宽带、机顶盒、电视电话网络、店内无线上网、面向集团客户的管理信息系统为代表的新技术将在未来几年中以更快的速度进入到更多的酒店产品创新和竞争工具选择清单中。比如,建筑、装修、设计、家具等领域中的新理念和新技术的导入,会让越来越多的酒店企业在对"硬件"项目进行新建和装修改造的计划中寻求与竞争对手的差异化。

（2）互联网的普及使全世界加速进入信息时代,全球几乎所有产业都面临着由于互联网的兴起而发生变革乃至产业重组,酒店业也不例外,在酒店业管理和营销实践中,如推行电子商务战略,将带来巨大的利益。如网上产品——酒店与顾客共同设计,实现双向互动,充分发挥顾客的主动性,使顾客有归属感和荣誉感;网上采购——实现低成本运营;网上结算——资金周转快捷。

2）产业环境分析

产业环境分析是以企业所处的行业环境为主体而进行的一系列分析。一个企业影响行业环境的力量越大,获得高于平均收益的可能性也就越大。

哈佛大学商学院迈克尔·波特教授于1979年创立的用于产业环境分析和商业战略研究的理论模型,被称为波特五力分析模型,又叫波特竞争力分析模型。波特教授认为,行业的竞争强度和利润潜力由五种竞争力共同决定:潜在进入者的威胁、供应商的议价能力、购买者的议价能力、替代品的威胁以及同业之间的竞争。

(1) 潜在进入者的威胁。潜在进入者在给行业带来新生产能力、新资源的同时,也希望在已被现有企业瓜分完毕的市场中赢得一席之地,这就有可能会与现有企业发生原材料与市场份额的竞争,最终导致行业中现有企业盈利水平降低,严重的话还有可能危及这些企业的生存。竞争性进入威胁的严重程度取决于两方面的因素,即进入新领域的障碍大小与预期现有企业对于进入者的反应。进入障碍主要包括规模经济、产品差异、资本需要、转换成本、销售渠道开拓、政府行为与政策、不受规模支配的成本劣势、自然资源、地理环境等方面,其中有些障碍是很难借助复制或仿造的方式来突破的。预期现有企业对进入者的反应,主要是采取报复行动,其可能性大小,则取决于有关厂商的财力情况、报复记录、固定资产规模、行业增长速度等。总之,新企业进入一个行业的可能性大小,取决于进入者主观估计进入所能带来的潜在利益、所需花费的代价与所要承担的风险这三者的相对大小情况。

(2) 供应商的议价能力。供方主要通过提高投入要素价格与降低单位价值质量的能力,来影响行业中现有企业的盈利能力与产品竞争力。供方力量的强弱主要取决于他们所提供给买主的是什么投入要素,当供方所提供的投入要素的价值构成了买主产品总成本的较大比例、对买主产品生产过程非常重要,或者严重影响买主产品的质量时,供方对于买主的潜在讨价还价力量就大大增强。一般来说,满足如下条件的供方集团会具有比较强大的讨价还价力量:

第一,供方行业为一些具有比较稳固的市场地位、不受市场激烈竞争困扰的企业所控制,其产品的买主很多,以至于每一单个买主都不可能成为供方的重要客户。

第二,供方各企业的产品各具有一定特色,以至于买主难以转换或转换成本太高,或者很难找到可与供方企业产品相竞争的替代品。

第三,供方能够方便地实行前向联合或一体化,而买主难以进行后向联合或一体化。通俗地讲就是店大欺客。

(3) 购买者的议价能力。购买者主要通过压价与要求提供较高的产品或服务质量的能力,来影响行业中现有企业的盈利能力。购买者议价能力影响主要有以下原因:

第一,购买者的总数较少,而每个购买者的购买量较大,占了供方销售量的很大比例。

第二,供方行业由大量相对来说规模较小的企业所组成。

第三,购买者所购买的基本上是一种标准化产品,同时向多个供方购买产品在经济上也完全可行。

第四,购买者有能力实现后向一体化,而供方不可能前向一体化。

(4) 替代品的威胁。两个处于不同行业中的企业,可能会由于所生产的产品是互为替代品,从而在它们之间产生相互竞争行为。如微信替代手机短信、网络信息、手机阅读代替了报纸,打火机替代了火柴等。由于存在着能被用户方便接受的替代品从而限制了现有企业产品售价以及获利潜力的提高;由于替代品生产者的侵入,使得现有企业必须提高产品质量,或者通过削减成本来降低售价,使其产品具有特色,否则其销量与利润增长的目标就有可能受挫;源自替代品生产者的竞争强度,受产品买主转换成本高低的影响。总之,替代品价格越低、质量越好、用户转换成本越低,其所能产生的竞争压力就强;而这种来自替代品生产者的竞争压力的强度,可以具体通过考察替代品销售增长率、替代品厂家生产能力与盈利扩张情况来加以描述。

（5）同业竞争者的竞争。大部分行业中的企业，相互之间的利益都是紧密联系在一起的，作为企业整体战略一部分的各企业竞争战略，其目标都在于使自己的企业获得相对于竞争对手的优势，所以，在实施中就必然会产生冲突与对抗现象，这些冲突与对抗就构成了现有企业之间的竞争。现有企业之间的竞争常常表现在价格、广告、产品介绍、售后服务等方面，其竞争强度与许多因素有关。

一般来说，出现下述情况将意味着行业中现有企业之间竞争的加剧：①行业进入障碍较低，势均力敌竞争对手较多，竞争参与者范围广泛。②市场趋于成熟，产品需求增长缓慢。③竞争者企图采用降价等手段促销。④竞争者提供几乎相同的产品或服务，用户转换成本很低。⑤一个战略行动如果取得成功，其收入相当可观。⑥行业外部实力强大的公司在接收了行业中实力薄弱企业后，发起进攻性行动，结果使得刚被接收的企业成为市场的主要竞争者。⑦退出障碍较高，即退出竞争要比继续参与竞争代价更高。在这里，退出障碍主要受经济、战略、感情以及社会政治关系等方面考虑的影响，具体包括：资产的专用性、退出的固定费用、战略上的相互牵制、情绪上的难以接受、政府和社会的各种限制等。

任何企业都不可能也没有必要占据价值链的全部，关键在于企业的战略定位。企业的战略目标在于使企业在产业内部处于最佳定位，保卫自己，抗击五种竞争力量或根据企业本身的意愿来影响这五种竞争力量。基于企业的竞争优势，企业可以选择成本领先战略、差异化战略和目标集中战略。

第一，成本领先战略。成本领先战略（overall cost leadership）也称低成本战略，是指企业通过有效的途径降低经营过程中的成本，使企业以较低的总成本赢得竞争优势的战略。在这种战略的指导下，企业决定成为所在产业中实行低成本生产的厂家。在经验基础上，强化成本与管理费用的控制。成本优势的来源因产业结构不同而异，可以包括追求规模经济、专利技术、原材料的优惠待遇和其他因素。成本领先战略的成功取决于企业日复一日地实施该战略的技能，成本不会自动下降，也不会偶然下降，它是艰苦工作和持之以恒的重视成本工作的结果。

成本领先并不等同于价格最低。如果企业陷入价格最低，而成本并不最低的误区，换来的只能是把自己推入无休止的价格战。因为一旦降价，竞争对手也会随着降价，而且比自己成本更低，因此具有更多的降价空间，能够支撑更长时间的价格战。按照波特的思想，成本领先战略应该体现为相对于对手而言的低价格，但这并不意味着仅仅获得短期成本优势或仅仅是削减成本，而是一个"可控制成本领先"的概念。此战略成功的关键在于在满足顾客认为最重要的产品特征与服务的前提下，实现相对于竞争对手的可持续性成本优势，换言之，实施低成本战略的企业必须找出成本优势的持续性来源，能够形成防止竞争对手模仿优势的障碍，这种低成本优势才长久。

第二，差异化战略。差异化战略（differentiation strategy）也称别具一格战略、差别化战略，是指为使企业产品、服务、企业形象等与竞争对手有明显的区别，以获得竞争优势而采取的战略。这种战略的重点是创造被全行业和顾客都视为是独特的产品和服务。差异化战略的方法多种多样，如产品的差异化、服务差异化和形象差异化等。实现差异化战略，可以培养用户对品牌的忠诚。利用顾客对品牌的忠诚以及由此产生对价格的敏感性下降，使企业得以避开竞争，从而实现利润增加而不必追求低成本。因此，差异化战略是使企业获得高于同行业平均水平利润的一种有效的竞争战略。产品差异化带来较高的收益，可以用来对付供方压力,同时可以缓解买方压力。当客户缺乏选择余地时其对价格的敏感性也就不那么高了。采取差异化战略而赢得顾客忠诚的公司,在面对替代品威胁时,其所处地位比其他竞争对手也更为有利。差异化战略要求企业具有优良的生产能力,产品的设计和生产具有创新能力,并且还需要销售渠道的针对性配合。

如果差异化战略实施成功,它就成为在一个产业中赢得高水平收益的积极战略,因为它建立起对付五种竞争力量的防御阵地,虽然其防御的形式与成本领先有所不同。波特教授认为,推行差异化战略有时会与争取占有更大的市场份额的活动相矛盾。推行差异化战略往往要求公司对于这一战略的排他性有思想准备。这一战略与提高市场份额两者不可兼顾。在建立公司的差异化战略的活动中总是伴随着很高的成本代价,有时即便全产业范围的顾客都了解公司的独特优点,也并不是所有顾客都将愿意或有能力支付公司要求的高价格。

第三,目标集中战略。目标集中战略(focus strategy)是指企业将经营重点集中在某一特定的顾客群体,或某产品系列、某一特定的地区市场上,力争在局部市场取得竞争优势,是一种有自我约束能力的战略。它要求能够以更高的效率、更好的效果为某一狭窄的战略对象服务,能够在该范围内超过竞争对手。由于集中精力于局部市场,需要的投资较少,这一战略多为中小型企业所采用。此外,目标集中战略一方面能满足某些消费者群体的特殊需要,具有与差异化战略相同的优势;另一方面因可以在较窄的领域里以较低的成本进行经营,又兼有与低成本战略相同的优势。

上述三种基本战略是相互联系的。成本领先战略保证了理论利润,体现了效率;差异化战略保证了市场份额,使企业在成本方面的高效率转化为高效益;目标集中战略进一步强化了低成本优势和差异化优势。

2. 内部环境分析

企业内部环境是指企业内部的物质、文化环境的总和,包括企业资源、企业能力、企业文化等因素,也称企业内部条件。它是组织内部的一种共享价值体系,包括企业的指导思想、经营理念和工作作风。企业内部环境分析可以从企业内部管理分析、市场营销能力分析、企业财务分析和其他内部因素分析四个方面进行。

1) 企业内部管理分析

企业内部管理分析包括计划、组织、激励、任用和控制五个职能领域分析。

计划职能是指企业在发展过程中对目标、实现目标的途径以及时间的选择和规定的活动。计划集中于未来,是企业从现状向未来发展的桥梁。一个企业的计划能力如何,在很大程度上决定了其能否有效地实施企业战略管理。计划不仅是制定有效战略的基础,而且是成功实施和评价企业战略的根本。企业计划工作的有效性取决于计划工作是否自上而下地进行、是否按照正式的计划程序进行、能否通过计划工作获得“协同作用”的效果,以及能否了解环境变化并进行积极反应。

组织职能是指在实现企业目标过程中有秩序和协调地使用企业的各种资源的活动。组织的目的在于通过对企业各种活动和各种职位按照某种合理的结构加以安排,以提高企业的有效性和效率。组织工作的有效性在于企业是否合理地把计划中的各种活动和任务分配到每一个岗位,按照岗位的相似性将各个岗位组合成若干个部门,同时把完成任务所需的职权和责任分配到各个岗位。只有明确了每一岗位的工作任务、工作要求和岗位之间的分工与合作关系,企业战略的实施才有了保障,企业战略的评价才有了依据。组织工作的有效性不仅要求尊重一般的组织原则,而且要从企业的实际情况出发,处理好分工与协作、管理跨度的宽与窄、集权与分权等之间的关系。

激励职能是指影响职工按企业要求去工作的过程。管理的激励职能包括领导、团体动力学、信息沟通和组织改变四个方面:①企业的领导水平关系到企业职工是否被有效地激励起来,关系到企业各方面利益关系的协调。②企业内部的非正式团体的行为规范对企业战略的实施有积极和消极的作用,企业管理者在战略实施过程中可以利用和管理这些团体以达到企业的目标。③企业战略管理的成功与否和企业内部信息沟通的状况有十分密切的关系,在企业职工对企业战略的理解和支持下,战略制定、实施和评价工作可以更好地进行。④企业战略是适应变化产生的,企业战略的实施又必然给企业带来巨大的改变,企业职工对组织改变的态度和适应能力可能成为企业的优势或弱点。

任用作为一种管理职能,有时又称为人力资源管理或人事管理,主要涉及职工的招聘、任用、培训、调配、评价、奖罚和其他人事管理工作。企业职工的素质常常关系到企业战略管理的成败。

控制职能是指包括所有旨在使计划与实际活动相一致的活动。企业管理者评价企业的活动并采取必要的纠正措施可以保障企业计划和目标的有效实现,减少因可能出现的偏差给企业造成的损失。企业控制职能的有效性对于有效的战略评价和控制具有十分重要的意义。

2) 市场营销能力分析

市场营销能力分析是指从企业的市场定位和营销组合两方面来分析企业在市场营销方面的长处和弱点。

市场定位是企业高层管理者在制定新的战略之前必须要回答的"谁是我们的顾客"这一问题。企业要为自己的产品和服务确定一个目标市场,从产品、地理位置、顾客类型、市场等方面来规定和表述。企业市场定位明确合理,可以使企业集中资源在目标市场上创造"位置优势",从而在竞争中获得优势地位。企业市场定位的准确性取决于企业市场调查和研究的能力、评价和确定目标市场的能力及占据和保持市场位置的能力。

市场营销组合是指可以用于影响市场需求和取得竞争优势的各种营销手段的组合,主要包括产品、价格、分销和促销等变量。企业有效地使用营销组合不仅要求设计适应目标市场需要的营销组合,还要求根据产品生命周期的变化及时地调整营销组合。

3) 企业财务分析

企业财务分析可以从企业财务管理水平和企业财务状况两方面进行分析。

企业财务管理水平分析就是看企业财务管理人员如何管理企业资金,是否根据企业战略的要求决定资金筹措方法和资金的分配,监视资金运作和决定利润的分配。企业的财务决策主要有三种:①筹资决策是指决定企业最佳的筹资组合或资本结构,企业财务管理者应根据企业目标战略和政策的要求,按时按量从企业内外以合适的方式筹集到所需的资金。②投资决策是指企业财务管理者运用资本预算技术,根据新增销售、新增利润、投资回收期、投资收益率、达到盈亏平衡时间等将资金在各种产品、各个部门以及新项目之间进行分配。③股利分配决策是指涉及分红和利润留成的比例问题。

企业财务状况分析是判断企业实力和对投资者吸引力的最好办法。企业的清偿能力、债务资本的比率、流动资本、利润率、资产利用率、现金产出、股票的市场表现等可能排除许多原本可行的战略选择,企业财务状况的恶化也会导致战略实施的中止和现有企业战略的改变。分析企业财务状况的常用方法是财务比率的趋势分析,财务比率可分为清偿比率、债务与资产比率、活动比率、利润比率和增长比率五大类。当然,财务比率因计算的依据为企业会计报表提供的数据以及通货膨胀、行业经营周期和季节性因素等在解释分析能力方面存在一定的局限性,但仍然不失为分析企业内部长处和弱点的有效工具。

4)其他内部因素分析

其他内部因素分析主要是从企业文化方面进行分析。企业文化是由企业成员所共同分享和代代相传的各种信念、期望、价值观念的集合。企业文化为职工提供了一种认同感,激励职工为集体利益工作,增强了企业作为一个社会系统的稳定性,可以作为职工理解企业活动的框架和行为的指导原则。企业文化规定了企业成员的行为规范,对于企业战略的实施具有十分重要的影响。

3. 内外部环境综合分析方法

企业进行外部、内部环境分析时,可采用 SWOT 分析和波士顿矩阵分析等方法。

1)SWOT 分析

SWOT 分析是从优势(strengths)、劣势(weaknesses)、机会(opportunities)、威胁(threats)四个角度进行分析,其中优势和劣势主要用来分析内部条件;机会和威胁主要用来分析外部条件,具体分析情况如图 2-1 所示。利用这种方法可以从中找出对自己有利的、值得发扬的因素,以及对自己不利的、要避开的东西,发现存在的问题,找出解决办法,并明确以后的发展方向。根据这个分析,可以将问题按轻重缓急分类,明确哪些是急需解决的问题,哪些是可以稍后处理的事情;哪些属于战略目标上的障碍,哪些属于战术上的问题,并将这些研究对象列举出来,依照矩阵形式排列,然后用系统分析的方法,把各种因素相互匹配起来加以分析,从中得出一系列相应的结论。而结论通常带有一定的决策性,有利于领导者和管理者作出较正确的决策和规划。

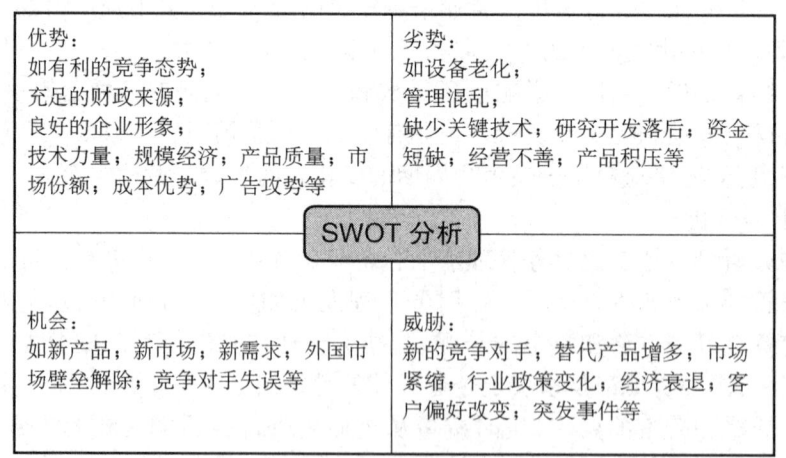

图 2-1　SWOT 分析

SWOT 分析中最核心的部分是评价企业的优势和劣势、判断企业所面临的机会和威胁并作出决策,即在企业现有的内外部环境下,如何最优地运用自己的资源,并且建立公司未来的资源,以便确定最优的战略方向。

SWOT 方法的优点在于考虑问题全面,是一种系统思维,而且可以把对问题的"诊断"和"开处方"紧密结合在一起,条理清楚,便于检验。根据 SWOT 分析,战略目标应该是一个企业"能够做的"(即企业的强项和弱项)和"可能做的"(即环境的机会和威胁)之间的有机结合。SWOT 分析提出了四种战略:

(1) SO 战略。SO 战略是指依靠企业内部优势去抓住外部机会的战略。如果某家资源雄厚(内在优势)的企业发现某个国际市场未饱和(外在机会),那么该企业就应该采取 SO 战略去开拓这个国际市场。

(2) WO 战略。WO 战略是指利用企业外部机会改进内部劣势的战略。如果某家面对计算机需求增长的企业(外在机会)却十分缺乏技术专家(内在劣势),那么,该企业就应该采用 WO 战略培育招聘技术专家,或购入某家高技术的计算机公司。

(3) ST 战略。ST 战略是指利用企业的优势,去避免或减轻外部威胁的打击。如某家企业的销售渠道(内在优势)很多,但由于各种限制又不允许该企业经营其他商品(外在威胁),那么,就应该采取 ST 战略,走集中型、多样化的道路。

(4) WT 战略。WT 战略是指直接克服内部劣势和避免外部威胁的战略。如果某家企业的商品质量差(内在劣势),供应商不可靠(外在威胁),该企业就应该采取 WT 战略,强化企业的管理,提高产品质量,稳定供应渠道,或走联合、合并之路以谋求生存和发展。

2) 波士顿矩阵分析

波士顿矩阵(BCG matrix)又称市场增长率-相对市场份额矩阵、波士顿咨询集团法、四象限分析法、产品系列结构管理法等,是由美国著名的管理学家、波士顿咨询公司创始人布鲁斯·亨德森于 1970 年首创的一种规划企业产品组合的方法。

波士顿矩阵认为一般决定产品结构的基本因素有两个,即市场引力与企业实力。市场引力包括整个市场的销售量(额)增长率、竞争对手强弱及利润高低等。其中最主要的是反映市场引力的综合指标——销售增长率,这是决定企业产品结构是否合理的外在因素。

核算企业各种产品的市场占有率可以是绝对市场占有率和相对市场占有率,销售增长率可以是企业的产品销售额或销售量增长率。其计算公式为:

企业某种产品绝对市场占有率＝该产品企业销售量/该产品市场销售总量

企业某种产品相对市场占有率＝该产品企业市场占有率/该产品市场占有份额最大者
(或特定的竞争对手)的市场占有率

企业实力包括市场占有率,技术、设备、资金利用能力等,其中市场占有率是决定企业产品结构的内在要素,它直接显示出企业竞争实力。

销售增长率与市场占有率既相互影响,又互为条件:市场引力大,市场占有高,可以显示产品发展的良好前景,企业也具备相应的适应能力,实力较强;如果仅有市场引力大,而没有相应的高市场占有率,则说明企业尚无足够实力,则该种产品也无法顺利发展。相反,企业实力强,而市场引力小的产品也预示了该产品的市场前景不佳。

通过以上两个因素相互作用,会出现以下四种不同性质的产品类型,形成不同的产品发展前景:①销售增长率和市场占有率"双高"的产品群(明星类产品)。②销售增长率和市场占有率"双低"的产品群(瘦狗类产品)。③销售增长率高、市场占有率低的产品群(问题类产品)。④销售增长率低、市场占有率高的产品群(现金牛类产品)。

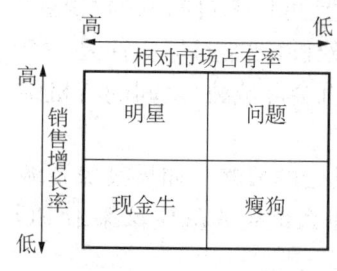

图 2-2 波士顿矩阵分析模型

波士顿矩阵对于企业产品所处的四个象限具有不同的定义和相应的战略对策,其分析模型如图 2-2 所示。

(1) 明星产品(stars)。明星产品是指处于高增长率、高市场占有率象限内的产品群,这类产品可能成为企业的现金牛产品,需要加大投资以支持其迅速发展。其采用的发展战略是:积极扩大经济规模和市场机会,以长远利益为目标,提高市场占有率,加强竞争地位。发展战略以及明星产品的管理与组织最好采用事业部形式,由对生产技术和销售两方面都很内行的经营者负责。

(2) 现金牛产品(cash cow)。现金牛产品又称厚利产品,是指处于低增长率、高市场占有率象限内的产品群,已进入成熟期。其财务特点是销售量大,产品利润率高、负债比率低,可以为企业提供资金,而且由于增长率低,也无须增大投资。因而现金牛产品是企业回收资金后,支持其他产品,尤其是明星产品投资的后盾。对现金牛产品应采用的投资方法有:①把设备投资和其他投资尽量压缩。②采用榨油式方法,争取在短时间内获取更多利润,为其他产品提供资金。对于这一象限内的销售增长率仍有所增长的产品,应进一步进行市场细分,维持现存市场增长率或延缓其下降速度。对于现金牛产品,适合于用事业部制结构进行管理,其经营者最好是市场营销专业人员。

现金牛业务指低市场成长率、高相对市场份额的业务,是成熟市场中的领导者,是企业现金的来源。由于市场已经成熟,企业不必通过大量投资来扩展市场规模,同时作为市场中的领导者,该业务享有规模经济和高边际利润的优势,因而给企业带来大量财源。企业往往用现金牛业务来支付款项并支持其他三种需大量现金的业务。

(3) 问题产品(question marks)。问题产品是指处于高增长率、低市场占有率象限内的产品群。前者说明市场机会大,前景好,而后者则说明在市场营销上存在问题。其财务特点是利润率较低,所需资金不足,负债比率高。例如,在产品生命周期中处于引进期、因种种原因未能开拓市场局面的新产品即属此类问题的产品。对问题产品应采取选择性投资战略。因此,对问题产品的改进与扶持方案一般均列入企业长期计划中。对问题产品的管理组织,最好是采取智囊团或项目组织等形式,选拔有规划能力,敢于冒风险、有才干的人负责。

(4) 瘦狗产品(dogs)。瘦狗产品也称衰退类产品,是指处在低增长率、低市场占有率象限内的产品群。其财务特点是利润率低、处于保本或亏损状态,负债比率高,无法为企业带来收益。对这类产品应采用撤退战略:首先应减少批量,逐渐撤退,对那些销售增长率和市场占有率均极低的产品应立即淘汰;其次是将剩余资源向其他产品转移;最后是整顿产品,最好将瘦狗产品与其他事业部合并,统一管理。

(二)战略制定

战略制定就是指企业根据其意愿、使命和内外部环境分析情况,选择和设定战略目标的过程。企业可以根据具体管理情境选择自上而下、自下而上或上下结合的方法制定其战略目标。为了实现企业的战略目标,企业确定战略目标之后,各部门需要结合企业战略目标设定本部门的战略目标,并将其具体化为一套与本企业可利用资源相匹配的关键财务及非财务指标的预测值。无论采用何种战略,其基本目标均是获得竞争优势以及赚取超额利润。

（三）战略实施

战略实施也叫战略落地，是指将企业的战略规划蓝图变成现实的管理过程。战略落地是战略管理中最重要的过程。

企业的战略目标不可能自然而然地实现，战略目标在企业高层达成一致后，应向下层传达，并在各项工作中得以分解、落实；同时，应加强执行反馈，及时修正战略执行偏差，以确保实现战略目标。企业应加强战略管控，结合使用战略地图、价值链管理等多种管理会计工具、方法，将战略落地的关键业务流程化，并落实到企业现有的营运流程中，确保企业高效率和高效益地实现战略目标。

（四）战略评价与控制

战略评价与控制是指企业通过检测战略实施进展情况，评价战略执行效果，审视战略的科学性和有效性，不断修正战略举措，以期达到预期目标。企业一般应从以下方面进行战略评价：战略是否适应企业的内外部环境、是否有效进行资源配置、战略涉及的各项风险是否可以接受、战略实施的时间和进度是否恰当等。

（五）战略调整

战略调整是与战略评价不可分割的一部分，是指根据企业情况的发展变化和战略评价结果，即参照实际的营运事实、变化的营运环境，新思维、新机会和战略执行情况等，对所制定的战略及时进行调整，以保证战略对企业管理活动的有效指导。战略调整一般包括调整企业的愿景、长期发展方向、战略目标及其战略举措等。

任务二 制定战略地图

一、战略地图的含义和作用

（一）战略地图的含义

战略地图（strategy map）是以平衡计分卡的四个层面目标（财务层面、客户层面、内部层面、学习与成长层面）为核心，通过分析这四个层面目标的相互关系而绘制的企业战略因果关系图，反映了战略目标之间自下而上的逻辑关系，清晰展示出公司或部门未来几年"做什么""怎么做""做到什么程度"。企业可根据自身情况对各维度的名称、内容等进行修改和调整。战略地图的通用模型如图 2-3 所示。

（二）战略地图的作用

战略地图的主要作用有两个：一是用直观的描述来解释公司的战略，让"高深"的战略转化为企业内部各个部门都能够理解的语言；二是将战略转化为企业的经营管理导向，并将其分解为一系列的、与各部门相关的主题，相当于在公司与战略目标之间绘制了一条基本的路线图，让企业的各项经营管理活动直指目标。

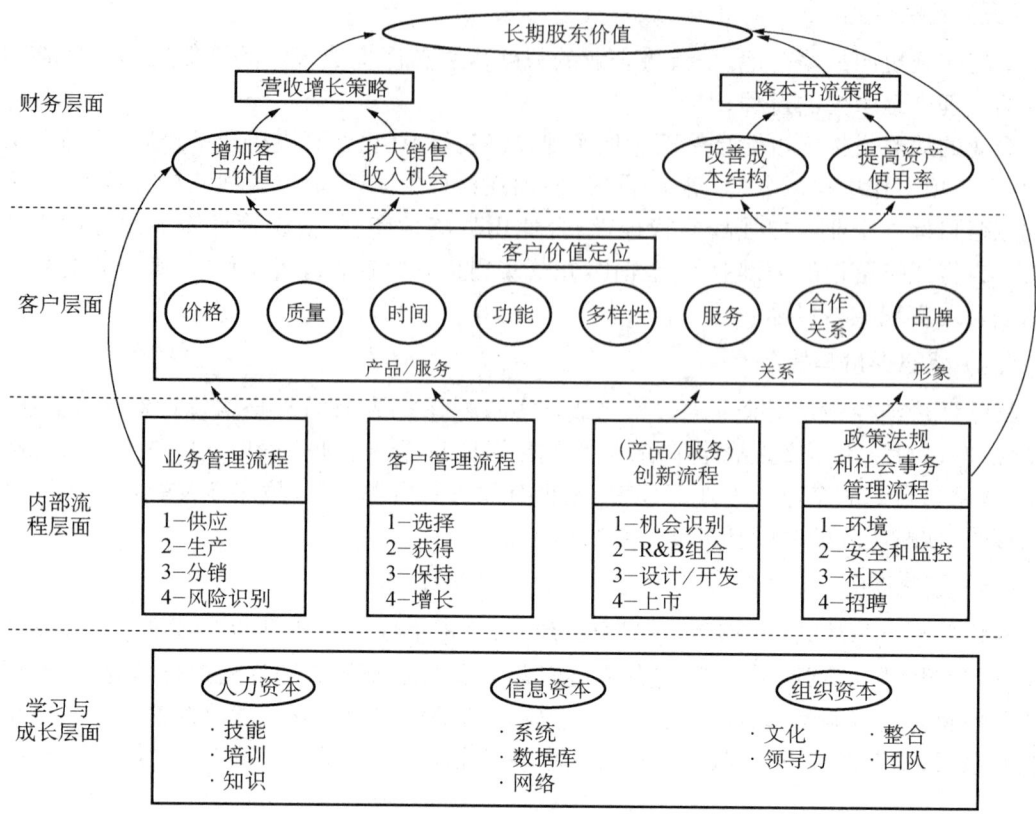

图 2-3　战略地图的通用模型

二、战略地图的设计

战略地图的设计包括设定战略目标、确定各个维度的战略主题、进行资源配置和绘制战略地图。

（一）设定战略目标

根据战略分析，设定战略目标。

（二）确定各个维度的战略主题

企业设定了战略目标，就已经将较为抽象的整体战略细化为战略主题。企业应该根据已经设定的战略目标，深入分析现有顾客（服务对象）、潜在的新顾客和新产品（服务），努力寻求业务改善和增长的合理路径，并提取"业财融合"发展的各个战略主题。

1. 财务维度的战略主题

财务维度的战略主题通常可以划分为两个层次：第一层次一般包括生产率提升与营业收入增长；第二层次一般包括创造成本优势、提高资产利用率、增加顾客机会和提高顾客价值。

2. 顾客维度的战略主题

为了实现财务维度的战略目标，企业应该在深入分析现有顾客的基础上，从产品（服务）质量、技术领先、售后服务和稳定标准等方面确定、调整顾客的价值定位，从而确定顾客维度的战略主题。顾客维度的战略主题通常包括顾客体验、双赢营销关系、品牌形象提升。

3. 内部业务流程维度的战略主题

企业应该根据业务提升路径和服务定位,梳理业务流程及其关键增值(提升服务形象)活动,分析企业的关键成功要素和风险因素,从企业内部的管理流程、创新流程、顾客管理流程、遵循法规流程等方面确定内部业务流程的战略主题,并根据各个战略主题分别制定相应的战略方案。

4. 学习与成长维度的战略主题

企业应该根据业务提升路径和服务定位,深入分析各种无形资源(如创新和人力资本)在价值创造过程中的独特作用,识别学习与成长维度的关键要素,从而确定学习与成长维度的战略主题。学习与成长维度的战略主题通常包括激励制度创新、信息系统创新和智力资本利用创新。

(三)各个维度战略主题的资源匹配

企业明确了各个维度的战略主题之后,应根据各个维度的战略主题,系统地分析其各种资源(包括有形资源和无形资源)的战略匹配度,解决各个维度战略主体的资源配置,作好资源的保障工作。

(四)绘制战略地图

(1)确立战略地图的总体主题。总体主题是对企业整体战略目标的描述,应清晰表达企业愿景和战略目标,并与财务维度的战略主题和关键绩效指标(key performance indicator,KPI)对接。

(2)根据企业的需要,确定四个维度的名称。把确定的四维度战略主题画入各自对应的战略地图内,每一主题可以通过若干KPI进行描述。

(3)将各个战略主题和KPI用路径线连接,形成战略主题和KPI相连的战略地图。

【例2-2】 N公司以产品创新开展竞争,公司选择的是差异化战略。

1. 企业战略目标及动因分析

N公司向目标客户发布的新产品中融入了最前沿的技术,希望赢得很高的客户忠诚度,而防止客户流失和建立客户忠诚是通过新产品的"客户保留率"和"客户份额"指标来衡量的。为了实现这一目标,N公司应该持续改善产品开发流程,成为创新产品的最初供应商,以不断保持客户忠诚度,而实现这一客户价值的关键流程是大幅度缩短产品开发周期。

N公司要完成上述战略目标,必须依赖于技术人员的高素质,尤其是他们的专业能力及其将不同学科的新技术应用到最终产品上的能力。为此公司将实施留住关键人才的政策,因为有经验的员工能够理解公司文化,并能积累先前产品开发的经验,所以公司将"关键员工保留率"作为创新战略中最基础的学习与成长维度的战略目标。

2. 企业战略目标与KPI

基于上述分析,N公司将"增加新产品收入,促进总收入增长"作为总体战略目标,并将其转化为财务维度的"年收入增长25%,新产品收入占比30%"两个KPI;确定客户维度的战略目标是"增加单位客户收入",并将其转化为"客户保留率达80%""客户份额占40%"两个 KPI；内部流程维度的战略目标是"成为世界级产品最初供应商"，并将其转化为"每年行业展示项目中领先产品比例达 75％"和"产品上市周期为 9 个月"两个 KPI；学习与成长维度的战略目标是"拥有稳定的高素质员工"，并将其转化为"专业能力达标率为 100％"和"关键员工保留率达 95％"两个 KPI。

3. 绘制战略地图

将上述各个战略主题和 KPI 用路径线连接，形成战略主题和 KPI 相连的战略地图，如图 2-4 所示。

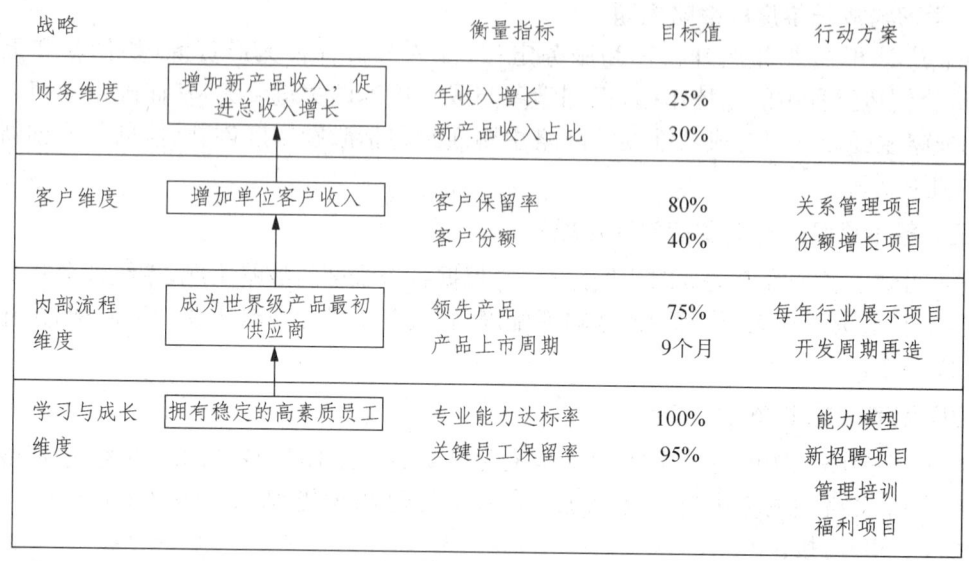

图 2-4　战略主题和 KPI 相连的战略地图

三、战略地图实施

战略地图实施是指企业利用管理会计工具方法，确保企业实现既定战略目标的过程。战略地图实施的程序包括关键绩效指标的设计，关键绩效指标的责任落实，战略执行、执行报告与持续改善，评价激励。

（一）关键绩效指标的设计

企业应设计一套可以使各部门主管明确自身责任与战略目标相联系的考核指标，即进行关键绩效指标的设计。这些关键绩效指标是管理者和员工直接关注的因素，指标所反映的良好业绩可能导致企业竞争能力的极大提高。

（二）关键绩效指标的责任落实

关键绩效指标设计之后，企业应该分解关键绩效指标，落实责任并签订责任书。其具体程序包括以下内容。

1. 分解关键绩效指标

企业应从最高层开始，将关键绩效指标分解到各责任部门，再分解到责任团队。每一责任部门、责任团队或责任人都有对应的关键绩效指标，且每一关键绩效指标都能找到对应的具体战略举措。企业可编制责任表，描述关键绩效指标中的权、责、利和战略举措的对应关系,以便实施战略管控和形成相应的报告。每一责任部门的负责人可根据上述责任表,将关键绩效指标在本部门进行进一步分解和责任落实,层层建立战略实施责任制度。

2. 签订责任书

企业应在分解明确各责任部门关键绩效指标的基础上,签订责任书,以督促各执行部门落实责任。责任书一般由企业领导班子(或董事会)与执行层的各部门签订。责任书应明确规定一定时期内(一般为一个年度)要实现的关键绩效指标任务、相应的战略举措及相应的奖惩机制。

(三) 战略执行、执行报告与持续改善

企业以各部门责任书和职责分工为基础,确定不同执行过程的负责人及协调人,并按照设定的战略目标实现日期,确定不同的执行指引表,采取有效战略举措,保障关键绩效指标实现。企业应编制战略执行报告,反映各责任部门的战略执行情况,分析偏差原因,提出具体管控措施。

(1) 与既定战略目标相比,发现偏差并予以改善。企业应该根据战略执行报告,将战略执行情况与战略目标相比较,揭示偏差,及时发现问题,并提出解决问题的具体措施和改善方案。值得注意的是,有些偏差未必就是企业战略执行过程中的问题。如煤炭企业实现收入增长,利润增加等战略目标,其原因不一定是战略执行,而可能是市场大环境煤价上涨导致。因此,企业在深入分析存在的偏差时,必须关注以下三点:一是战略执行的偏差是否为临时性波动;二是关键绩效指标的分解与执行是否有误;三是外部环境是否发生重大变化,从而导致原定战略目标脱离实际情况。企业应该在具体分析这些问题的基础上找出产生偏差的根源并及时纠偏。

(2) 如果根据战略执行报告与既定战略目标相比,企业已经达成既定目标,说明企业具有提升空间,此时应该考虑如何提升。例如,企业可以考虑适当增加执行难度,提升战略目标的水平,按持续改善的策略与方法进入一个新的战略循环。

(四) 评价激励

这里的评价需要对指标实现的各个因素进行详细分析。激励的主要目的是引导责任人自觉地、持续地积极工作,有效利用企业资源提高企业绩效,实现企业战略目标。

 **思政园地**

项目二:管理会计视角下的个人
发展规划——基于 PEST
与 SWOT 的双维分析

【职业资格与技能训练二】

一、单项选择题

1. 下列各项中,属于公司使命的是( )。

A. 甲企业为人类的幸福和发展作出技术贡献

B. 到 2019 年年底,乙公司在世界汽车市场的占有率居第一位

C. 在 2019—2021 年,丙公司的年均内部报酬率由 12% 达到 16%

D. 到 2019 年,丁公司的单位成本下降 4%

2. 下列各项中,关于战略管理表述不正确的是( )。

A. 一个循环往复的过程   B. 需要修正原来的分析、选择与实施工作

C. 一次性的工作   D. 要不断监控和评价战略的实施过程

3. 下列各项中,企业的做法属于转向战略的是( )。

A. 甲企业进行机制变革   B. 乙公司调整营销策略

C. 丙公司出售旗下几个高端品牌   D. 丁公司削减人工成本

4. 市场渗透战略的基础是增加现有产品或服务的市场份额,或增加正在现有市场中经营的业务,它的目标是通过各种方法来增加产品的使用频率,下列不属于其增长方法的是( )。

A. 扩大市场份额   B. 开发小众市场   C. 保持市场份额   D. 开发新市场

5. 下列关于波士顿矩阵中问题业务的表述中,正确的是( )。

A. 问题业务市场增长较低、相对市场占有率较低,因此企业通常都不能产生大量现金,而出现负现金流

B. 问题业务市场增长较低、相对市场占有率较高,因此企业通常都会实施多元化战略去获取更高的利润

C. 问题业务市场增长较高、相对市场占有率较高,因此企业通常都会将其问题业务淘汰

D. 问题业务市场增长较高、相对市场占有率较低,因此企业通常都不能产生大量现金,而出现负现金流

6. 汽车制造商在确定目标之前,需要考虑市场的需求以及包括企业技术能力在内的资源问题,才能制定出一个具体且合乎现实的目标。这表明战略管理过程的第一步是( )。

A. 战略目标   B. 战略实施   C. 战略分析   D. 战略选择

7. 下列各项中,属于战略地图中财务维度的指标是( )。

A. 新顾客数量   B. 服务响应时间   C. 营业利润增长率   D. 专业能力达标率

8. 下列各项中,属于战略地图中学习与成长维度的指标是( )。

A. 信息资本   B. 服务响应时间   C. 营业利润增长率   D. 专业能力达标率

二、多项选择题

1. 下列各项中,属于战略管理特点的有( )。

A. 全局性   B. 全过程   C. 长远性   D. 综合性

2. 下列选项中,属于职能战略的有( )。

A. 市场营销战略　　B. 人力资源战略　　C. 成本领先战略　　D. 财务战略

3. 下列选项中,属于收缩战略的方式的有(　　)。

A. 紧缩与集中战略　B. 差异化战略　　C. 市场开发战略　　D. 放弃战略

4. 常用的战略分析工具包括(　　)。

A. 波士顿矩阵　　　B. PEST 分析　　　C. SWOT 分析　　　D. 情景分析

5. 下列选项中,属于内部业务流程维度子流程的有(　　)。

A. 创新流程　　　　B. 经营流程　　　　C. 客户管理流程　　D. 员工培训流程

6. 下列各项中,属于战略地图绘制步骤的有(　　)。

A. 确立战略地图的总体主题

B. 根据企业的需要,确定四维度的名称

C. 根据四维度名称确定绩效计划

D. 将各个战略主题和 KPI 用路径线连接,形成战略主题和 KPI 相连的战略地图

7. 下列各项中,属于战略地图实施内容的有(　　)。

A. 战略 KPI 设计　　　　　　　　　　B. 战略 KPI 责任落实

C. 战略举措执行和执行报告　　　　　　D. 持续改善和评价激励

8. 下列各项中,关于战略地图实施的表述正确的有(　　)。

A. 企业应用战略地图,应设计一套可以使各部门主管明确自身责任与战略目标相联系
的考核指标

B. 企业应在分解明确各责任部门 KPI 的基础上,签订责任书,以督促各执行部门落实
责任

C. 企业应编制战略执行报告,反映各责任部门的战略执行情况,分析偏差原因,出具体
管控措施

D. 激励的主要目的是引导责任人自觉地、持续地积极工作,有效利用企业资源,提高企
业绩效,实现企业战略目标

三、判断题

1. 战略是指企业从全局考虑作出的全局性和长远性的谋划。　　　　　　　　　(　　)

2. 战略管理的根本目的是为企业长远发展进行谋划。　　　　　　　　　　　　(　　)

3. 总体战略是企业最高层次的战略,是指为实现企业总体目标,对企业未来基本发展
方向所作出的长期性、总体性的谋划。　　　　　　　　　　　　　　　　　　　　(　　)

4. 多元化战略根据在细分市场上采用的具体战略不同,可以划分为集中成本领先战略
和集中差异化战略。　　　　　　　　　　　　　　　　　　　　　　　　　　　　　(　　)

5. 战略落地,也称战略实施,是将企业的战略规划蓝图变成现实的管理过程。　　(　　)

6. 战略分析包括内部环境分析和外部环境分析。　　　　　　　　　　　　　　(　　)

7. 战略调整是指企业通过监测战略实施进展,评价战略执行效果,审视战略的科学性
和有效性,不断修正战略举措,以期达到预期目标。　　　　　　　　　　　　　　　(　　)

8. 战略地图可以只包括财务、客户、内部业务流程三个维度。　　　　　　　　　(　　)

9. 客户维度指标包含客户结果性衡量指标,如满意度、保留率、增长率等。　　　(　　)

项 目 三

变动成本管理

知识目标

理解成本性态分类
理解固定成本、变动成本的特征、类型和管理重点
掌握混合成本的分解方法
理解变动成本法与完全成本法的区别
掌握变动成本计算法的优缺点
掌握完全成本计算法的优缺点

能力目标

能进行混合成本的分解
能够使用变动成本计算法进行成本计算和盈亏分析
能够使用完全成本计算法进行成本计算和盈亏分析

素质目标

树立问题导向的思维习惯
具备灵活应用相关成本概念分析和解决问题的能力

思政目标

通过成本性态分类和变动成本法与完全成本法的比较,引导学生勇敢面对生产一线实际问题,培养学生的业财融合意识

【导学】

某企业只生产一种产品,且1月份产量为2 000件,期初无存货,本期销售1 000件,售价为130元/件。本期生产费用包括直接材料费60 000元,直接人工费用50 000元,制造费用50 000元(变动制造费用10 000元、固定制造费用40 000元),销售费用10 000元(变动销售费用5 000元、固定销售费用5 000元),管理费用30 000元(变动管理费用1 000元、固定管理费用29 000元)。总账会计认为本期盈利10 000元,管理会计认为本期亏损10 000元。你认为呢?

任务一　理解成本性态

一、成本性态

成本性态(cost behavior)也叫成本习性,是指在一定条件下成本总额与特定业务量之间的依存关系,即成本与业务量之间的数量关系。这里的"一定条件"是指一定的时间范围内和一定的业务量变动范围,称为成本性态的相关范围,也就是不改变或破坏特定成本项目固有特征的业务量的变动范围;这里的业务量可以是生产量或销售量,也可以是直接人工工时或机器工时。成本与特定业务量之间的依附关系是客观、固有的,故称为"习性"。利用成本习性,可以从数量上研究成本与业务量变动之间的规律性联系,为企业进行正确的管理决策,改善经济管理条件提供有价值的成本信息,也有助于企业挖掘降低成本的潜力,采取降低成本的有效措施。

按照成本性态,成本可划分为固定成本、变动成本和混合成本。

(一)固定成本

1. 固定成本的特性

固定成本(fixed cost)是指在相关范围内其成本总额不受业务量增减变动的影响而保持固定不变的成本,如房屋设备的租赁费、保险费、管理人员的工资、办公费、职工培训费、广告费及按直线法计提的固定资产折旧费等。这部分成本可能会随时间的变化而变化,因决策的变动而变动,但并不因为特定期间内业务水平的变化而变化。固定成本是必然要发生的成本,它与业务量的多少无关。但从每个产品的角度来看,如果业务量大,则每个产品分摊的固定成本就少;反之就多。其基本特征为在相关范围内固定成本总额保持不变,单位固定成本与业务量成反比例关系。固定成本性态模型如图3-1所示。

2. 固定成本的类型

为了进一步加强对固定成本的控制,固定成本按其是否受创业管理者短期决策行为的影响,细分为约束性固定成本和酌量性固定成本。

1) 约束性固定成本

约束性固定成本(committed fixed cost)是指企业管理者的短期决策行为不能改变其数

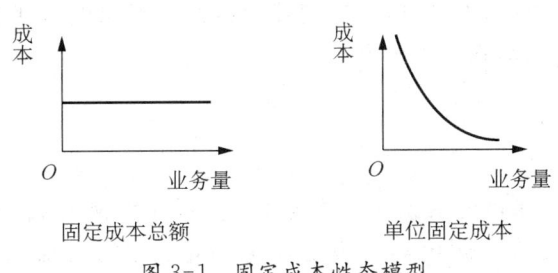

图 3-1 固定成本性态模型

额的固定成本,如房屋设备折旧、管理人员基本工资、固定资产折旧等。这些固定成本是企业运营必须发生的成本,是生产能力一经形成就必然要负担的最低成本,在短期内很难有重大改变,具有很大的约束性。任何降低约束性固定成本的行为都将缩减企业的生产能力,即企业经营能力的破坏,从而降低企业盈利能力。因此,降低约束性固定成本的基本途径是合理利用企业现有的生产能力,提高生产效率和开工率。

2) 酌量性固定成本

酌量性固定成本(discretionary fixed cost)是指企业管理部门在日常经营活动中可以控制并改变其数额的固定成本,如研发费用、广告费、招待费、职工培训费等。这些费用的开支对企业的经营肯定有好处,如可以扩大产品的销路、提高产品的质量、增强企业的竞争力等,但其支出数额的多寡并不是绝对不能改变的。酌量性固定成本一般由企业的管理当局在会计年度开始前,斟酌计划期间企业的具体情况和财务负担能力,对这类固定成本项目的开支情况分别作出决策,即通过管理层的决策和行动能够改变其支出的数额。而降低酌量性固定成本的途径包括厉行节约、精打细算、编制出积极可行的费用预算并严格执行,防止浪费和过度投资等。

3. 固定成本管理

约束性固定成本是不可改变的既定事实,评价方案的可行性只能在此前提下进行。酌量性固定成本具有一定的弹性,可压缩、可提高,能够依照决策所涉及的具体对象和具体情况来确定。降低固定成本的重点在于:

(1) 清理无效资产,将不参与生产经营活动的资产清理。

(2) 必需的固定资产尽可能通过租用等方式使用,将固定成本支出变为流动成本支出。

(3) 分析自身的优势所在,将不具有优势的生产过程尽可能外包。

【例 3-1】 美国西部航空公司租赁部分飞机

美国西部航空公司年收入达 20 亿美元,是全美第九大商务航空公司。该公司致力于低成本和全面服务的市场策略,以凤凰城、拉斯维加斯、哥伦比亚、俄亥俄州为主要的营运中心。20 世纪 90 年代后期,美国西部航空得益于美国经济繁荣而收入增长,因此公司管理层决定扩大经营规模:增设以阿卡泊克、迈阿密和底特律为目的地的新航线,并且增加了包括拉斯维加斯、墨西哥城和波士顿在内的已有站点的日间航班次数。为实现上述目标,公司需要扩大其员工队伍,添置新的飞机,并要以 0.42 亿美元投资于新技术。购置飞机会对未来数年的成本和利润产生极大的影响,这些投资的成本是固定的,而未来的收益却有可能随着经济的走势而起伏不定——假如经济形势变坏,预计收益就无法弥补投入的成本。于是公司管理层决定,以 5%～10% 的比率租赁所需的飞机,并且每年更新。这样的决策使公司在经济低迷时释放冗余容量(从而降低成本)的能力提高。理解成本性态及公司管理层决策对成本的影响有助于该公司加强成本控制。

(二) 变动成本

1. 变动成本的特征

变动成本(variable cost)是指成本总额与业务量成正比例增减变动关系的那部分成本，如直接材料、直接人工、销售佣金等。假如业务量增加 10%，那么变动成本总额也增加 10%。变动成本基本特征为在相关范围内单位变动成本保持不变，变动成本总额与业务量成正比例关系。变动成本性态模型如图 3-2 所示。

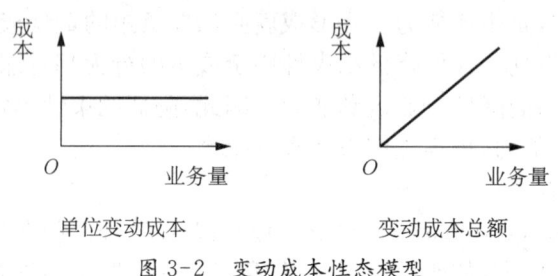

图 3-2　变动成本性态模型

2. 变动成本的类型

变动成本根据企业管理者决策行为是否可以改变而分为技术性变动成本和酌量性变动成本。

1) 技术性变动成本

技术性变动成本(committed variable cost)也称约束性变动成本，是指在单位成本受客观因素决定，消耗量由技术因素决定那部分变动成本；是企业管理者的决策无法改变其支出数额的，并与业务量有明确的技术或实务关系的变动成本。它通常表现为企业所生产产品的直接物耗成本，以直接材料成本最为典型。如生产成本中主要受到设计方案影响的、单耗相对稳定的外购零部件成本，在工资水平不变的前提下，流水作业生产岗位上的工人其工资和福利费等都属于这类成本。当企业所生产的产品定型(包括诸如外形、大小、色彩、重量、品质等方面)以后，上述成本的大小就具有了很大程度上的约束性。这类成本的改变往往也就意味着企业的产品改型了。如企业生产组装某计算机需用的部件，在外购价格一定的条件下，其成本属于受设计技术影响而与电脑产量成正比例的技术性变动成本；又如某热电厂的锅炉必须使用燃烧值在一定千卡以上的专用精煤，在这种情况下，燃烧成本就属于随发电量成正比例变动的技术性变动成本。

2) 酌量性变动成本

酌量性变动成本(discretionary variable cost)是指单位产品成本受企业管理者决策影响的那部分变动成本。如按产量计酬的工人薪金、按销售收入的一定比例计算的销售佣金等，这些支出比例或标准取决于企业管理者的决策，当然企业管理者在作上述决策时不能脱离当时的市场环境。例如，在确定计件工资时就必须考虑当时的劳动力市场情况，在确定销售佣金时必须考虑所销产品的市场情况，并由经理决定销售佣金计提的百分数，因此，这部分支出属于酌量性变动成本。这类成本的显著特点是其单位成本的发生额可由企业最高管理层决定。又如,在质量能保证并且单耗不变的条件下,企业的原材料可通过不同的采购渠道和不同供货单位的选择,则原材料成本的消耗属于酌量性变动成本。

3. 变动成本管理

技术性变动成本主要受技术因素影响,这类变动成本的实质是利用生产能力所必然要发生的成本。它可以通过改进设计,改革工艺技术,进行技术革新和技术革命,提高材料综合利用率、劳动生产率和产出率,以及避免采用新设备、降低单耗等来实现。

酌量性变动成本的高低受企业管理者决策的影响,可以通过降低产品制造成本、提高决策水平、强化预算控制等措施降低酌量性变动成本。

(三)混合成本

混合成本(mixed cost)是一种介于固定成本与变动成本之间,既具有固定成本特性又具有变动成本特性的成本。混合成本的数额随着业务量的变动而呈非正比例的变动。在实际的项目中如维修费用、检验费用等,其成本性态并不明显,这些项目也随着业务量的变化而变化,但并不是成正比例变动。

1. 混合成本的类型

根据成本和业务量的关系,混合成本分为半变动成本、半固定成本、延期变动成本和曲线变动成本。

1)半变动成本

半变动成本(semi variable cost)通常有一个初始量,类似于固定成本,在这个初始量的基础上随业务量的增长而增长,又类似于变动成本,如图 3-3 所示。例如,相对于行驶的距离来说,汽车使用成本属于半变动成本。其中,燃料、轮胎和维修费属于变动成本性质,而保险费、牌照费属于固定成本性质。生产企业里电力成本属于半变动成本,它随产量的变化而变化,其中为生产设计提供电力的那部分是变动成本,照明用的电力属于固定成本。又如,公司的固定电话费,假设月租为 20 元,只有拨打市内电话,每分钟 0.10 元。如果某月通话时间为 100 分钟,则总话费为 30 元。

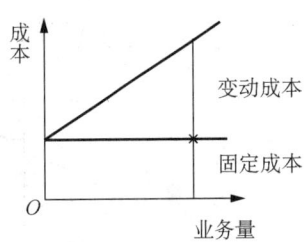

图 3-3 半变动成本性态模型

2)半固定成本

半固定成本(semi fixed cost)也称阶梯形混合成本,它的特点是:当业务量在一定范围内增减变动时,成本发生额在一定的水平上保持不变;当业务量增减超过一定范围的限额时,其成本发生额就突然跳跃到一个新的水平,然后又在业务量增减的一定限度内保持不变,直到业务量增减再突破到新的限度时,才又开始下一次跳跃式的升降。其成本变化构成的曲线呈阶梯形,如图 3-4 所示。例如,企业中生产监督人员、化验员、检验员的工资就具有这种性质。一定生产规模下只需 2 名监督员,但如果规模进一步扩大,到了一定程度就可能要 3 名监督员。如果企业要进一步扩大市场占有率就需要增加促销人员,这些临时增加人员的工资就是半固定成本。

3)延期变动成本

延期变动成本(delayed variable cost)又称低坡式混合成本,是指在一定产量范围内总额保持稳定,超过特定产量则开始随产量比例增长的成本,如图 3-5 所示。例如,在正常产量情况下给员工支付固定的月工资,当产量超过正常水平后则需支付加班费,这种人工成本就属于延期变动成本。

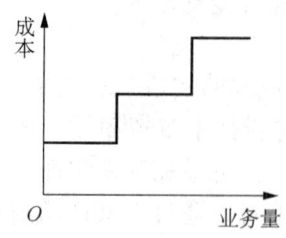

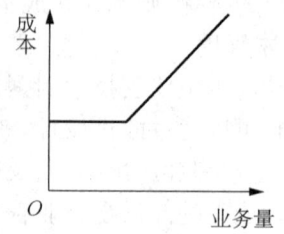

图 3-4　半固定成本性态模型　　　图 3-5　延期变动成本性态模型

4）曲线变动成本

曲线变动成本（curve variable cost）通常有一个一般不变的初始量，相当于固定成本；在这个初始量的基础上，成本随业务量变动但并不存在线性关系，而是体现为递增和递减两种曲线成本。递增曲线成本是指随着业务量增加，成本呈现递增状态且增幅超过了业务量的增长幅度，如累进计件工资、边际税率递增的个人所得税等；递减曲线成本是指随着业务量增加，成本虽然增长，但增幅低于业务量的增长幅度。其成本性态模型如图 3-6 和图 3-7 所示。

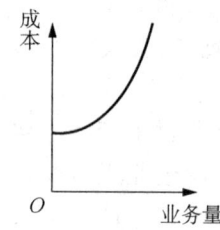

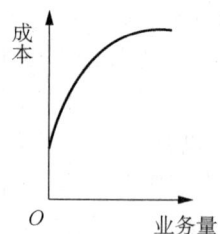

图 3-6　递增曲线成本性态模型　　　图 3-7　递减曲线成本性态模型

2. 混合成本的分解

根据混合成本中所包含的固定成本和变动成本的特性，混合成本函数模型可用公式表示为：

$$y = a + bx$$

式中：y——混合成本；

a——固定成本总额；

b——单位变动成本；

x——业务量。

混合成本中固定成本与变动成本的分解主要有以下几种方法。

1）高低点法

高低点法（high-low method）是以连续若干时期历史资料为依据，从中选取业务量最高点和业务量最低点，再查找与其对应的混合成本，根据两点确定一条直线原理，将高点、低点

及其对应的混合成本分别代入混合成本计算公式,求解二元一次方程组的方法,可以得出:

$$单位变动成本(b) = \frac{最高点业务量成本 - 最低点业务量成本}{最高点业务量 - 最低点业务量}$$

$$固定成本(a) = 最高点业务量成本 - 单位变动成本 \times 最高点业务量$$

或:

$$固定成本(a) = 最低点业务量成本 - 单位变动成本 \times 最低点业务量$$

【例 3-2】　某企业维修车间的维修成本全部为混合成本,2025 年 1～6 月份维修成本和维修小时的历史资料如表 3-1 所示。该企业 2025 年 7 月份预计的维修小时为 200 小时,试预测维修车间 7 月份的维修成本。

表 3-1　1～6 月份维修成本的有关资料

月份	1	2	3	4	5	6
维修工时 x(小时)	45	60	75	60	75	120
维修成本 y(元)	405	495	675	555	690	780

解:每小时的维修成本 $(b) = (780 - 405)/(120 - 45) = 5$(元)

将业务量最高点,即 6 月份的维修成本和维修小时代入 $y = a + bx$,得:

每月固定成本 $(a) = y - bx = 780 - 120 \times 5 = 180$(元)

或者:将业务量最低点,即 1 月份的维修成本和维修小时代入 $y = a + bx$,得:

每月固定成本 $(a) = y - bx = 405 - 45 \times 5 = 180$(元)

则维修成本函数为:$y = 180 + 5x$

预测 7 月份的维修成本 $= 180 + 200 \times 5 = 1\ 180$(元)

高低点法的优点是计算方便,但仅选取诸多历史资料中的两组数据进行计算,不一定能完全符合客观实际。当各期成本水平不稳定时,会造成计算结果不准确,所以高低点法主要适用于各期成本比较稳定的情况。

2) 回归分析法

回归分析法(linear regression method)是指根据过去一定期间的业务量和混合成本的历史资料,应用最小二乘法原理,算出最能代表业务量与混合成本关系的回归直线,借以确定混合成本中固定成本和变动成本的方法。具体步骤如下:

第一步:对已知资料进行加工,计算出 $\sum x$,$\sum y$,$\sum xy$,$\sum x^2$,$\sum y^2$。

第二步:按下列算式计算相关系数 r,判断业务量 x 与成本 y 之间的线性关系。

$$r = \frac{n\sum xy - \sum x \sum y}{\sqrt{[n\sum x^2 - (\sum x)^2][n\sum y^2 - (\sum y)^2]}}$$

相关系数 r 的取值范围一般在 0～±1 之间,用来说明业务量与成本之间的相关程度。

当 $r=1$ 时,说明总成本与业务量之间完全相关;当 $r=0$ 时,说明两者之间没有关系。由于会计中一般不用负相关,因此 r 的取值范围在 $0\sim1$ 之间。运用回归分析法,要首先进行相关性分析,以确定业务量和总成本之间是否存在线性联系,如果没有线性联系,分解出来的结果是不正确的。

第三步:根据最小二乘法原理,总成本中的固定成本 a 和单位变动成本 b 的计算公式为:

$$a=\frac{\sum y-b\sum x}{n}$$

$$b=\frac{\sum xy-\dfrac{\sum x\sum y}{n}}{\sum x^2-\dfrac{(\sum x)^2}{n}}$$

第四步:将 a、b 的值代入直线方程 $y=a+bx$,得出成本性态分析模型。

【例 3-3】 沿用[例 3-2]的资料,用回归分析法进行成本性态分析。根据表 3-1 和表 3-2 数据,计算该项混合成本性态模型。

表 3-2 相关资料计算结果

月份	维修工时 x(小时)	维修成本 y(元)	xy	x^2	y^2
1	45	405	18 225	2 025	164 025
2	60	495	29 700	3 600	245 025
3	75	675	50 625	5 625	455 625
4	60	555	33 300	3 600	308 025
5	75	690	51 750	5 625	476 100
6	120	780	93 600	14 400	608 400
合计	435	3 600	277 200	34 875	2 257 200

解:计算相关系数 r。

$$r=\frac{6\times277\,200-435\times3\,600}{\sqrt{(6\times34\,875-435^2)(6\times2\,257\,200-3\,600^2)}}\approx0.90$$

r 接近于 1,x,y 具有线性关系。

将相关数据代入 a、b 的计算公式得:

$$b=\frac{277\,200-\dfrac{435\times3\,600}{6}}{34\,875-\dfrac{(435)^2}{6}}=4.85$$

$$a = \frac{3\ 600 - 4.85 \times 435}{6} = 248.38$$

则该项混合成本性态模型为：

$$y = 248.38 + 4.85x$$

回归分析法的优点是可以使混合成本的分解建立在科学分析和精确计算的基础上，相对来说得到的数值较为精确，但计算数据繁多、分解过程复杂。因此，这种方法适用于成本增减变动趋势较大的企业。

3) 散点图法

散点图法（scatter diagram method）是指将过去某时期成本的历史数据逐一标明在坐标图上，通过目测，做一条最近似图上各点分布的直线，据此推算出固定成本和单位变动成本的一种方法。该方法能够考虑所提供的全部资料，比较形象直观，但由于靠目测决定直线，容易造成误差，运用时可根据需要与其他方法结合使用。

4) 账户分析法

账户分析法（account-by-account method）是指根据经验来判断固定成本额和变动成本项目的方法。它适合在历史成本不起作用的条件下使用，如分析是否要用新的生产流程生产一种新产品。这种方法的可靠性取决于分析者的经验和专业判断能力，分析者对成本结构中每个账户的性质进行考察，然后判断每个账户中的成本到底属于变动成本、固定成本，还是半变动成本。

3. 总成本模型

在将混合成本按照一定的方法区分为固定成本和变动成本之后，根据成本性态，企业的总成本计算公式就可以表示为：

总成本＝固定成本总额＋变动成本总额
　　　　＝固定成本总额＋（单位变动成本×业务量）

这个公式在变动成本计算、本量利分析、正确制定经营决策和评价各部门工作业绩等方面具有不可或缺的重要作用。其中，变动成本着重于单位成本水平的管理和控制，固定成本着重于总额水平的管理和控制。

二、成本性态分析的意义

在企业生产经营过程中，产品进行成本性态分析对企业具有重要意义，主要表现如下。

（一）成本性态分析在生产成本控制中的应用

在成本性态分析中，所有成本都可区分为变动成本与固定成本两类。

变动成本一般是受消耗定额执行情况的影响，因而控制和降低单位产品的变动成本主要应从控制和降低单位产品消耗量入手。其主要途径通常有：

（1）提高劳动生产率。提高劳动生产率不仅会使生产过程中的劳动消耗得到减少，促使单位成本中的工资降低，也会使产量增加，从而促进单位产品中的固定费用下降。要提高劳动生产率就必须采用新技术、新设备，提高生产的科学技术水平、合理安排生产、改善劳动组织、建立岗位责任制、提高职工的素质。

（2）编制先进合理的劳动定额和编制定员，制定出勤率指标、控制非生产性损失、实行合理的工资制度和奖励制度，努力降低产品成本中的工资费用。

（3）降低材料的消耗。降低材料的消耗是降低成本的重要途径，因为在成本中，通常是材料的消耗量占比较大，所以，降低材料消耗的潜力很大。在技术上，应通过不断改进产品设计，采用新工艺和代用廉价材料，对材料进行综合利用，减轻产品重量和缩小产品体积，从而使材料消耗减少；在管理上，应采用有效的措施，如制定各种消耗定额、实行限额发料制度、材料数量差异分批核算法等方法，降低材料成本。

（4）降低材料采购成本。采用材料买价控制、材料采购费用控制、确定最优定购批量等方法，降低材料采购成本。

（5）加强现有设备的技术改造，提高生产设备的利用程度。

单位产品的固定成本往往同时受产量和费用发生额的影响，所以控制和降低固定成本应从控制并降低其支出绝对额和提高业务量入手，即固定成本要降低，主要靠增大产量。如某公司生产 A 产品，设计生产能力为 40 万件，设计单件成本为 29 元，目标利润为 300 万元，可是在 2024 年以前，年销售量总是在 30 万件以下，卖价为 40 元/件，单件成本为 30.11 元，其中：主要材料成本 24.50 元，辅助材料成本 1.76 元，单位人工费 2.05 元，单位产品固定成本摊销 1.80 元，毛利润 290 万元左右。生产车间反映本厂因销售量未能达到设计生产能力，单件摊销成本达到 1.80 元，较同行业偏高；销售部经理反映因价格较同行业高 1 元左右，尽管质量可以，但销量难以提升。针对这一实际问题，公司在制订目标责任制方案时提出：2024 年将销售价格降到每件 38 元，略低于同行业水平，销售必须达到 40 万件，多销重奖，少销重罚；对于车间，要求通过提高劳动生产率，降低单耗，将目标成本降到单件 29 元，年终按此目标结算，在保证质量的前提下，未完成任务的按照成本的 20% 直接下调职工工资，超额完成成本降低任务的，按节约成本的 50% 计发奖金。通过全体职工的努力，2024 年年底，年销售量达到 42 万件，单件成本下降到 28.44 元，其中：主要材料成本降到 24 元，辅助材料成本下降到 1.41 元；单件工时降到 0.56 小时，小时工资为 3 元，使单件工资降到 1.68 元，单件固定成本分摊降到 1.35 元。全年毛利润达 401 万元，实现了单位效益与职工个人利益双丰收。

（二）成本性态分析在企业成本控制中的作用

成本性态分析为企业进行成本-产量-利润之间相互依存关系的分析提供了方便。成本-产量-利润依存关系的分析作为企业内部成本管理的一种基础分析方法，在分析中需要使用反映成本性态的成本函数，对过去的数据进行分析、研究，从而相对准确地将成本分解为固定成本和变动成本两大类。因此要进行本量利分析，就必须进行成本性态分析。

（三）成本性态分析是正确制定经营决策的基础

要作出正确的短期经营决策必须区分相关成本和非相关成本。在相关范围内，固定成本不随着业务量的变动而变动，在短期经营决策中大多属于非相关成本，而变动成本在大多数情况下是属于相关成本。所以正确进行短期经营决策的关键是将成本按其性态划分为固定成本和变动成本。

（四）成本性态分析是正确评价企业各部门工作业绩的基础

变动成本与固定成本具有不同的成本性态。在这些成本当中，很多固定成本是已成定局的,是各个使用部门所不能改变的,属于不可控成本。固定成本的高低一般不是基层生产单位所能控制的,通常应由管理部门负责,可以通过制定费用预算加以控制。变动成本的高低,可反映出生产部门和供应部门的工作业绩,完成的好坏应由他们负责。例如,在直接材料、直接人工和变动制造费用方面,如有节约或超支,就可视为其业绩好坏的反映,这样就便于分清各部门的经济责任。因此采用科学的成本分析方法和正确的成本控制方法,也有利于正确评价各部门的工作业绩。

任务二　掌握变动成本法

一、变动成本法

变动成本法是以成本性态分类为前提,把全部成本分为固定成本和变动成本,其中变动成本分为变动生产成本和变动非生产成本,固定成本分为固定生产成本和固定非生产成本。计算产品及存货成本时,只包括变动生产成本,即直接材料、直接人工和变动制造费用,而不包括固定制造费用。期末编制损益表时,将已销产品成本(只含直接材料、直接人工、变动制造费用)、变动销售费用和变动管理费用归为变动成本,将固定制造费用、固定销售费用和固定管理费用归为固定成本,据此计算当期损益。在变动成本法下,产品及存货成本只包括直接材料、直接人工和变动制造费用,并将所有固定成本(包括固定制造费用)作为期间成本从当期收入中全额扣除。从概念上看,这些固定成本是作为维持生产能力的期间费用而不是产品(或存货)成本。由于变动成本计算法不将固定间接费用包括在内,故也称直接成本计算法或边际成本计算法。变动成本法下成本构成如图 3-8 所示。

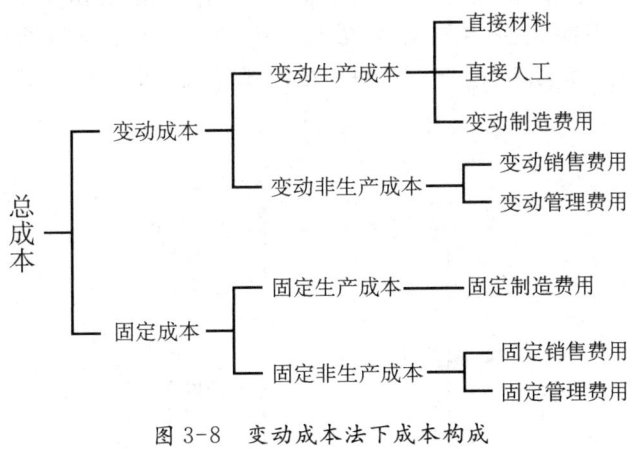

图 3-8　变动成本法下成本构成

在变动成本法下,损益表上的成本分为变动成本和固定成本两大类,销售收入减去变动成本后的余额称为边际贡献。边际贡献反映了产品的盈利能力及其对企业营业利润所作的贡献。变动成本法编制的损益表又称为贡献式损益表,如表 3-3 所示。

表 3-3　变动成本法下损益表(贡献式损益表)　　　　　　　　　　单位:元

项　　　目	金　　　额
一、销售收入	
二、减:变动成本	
包括:已售产品成本(即变动生产成本)	
变动销售费用	
变动管理费用	
变动成本合计	
三、边际贡献	
四、减:固定成本	
包括:固定制造费用	
固定销售费用	
固定管理费用	
固定成本合计	
五、营业利润	

二、完全成本法

　　财务会计领域广泛采用的是完全成本法(制造成本法)。在计算产品及存货成本时,把一定期间所发生的直接材料、直接人工、制造费用(包括变动和固定)都包括在内,把销售费用和管理费用作为期间费用与当期收入配比,所以也称为归纳成本法或吸收成本法。在完全成本法下,本期已销产品和期末未销产品具有完全相同的成本构成,如图 3-9 所示。

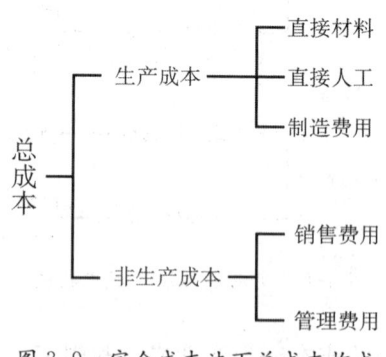

图 3-9　完全成本法下总成本构成

　　在完全成本法下,损益表上的成本分为销售成本和营业费用两大类。销售收入减去销售成本后的余额为销售毛利,销售毛利再减去营业费用,得出企业的营业利润。完全成本法下,利润把成本项目按生产、销售、管理等不同经济职能进行排列,主要满足企业外界的报表使用者的需要,因此,完全成本法下的损益表又称为职能式收益表,如表3-4所示。

表3-4　完全成本法下损益表(职能式损益表)　　　　　　单位:元

项　　　目	金　　　额
一、销售收入	
二、减:销售成本	
1. 期初存货成本	
2. 加:本期生产成本	
3. 可供销售的产品成本	
4. 减:期末存货成本	
销售成本合计	
三、销售毛利	
四、减:营业费用	
1. 销售费用	
2. 管理费用	
营业费用合计	
五、营业利润	

【例3-4】　某企业只生产一种产品,1月份产量为2 000件,期初无存货,本期销售1 800件,售价为200元/件,本月成本费用资料如表3-5所示。要求:分别用变动成本法和完全成本法计算产品成本、期间成本、营业利润。

表3-5　本月成本费用资料　　　　　　单位:元

项　　　目		金　　　额
直接材料		60 000
直接人工		50 000
制造费用	变动制造费用	10 000
	固定制造费用	40 000
销售费用	变动销售费用	5 000
	固定销售费用	5 000
管理费用	变动管理费用	1 000
	固定管理费用	29 000

解: 变动成本法和完全成本法下相关计算结果如表3-6所示。

表3-6 变动成本法和完全成本法下相关计算结果

项目	变动成本法	完全成本法
产品成本	产品成本 ＝直接材料＋直接人工＋变动制造费用 60 000＋50 000＋10 000＝120 000（元）	产品成本 ＝直接材料＋直接人工＋变动制造费用＋固定制造费用 60 000＋50 000＋10 000＋40 000 ＝160 000（元）
单位产品成本	单位产品成本＝产品成本÷产量 120 000÷2 000＝60（元/件）	单位产品成本＝产品成本÷产量 160 000÷2 000＝80（元/件）
期间成本（费用）	期间成本＝固定制造费用＋（变动销售费用＋固定销售费用）＋（变动管理费用＋固定管理费用） 40 000＋（5 000＋5 000）＋（1 000＋29 000） ＝80 000（元）	期间成本＝（变动销售费用＋固定销售费用）＋（变动管理费用＋固定管理费用） （5 000＋5 000）＋（1 000＋29 000） ＝40 000（元）
销售成本	销售成本＝销售量×单位产品成本 1 800×60＝108 000（元）	销售成本＝期初存货成本＋本期生产成本－期末存货成本 0＋2 000×80－200×80＝144 000（元）
期末存货成本	期末存货成本＝期末存货量×单位产品成本 （2 000－1 800）×60＝12 000（元）	期末存货成本＝期末存货量×单位产品成本 （2 000－1 800）×80＝16 000（元）
边际贡献	边际贡献＝销售收入－变动成本＝销售收入－（已售产品成本＋变动销售及管理费用） 200×1 800－（60×1 800＋5 000＋1 000） ＝246 000（元）	销售毛利 销售毛利＝销售收入－销售成本＝销售收入－（期初存货成本＋本期生产成本－期末存货成本） 200×1 800－（0＋2 000×80－200×80）＝216 000（元）
营业利润	营业利润＝边际贡献－固定成本＝边际贡献－（固定制造费用＋固定销售及管理费用） 246 000－（40 000＋5 000＋29 000） ＝172 000（元）	营业利润 营业利润＝销售毛利－期间成本 216 000－40 000＝176 000（元）

从表3-6中的计算可以看出，完全成本法下营业利润为176 000元，变动成本法下营业利润为172 000元，完全成本法下营业利润比变动成本法下营业利润高出4 000元。这主要是因为本期生产量为2 000件，销售量为1 800件，期末存货增加200件。在完全成本法下，本期固定制造费用40 000元，只有36 000元（40 000÷2 000×1 800）计入本期销售成本，从当期收入中扣除。而在变动成本法下，本期固定制造费用40 000元全部作为期间成本从当期收入中扣除，因此出现上述差异。

【例3-5】 某企业只生产一种产品。4月份，单位变动生产成本为20元，固定制造费用总额20 000万元，销售费用2 500万元。其中，固定销售费用500万元，变动销售费

2 000万元;管理费用1 000万元,全部为固定费用,产品单价为50元。假定4月份产量2 000万件,5～6月有关成本、费用资料同4月份。

4～6月有关存货资料如表3-7所示。

表3-7 某企业4～6月有关存货资料表 单位:万件

项目	4月	5月	6月
期初存货	200	200	600
本期生产	2 000	2 000	1 600
本期销售	2 000	1 600	2 000
期末存货	200	600	200

要求:分别用变动成本法和完全成本法计算4～6月各月份的利润。

解:1. 变动成本法下利润计算

变动成本法下利润计算如表3-8所示。

表3-8 变动成本法下利润计算表 单位:万元

项目	4月	5月	6月
一、销售收入	50×2 000=100 000	50×1 600=80 000	50×2 000=100 000
二、减:变动成本			
包括:已售产品成本	20×2 000=40 000	20×1 600=32 000	20×2 000=40 000
变动销售费用	(2 000÷2 000)×2 000 =2 000	(2 000÷2 000)×1 600 =1 600	(2 000÷2 000)×2 000 =2 000
变动管理费用	0	0	0
变动成本合计	42 000	33 600	42 000
三、边际贡献	58 000	46 400	58 000
四、减:固定成本			
包括:固定制造费用	20 000	20 000	20 000
固定销售费用	500	500	500
固定管理费用	1 000	1 000	1 000
固定成本合计	21 500	21 500	21 500
五、营业利润	36 500	24 900	36 500

2. 完全成本法下利润计算

3月份固定制造费用总额为20 000万元,生产量2 000万件;4月份单位产品变动生产成本为20元,根据成本性态分析可知,3月份单位产品变动成本与4月份相同。因此,在完全成本法下,3月份单位产品完全生产成本为30元(20 000÷2 000+20),4月、5月份产量与3月份相同,因此4月、5月份单位产品完全成本与3月份相同。6月份产量1 600万件,共同负担20 000万元的固定制造费用,6月份单位产品完全生产成本为32.50元(20 000÷1 600+20)。完全成本法下4～6月利润计算如表3-9所示。

表 3-9　完全成本法下 4～6 月利润计算表　　　　　　　　　　　　　　　　单位：万元

项目	4 月	5 月	6 月
一、销售收入	50×2 000＝100 000	50×1 600＝80 000	50×2 000＝100 000
二、减：销售成本			
1. 期初存货成本	30×200＝6 000	30×200＝6 000	30×600＝18 000
2. 加：本期生产成本	30×2 000＝60 000	30×2 000＝60 000	32.50×1 600＝52 000
3. 可供销售的产品成本	66 000	66 000	70 000
4. 减：期末存货成本	30×200＝6 000	30×600＝18 000	32.50×200＝6 500
销售成本合计	60 000	48 000	63 500
三、销售毛利	40 000	32 000	36 500
四、减：营业费用			
1. 销售费用	2 000＋500＝2 500	1 600＋500＝2 100	2 000＋500＝2 500
2. 管理费用	1 000	1 000	1 000
营业费用合计	3 500	3 100	3 500
五、营业利润	36 500	28 900	33 000

由上述计算可以看出：

4 月份完全成本法与变动成本法计算出的利润相同。导致这种结果出现的原因是当月产销平衡，期初期末存货量相等且包含的固定制造费用相同。在完全成本法下，本月发生的 20 000 万元固定制造费用全部被本月销售成本吸收；在变动成本法下，本月发生的固定制造费用也全部从边际贡献中扣除。

5 月份完全成本法比变动成本法计算出的利润多 4 000 万元，原因在于本期生产量大于销售量，期末存货量大于期初存货量，完全成本法下本期销售成本吸收了上月末存货转来的 2 000 万元的固定制造费用，使当期利润减少 2 000 万元；本月固定制造费用 20 000 万元中有 6 000 万元结转至下月，使本期销售成本减少 6 000 万元，从而使利润增加 6 000 万元，两者相互影响，最终使利润比变动成本法下增加 4 000 万元；变动成本法下本月 20 000 万元固定制造费用全部从本期边际贡献中一次性扣除，因此出现上述差异。

6 月份完全成本法比变动成本法计算出的利润少 3 500 万元，原因在于本期生产量小于销售量，期末存货量小于期初存货量，完全成本法下本期销售成本吸收了上月末存货转来的 6 000 万元固定制造费用，使当期利润减少 6 000 万元；本月固定制造 20 000 万元中有 2 500 万元结转至下月，使本期销售成本减少 2 500 万元，从而使利润增加 2 500 万元，两者相互影响，最终使利润比变动成本法下减少 3 500 万元；变动成本法下本月 20 000 万元固定制造费用全部从本期边际贡献中一次性扣除，因此出现上述差异。

用完全成本法与变动成本法计算出的利润差额为期末存货包含的固定制造费用减去期初存货包含的固定制造费用。

（1）如果既无期初存货，也无期末存货，或者虽然有期初期末存货，但存货中包含的固定生产成本数额没变化，这两种成本计算法扣除的固定成本总额相等，故两种方法下计算出的税前利润相同。

（2）如果期末存货中包含的固定生产成本大于期初存货中的固定生产成本，则完全成本计算法所扣除的固定成本总额要小于变动成本计算法所扣除的固定成本总额，因此完全成本法下计算出来的税前利润就会大于变动成本计算法下的税前利润。

（3）如果期末存货中包含的固定生产成本小于期初存货中的固定生产成本，则完全成本计算法所扣除的固定成本总额要大于变动成本计算法所扣除的固定成本总额，因此完全成本法下计算出来的税前利润就会小于变动成本计算法下的税前利润。

三、两种成本计算方法的优缺点比较

两种成本
计算方法的
优缺点比较

（一）完全成本计算法的优点

（1）有利于调动企业生产产品积极性。在完全成本计算法下，生产量越大，单位产品负担的固定成本就越低，从而使单位产品成本下降，在销售价格一定的情况下，超额利润就越大。

【例 3-6】　某公司生产某产品，固定成本为 45 000 元，单位产品变动成本为 16 元，若计划产量为 5 000 件、10 000 件、20 000 件，计算不同产量水平下的单位产品成本，如表 3-10 所示。

表 3-10　不同产量水平下的单位产品成本比较（完全成本法）　金额单位：元

产量（件）	5 000	10 000	20 000
单位变动成本	16.00	16.00	16.00
单位固定成本	9.00	4.50	2.25
单位成本	25.00	20.50	18.25

由上面的计算可以看出，在完全成本法下，单位产品成本的大小受到产量的直接影响，产量越大，单位产品成本水平越低。

（2）符合公认会计原则的要求，有利于企业按照统一标准对外报告。

（二）完全成本计算法的缺点

（1）按完全成本计算法计算出来的单位产品成本不仅不能反映生产部门的真实业绩，反而会掩盖或夸大生产成绩。如［例 3-6］中，公司产量为 5 000 件时，生产部门若采取多种措施，节约变动成本 25%，这时单位产品成本为 21 元［16×（1－25%）＋9］。而在产量为 10 000 件或 20 000 件时，生产部门即使不采取任何降低成本的措施，其单位成本仍然低于 21 元。因此在完全成本法下，产量增加导致单位产品成本下降，不能视为生产部门降低成本的业绩。

（2）产品只有销售以后，其价值才能得以实现，企业才能获得利润。在价格、固定成本、单位产品变动成本不变的条件下，多销售就应该多获利润。但根据完全成本法计算确定的税前利润，往往使人误解，容易导致企业管理者盲目追求产量、产值。

【例 3-7】　沿用［例 3-6］的资料，设销售单价为 30 元，第一、第二、第三年的产量为

5 000件、10 000件、20 000件,若每年均销售5 000件,每年期间费用均为10 000元,计算完全成本法下各年的收益情况,如表3-11和表3-12所示。

表3-11 完全成本法下各年收益情况表(存货计价按先进先出法) 单位:元

项目	第一年	第二年	第三年
销售收入	150 000	150 000	150 000
减:销售成本			
期初存货	0	0	102 500
本期生产成本	125 000	205 000	365 000
可供销售产品成本	125 000	205 000	467 500
减:期末存货	0	102 500	365 000
产品销售成本	125 000	102 500	102 500
销售毛利	25 000	47 500	47 500
减:期间费用	10 000	10 000	10 000
税前利润	15 000	37 500	37 500

表3-12 完全成本法下各年收益情况表(存货计价按后进先出法) 单位:元

项目	第一年	第二年	第三年
销售收入	150 000	150 000	150 000
减:销售成本			
期初存货	0	0	102 500
本期生产成本	125 000	205 000	365 000
可供销售产品成本	125 000	205 000	467 500
减:期末存货	0	102 500	376 250
产品销售成本	125 000	102 500	91 250
销售毛利	25 000	47 500	58 750
减:期间费用	10 000	10 000	10 000
税前利润	15 000	37 500	48 750

由以上计算可知,销售量相同,销售单价相同,成本水平不变,但只要产量不同,各年单位产品成本和税前利润就有差别。

【例3-8】 某公司生产、销售、库存、成本资料如表3-13和表3-14所示。

表 3-13　公司生产、销售、库存资料　　　　　　　　　　数量单位:件

业务量	第一年	第二年
期初存货	0	6 000
本期生产	16 000	10 000
本期销售	10 000	16 000
销售单价(元)	30	30
期末存货	6 000	0

表 3-14　单位产品成本资料(全部成本法)　　　　　　　　　单位:元

年份	第一年	第二年
单位产品变动成本	12	12
单位产品固定成本	10	16
单位产品成本	22	28

要求:根据以上资料计算该公司各年收益。

解: 公司各年收益计算如表 3-15 所示。

表 3-15　公司收益表(完全成本法)　　　　　　　　　　　单位:元

项目	第一年	第二年
销售收入	300 000	480 000
减:销售成本		
期初存货	0	132 000
本期生产成本	352 000	280 000
可供销售产品成本	352 000	412 000
减:期末存货	132 000	0
产品销售成本	220 000	412 000
销售毛利	80 000	68 000

　　从上面的计算可以看出,第二年的销售增加了,但由于生产量下降,期末存货减少,利润下降。

　　如果销售下降,价格、变动成本、固定成本均不变,而产量大幅度增长,就会出现税前利润反而增加的奇怪现象。主要原因是随产量的增加,单位固定成本下降,从而使总成本水平下降,将固定成本转入下期,使当期税前利润增加。

　　上述情况表明,按完全成本计算法确定的税前利润,不仅直接受生产量高低的影响,而且还与存货成本增减密切相关,严重影响销售业绩。

　　(3)完全成本计算法无法提供贡献毛利指标,不利于企业进行预测、决策分析和控制预算。

　　(4)对固定制造费用采用完全成本计算法往往要经过较繁重的分配程序,而各种摊配

方法的选择难免受到会计人员主观因素的影响,从而使成本、利润信息有较大的随意性。

(三) 变动成本计算法的优点

(1) 理论上最符合"费用与收益相配比"的要求。变动成本法的最大突破在于将固定的制造费用列为期间成本处理,如此可避免完全成本法下的成本利润受到产量和存货水平的影响,而将成本延期的情况。

(2) 提供实用的管理信息。如单位产品变动成本、贡献毛利、经营杠杆率等,对于提高管理的科学性和决策水平都有重要作用。

(3) 便于分清责任,有利于进行成本控制与业绩评价。采用变动成本法可以明确地区分企业供应部门、生产部门、销售部门和管理部门各自的业绩,区分成本降低的原因是成本控制工作的效果还是产量提高所带来的规模效应,不仅有利于对成本进行科学分析,采取合适的措施进行成本控制,还能够对相关部门的工作进行科学的评价。

(4) 促进企业转变经营观念,重视市场和销售,防止盲目生产。在变动成本计算法下,产量多寡、存货增减对税前利润不构成影响。因此,在销售价格、单位变动成本和销售组合不变的情况下,企业的税前利润取决于销量,这样会促使企业管理当局更加关注市场变化,避免盲目生产和资源浪费。

(5) 简化成本计算,便于加强日常控制。其主要好处是将固定制造费用列为期间成本,从贡献毛利中一次扣除,省掉分摊环节,从而简化核算过程,避免主观判断,使会计人员能够集中精力搞好日常控制。

(四) 变动成本计算法的缺点

(1) 与传统的成本概念有冲突。变动成本和固定成本的划分在很大程度上是假设的结果,非精确的计算。

(2) 难以满足长期决策和定价决策的需要。变动成本法所提供的信息对短期决策非常有用,但不能解决生产能力增减、经营规模伸缩等长期决策问题。从长远来看,由于技术进步、通货膨胀等影响,价格、成本包括单位变动成本和固定成本总额很难维持不变。在定价决策中,一般也要求考虑成本、费用,因为这些耗费均需要得到补偿,而变动成本计算法提供的资料显然不能满足这些要求。

(3) 从完全成本法过渡到变动成本法,一般会降低期末存货成本,减少当期税前利润,使企业延期支付股东股利和企业所得税,冲击有关方面的利益。

(4) 在新的技术经济条件下,变动成本法的时间价值有所下降。新的技术经济条件下,不仅产品品种结构呈多样化发展,而且产品成本结构也发生了巨大的变化。随着生产自动化程度和生产技术密集程度的提高,企业产品成本构成中的制造费用的比重将日益上升,直接人工、直接材料所占份额将呈下降趋势,因此以直接材料、直接人工等直接成本为重点的变动成本计算法可能导致成本信息失真,引起决策失误。同时由于适时生产系统和制造单元的出现,许多制造费用由间接费用变为直接费用,而与数量无关的成本动因的采用,也使许多不随业务变动的间接成本可以很方便地分摊到各个产品,成本的可归属性增强。由于零库存目标的确定,产品库存降至最低限,制造成本均列入发生期,将成本划分为期间成本、产品成本就失去意义。技术经济环境的变化,动摇了变动成本法的基础,使得其重要性下降。因此,作业成本法的出现,兼容了全部成本法、变动成本法的优点。

 思政园地

项目三：成本背后的价值选择——
从成本核算看管理哲学与责任担当

【职业资格与技能训练三】

一、单项选择题

1. 将全部成本分为固定成本、变动成本和混合成本所采用的分类标志是（　　）。

A. 成本的目标　　　　　　　　　　B. 成本的可辨认性

C. 成本的经济用途　　　　　　　　D. 成本的性态

2. 根据成本性态，在特定的业务量范围之内，职工培训费一般属于（　　）。

A. 半变动成本　　　　　　　　　　B. 半固定成本

C. 约束性固定成本　　　　　　　　D. 酌量性固定成本

3. 下列各项中，属于变动成本的是（　　）。

A. 职工培训费用　　　　　　　　　B. 管理人员基本薪酬

C. 新产品研究开发费用　　　　　　D. 按销售额提成的销售人员佣金

4. （　　）靠目测决定直线，容易造成误差，运用时可根据需要与其他方法结合使用。

A. 直接分析法　　B. 高低点法　　C. 散布图法　　D. 技术测算法

5. （　　）只适用于生产经营活动比较正常，混合成本增减变动趋势平缓的企业。

A. 直接分析法　　B. 高低点法　　C. 散布图法　　D. 回归分析法

6. 应用变动成本法的前提条件是把全部成本划分为（　　）。

A. 生产成本和非生产成本　　　　　B. 固定成本和变动成本

C. 固定成本、变动成本和混合成本　D. 销货成本和存货成本

7. 在变动成本法下，构成产品生产成本的是（　　）。

A. 生产成本　　　　　　　　　　　B. 变动生产成本

C. 变动成本总额　　　　　　　　　D. 变动成本和固定成本之和

8. 变动成本法下的本期销售成本计算公式是（　　）。

A. 单位产品完全生产成本×本期销量

B. 单位产品变动生产成本×本期销量

C. 期初存货成本＋期末存货成本－本期发生的生产成本

D. 本期发生的产品成本＋期末存货成本

9. 变动成本法的产品成本是指( )。

A. 固定生产成本 　　　　　　　　B. 变动生产成本

C. 固定非生产成本 　　　　　　　D. 变动非生产成本

10. 变动成本法和完全成本法在计算产品生产成本时主要差异表现在( )。

A. 变动制造费用 　　　　　　　　B. 变动销售及管理费用

C. 固定制造费用 　　　　　　　　D. 固定销售及管理费用

二、多项选择题

1. 下列项目中,属于酌量性固定成本的有( )。

A. 管理人员的基本工资 　　　　　B. 广告费

C. 房屋折旧费 　　　　　　　　　D. 职工培训费

2. 下列各项中,属于固定成本项目的有( )。

A. 采用双倍余额递减法计提的折旧 　　B. 不动产财产保险费

C. 直接材料费用 　　　　　　　　D. 写字楼租金

3. 下列各项中,能影响完全成本法与变动成本法分期营业利润差额水平的因素有( )。

A. 销售收入 　　　　　　　　　　B. 非生产成本

C. 固定性制造费用 　　　　　　　D. 期初与期末存货量

4. 下列项目中,不会导致完全成本法和变动成本法确定的当期损益不同的有( )。

A. 销售费用 　　　　　　　　　　B. 管理费用

C. 变动制造费用 　　　　　　　　D. 固定制造费用

5. 变动成本法的优点包括( )。

A. 能够促使企业重视市场,以销定产 　　B. 便于简化成本核算

C. 便于强化成本分析控制,促进成本降低 　　D. 能适应长期决策的需要

6. 变动成本法与完全成本法相比较,变动成本法的特点有( )。

A. 应用时必须把成本分为固定成本和变动成本

B. 产品成本只包括变动生产成本

C. 期间成本包括固定生产成本和非生产成本

D. 计算的销货成本较完全成本低

7. 完全成本法和变动成本法下共同的成本有( )。

A. 直接材料 　　　　　　　　　　B. 直接人工

C. 变动制造费用 　　　　　　　　D. 固定管理费用

8. 变动成本法与完全成本法都适用的公式有( )。

A. 本期销货成本＝单位产品成本×本期销量

B. 本期销售成本＝期初存货成本－期末存货成本＋本期发生的生产成本

C. 边际贡献－固定成本＝营业净利润

D. 主营业务收入－产品销售成本＝营业利润

三、判断题

1. 在应用高低点法进行成本性态分析时,选择低点坐标的依据是最低的业务量和最低的成本。 （ ）

2. 技术性变动成本是与产量有明确的实物或技术关系的成本,是管理当局决策行动无法改变的成本。　　　　　　　　　　　　　　　　　　　　　　　　　（　　）

3. 无论哪种成本计算法,对非生产成本都作为期间成本处理,必须在发生当期全额作为当期费用,计入利润表。　　　　　　　　　　　　　　　　　　　　　　（　　）

4. 在变动成本法下,已销产品成本中只包括变动成本,而不包括固定制造费用;而在产品、库存产品成本既包括变动生产成本,也包括固定制造费用。　　　　　　（　　）

5. 变动成本法提供的信息主要是为了满足对外提供报表的需要,而完全成本法提供的信息是为了满足面向未来决策、强化企业内部管理的需要。　　　　　　　　　（　　）

6. 只要有固定生产成本存在,按完全成本法计算的销货成本及存货成本就一定大于按变动成本法计算的销货成本及存货成本。　　　　　　　　　　　　　　　（　　）

7. 当期末存货量不为 0,而期初存货量为 0 时,完全成本法确定的营业净利润小于变动成本法确定的营业净利润。　　　　　　　　　　　　　　　　　　　（　　）

8. 当期末存量和期初存货量均为 0 时,两种成本计算法确定的营业净利润相等。（　　）

四、技能训练

（一）快递公司的成本分析

天丰速运集团有限公司（以下简称天丰速运）成立于1993年,主要经营国内、国际快递及相关业务。天丰速运的业务按照其物流快递物品大致分为三类:文件、包裹和重货。天丰速运的成本分类主要有三种:第一种是按作业环节划分,成本包括客服成本、材料成本、收件成本、输单成本、中转成本、航空运输成本、水陆运输成本、派件成本、关务成本和理赔成本等;第二种是按照会计核算,成本按其性质分为主营业务成本、操作费用、管理费用和销售费用四类;第三种是按成本与业务量之间的关系分为固定成本、变动成本和混合成本三类。

天丰速运的物流成本主要体现在企业内外部的信息处理、运输和配送以及仓储和库存方面。信息处理成本:天丰速运开展一次快递业务要接受来自社会、用户的信息资源,所产生的成本即是信息处理费用。运输和配送成本:在一次快递服务中,运输费用在整个成本中占最大比重。根据货物、时间和客户的不同要求,运输可以采用多种方式。另外,还有运输过程中货物灭失和损坏的成本。仓储和库存成本:由于天丰速运服务注重的就是速度的及时性,所以仓储和库存成本占整个物流成本的比重相对较小。

分析要求:1. 请按照成本习性分析天丰速运的物流成本。
　　　　　2. 天丰速运应该如何进行有效的物流成本分析与控制?

（二）华天公司的变动成本法和完全成本法下的利润核算与分析

华天公司专门生产编织机,原计划生产能力为每年 1 000 台,但由于市场竞争激励,过去两年,每年只生产和销售 500 台。市场售价为每台 2 500 元,而每台编织机的单位成本为 2 600 元,其中单位变动生产成本为 1 000 元,固定制造费用为 800 000 元;固定推销及管理费用为 250 000 元。由于过去两年连续亏损,若今年不能扭亏为盈,银行将不再贷款,公司将停产。公司经理为此召集各部门经理开会商讨对策。

销售部门经理说,问题在于每台产品 2 600 元的制造成本太高,由于竞争关系,我们不能提高售价,只能按 2 500 元的价格每年销售 500 台。另外公司没有资金做广告促销。因此只能请生产部门的技术人员想方设法改进工艺,减少消耗,降低制造成本。

　　生产部门经理说,问题的关键在于计划生产能力只利用了一半,如能充分利用生产能力,就可把单位固定成本降低,单位成本自然会下降。对策是请销售人员千方百计去搞促销活动,如能每年售出 1 000 台,就一定能转亏为盈。

　　财务部门经理说,生产部门经理的意见对我很有启发,根据目前的会计制度的规定,我们编制的利润表是按完全成本法,这就为我们提供了一个扭亏为盈的方法,即充分利用我们的生产能力,1 年生产 1 000 台,尽管市场上只能销售一半,但可将固定成本的半数转入存货成本。即我们即使不增加销售数量,也能使利润表上有盈利。这样,向银行申请贷款就没有问题了。

　　要求:(1) 按照财务经理的观点,请计算完全成本法和变动成本法下的利润。

　　　　(2) 按照财务部门经理的观点,这种保持盈利的策略是否可取?

　　　　(3) 分别用两种方法计算产销 1 000 台产品时的利润。

　　　　(4) 分析其他两位经理提出的建议,公司是否可以采纳?请为公司作出决策。

项目四
本量利分析

知识目标

理解本量利分析的假设
熟记本量利分析的基本公式
熟记本量利分析的相关概念
理解盈亏平衡点分析的含义和计算公式
理解目标利润分析的含义和计算公式
理解利润敏感性分析的定义和敏感系数的计算公式

能力目标

能够运用本量利分析进行营运管理决策
能够完成盈亏平衡点的计算与分析
能够完成目标利润的计算与分析
能够计算敏感系数

素质目标

树立从成本到收益的全局意识
养成用数据说话的职业习惯

思政目标

通过特殊订货决策、停产转产决策等案例的学习,培养学生的机会成本意识,树立可持续发展理念,建立职业自信心

【导学】

自主创业一直是高远同学的一个梦想,经过一段时间市场调研,他决定在校园里经营一家复印店。经学校研究,同意将一间 15 平方米的闲置房屋无偿借给高远同学做复印店,使用期 3 年。高原同学计划投资 20 000 元购置电脑、多功能复印机、简易装订机等设备,垫资 2 000 元购买打印纸等材料,聘用一名同学做助手,预计每月工资 1 000 元,预计其他费用每月 100 元。打印复印收费平均每张 0.30 元,纸张油墨成本平均每张 0.05 元。请问高远同学的复印店要想保本,平均每月至少要有多少的业务量?

任务一 理解本量利分析的概念

本量利分析(cost volume profit analysis,CVP 分析)是成本—产量(或销售量)—利润依存关系分析的简称,是指在成本习性分析的基础上,运用数学模型和图式,对成本、利润、业务量与单价等因素之间的依存关系进行具体的分析,研究其变动的规律性,为企业进行经营决策和目标控制提供有效信息的一种方法。

一、本量利分析的假设

在现实经济生活中,成本、业务量、价格和利润之间的关系非常复杂。例如,成本与业务量之间可能呈现线性关系也可能呈现非线性关系;销售收入与销量之间也不一定是线性关系,因为销售价格可能发生变化。为了便于揭示成本、业务量及利润三者之间的数量关系,在运用本量利分析法时,为了简化因素分析过程,必须对上述复杂关系做一些基本假设,由此来严格限定本量利分析的范围。本量利分析包括以下假设。

(一)将全部成本划分为固定成本和变动成本

假设企业发生的全部成本都将按其性态划分为变动成本和固定成本,这是进行本量利分析的一个先决条件。盈亏平衡分析是建立在将企业的成本全部划分为固定成本和变动成本的基础之上的,因此,所有需要本量利分析的产品,企业都应将成本划分为固定成本和变动成本。

(二)销售收入与业务量完全线性关系

本量利分析是在成本性态分析基础上发展起来的,所以成本性态分析的基本假设也就成为本量利分析的基本假设,也就是在相关范围内,固定成本总额保持不变,变动成本总额随业务量变化成正比例变化,前者用数学模型来表示就是 $y=a$,后者用数学模型来表示就是 $y=bx$,所以总成本与业务量呈线性关系,即 $y=a+bx$。相应地,假设售价也在相关范围内保持不变,那么销售收入与销售量之间也呈线性关系,用数学模型来表示就是以售价为斜率的直线 $y=px$(p 为销售单价)。这样,在相关范围内,成本与销售收入均分别表现为直线,当销售量在相关范围内变化时,产品的价格不会发生变化。

（三）产销平衡

产销平衡是指企业生产出来的产品能够实现生产量等于销售量。在这一假设下,本量利分析中的量就是指销售量而不是生产量,进一步讲,在销售价格不变时,这个量就是指销售收入。

（四）产品产销结构稳定

假设同时生产销售多种产品的企业中,其销售产品的品种结构不变。即在一个生产与销售多种产品的企业,以价值形式表现的产品的产销总量发生变化时,原来各产品产销额在全部产品的产销额中的比重不会发生变化。企业每期生产的产品均在当期销售出去,利润是指营业利润(毛利)或息税前利润。

正因为本量利分析是建立在上述假设基础上,所以一般只适用于短期分析。在实际工作中应用本量利分析原理时,必须从动态的角度去分析企业生产经营条件、销售价格、品种结构和产销平衡等因素的实际变动情况,调整分析结论,积极应用动态分析和敏感性分析等技术来克服本量利分析的局限性。

二、本量利分析的基本关系式

企业管理的最终目的是提高利润,其方法包括降低成本或提高收入,因此,企业在考虑成本习性的同时应进一步考虑收入因素。本量利分析的目标是利润,计算利润的基本公式即本量利分析的基本模型,该公式反映了价格、成本、业务量和利润各因素之间的相互关系。其计算公式为:

本量利分析的
基本关系式

$$税前利润 = 销售收入 - 总成本$$
$$= 销售价格 \times 销售量 - (变动成本 + 固定成本)$$
$$= 销售单价 \times 销售量 - 单位变动成本 \times 销售量 - 固定成本$$

即:

$$P = px - bx - a = (p - b)x - a$$

式中:P——税前利润;

p——销售单价;

b——单位变动成本;

a——固定成本;

x——销售量。

从式中可以看出,本量利分析所要考虑的相关因素主要包括销售量、单价、单位变动成本、固定成本、利润五个因素。当给定其中四个变量时,便可求出另一个变量的值。

（1）销售单价的计算公式为:

$$销售单价 = 单位变动成本 + \frac{固定成本 + 目标利润}{销售量} = b + \frac{a + P}{x}$$

（2）销售量的计算公式为:

$$销售量 = \frac{固定成本 + 目标利润}{销售单价 - 单位变动成本} = \frac{a + P}{p - b}$$

（3）单位变动成本的计算公式为：

$$单位变动成本＝单价－\frac{固定成本＋目标利润}{销售量}=p-\frac{a+P}{x}$$

（4）固定成本的计算公式为：

$$固定成本＝销售量×销售单价－销售量×单位变动成本－目标利润＝(p-b)x-P$$

【例 4-1】 环宇公司生产经营的太阳伞，其单价为 100 元，单位变动成本为 65 元，固定成本为 300 000 元，年销售量为 50 000 把，则太阳伞的单位成本和利润各为多少？

解： 单位产品成本＝单位变动成本＋单位固定成本

$$＝65＋300\ 000÷50\ 000＝71(元)$$

利润＝销售单价×销售量－单位变动成本×销售量－固定成本

$$＝100×50\ 000－65×50\ 000－300\ 000＝1\ 450\ 000(元)$$

或：

利润＝$(100-71)×50\ 000＝1\ 450\ 000(元)$

【例 4-2】 沿用[例 4-1]的资料，假设其他条件不变，公司预计计划期内太阳伞的目标利润是 1 625 000 元，则太阳伞的目标销量为多少？

解： 销售量＝$\dfrac{固定成本＋目标利润}{销售单价－单位变动成本}=\dfrac{300\ 000＋1\ 625\ 000}{100-65}＝55\ 000(把)$

【例 4-3】 沿用[例 4-1]的资料，假设其他条件不变，公司预计明年实现的目标利润是 1 625 000 元，则太阳伞的目标单价为多少？

解： 销售单价＝$单位变动成本＋\dfrac{固定成本＋目标利润}{销售量}=65＋\dfrac{300\ 000＋1\ 625\ 000}{50\ 000}$

$$＝103.50(元)$$

【例 4-4】 沿用[例 4-1]的资料，假设其他条件不变，公司预计明年实现的目标利润是 1 625 000 元，则太阳伞的目标单位成本为多少？

解： 单位变动成本＝$单价－\dfrac{固定成本＋目标利润}{销售量}=100－\dfrac{300\ 000＋1\ 625\ 000}{50\ 000}＝61.50(元)$

【例 4-5】 沿用[例 4-1]的资料，假设其他条件不变，公司预计明年实现的目标利润是 1 625 000 元，则太阳伞应承担的固定成本为多少？

解： 固定成本＝销售量×销售单价－销售量×单位变动成本－目标利润

$$＝(100-65)×50\ 000－1\ 625\ 000$$

$$＝125\ 000(元)$$

本量利分析主要用于企业生产决策、成本决策和定价决策等短期经营决策，也可以用于投融资决策等长期决策。其主要优点是可以广泛应用于规划企业经营活动和营运决策等方面，简便易行、通俗易懂和容易掌握；其主要缺点是仅考虑单因素变化的影响，是一种静态分析方法，且对成本性态较为依赖。

三、本量利分析的相关概念

(一) 边际贡献

边际贡献(contribution margin)也叫贡献毛利、边际利润、贡献边际等,是指产品销售收入超过其变动成本的金额。边际贡献首先用于补偿固定成本,余额是对企业的贡献。如果边际贡献总额大于固定成本,则企业盈利;如果边际贡献总额等于固定成本,企业盈亏平衡;如果边际贡献总额小于固定成本,则企业亏损。因此,边际贡献是一个反映企业盈利能力的指标。

边际贡献的表达方式有三种:边际贡献总额、单位边际贡献和边际贡献率。

1. 边际贡献总额

边际贡献总额(total contribution margin，TCM)是指产品销售收入总额与变动成本总额之间的差额。其计算公式表示为:

$$边际贡献总额=销售收入总额-变动成本总额$$

即:

$$TCM = px - bx$$

因为税前利润=销售收入总额-变动成本总额-固定成本,或税前利润=边际贡献总额-固定成本。

即:

$$P = TCM - a$$

所以,边际贡献总额=税前利润+固定成本。

即:

$$TCM = P + a$$

2. 单位边际贡献

单位边际贡献(unit contribution margin，UCM)是指单位产品售价与单位变动成本的差额。该指标反映每销售一件产品所带来的边际贡献,其计算公式表示为:

$$单位边际贡献=\frac{边际贡献总额}{销售量}=销售单价-单位变动成本$$

即:

$$UCM = \frac{TCM}{X} = p - b$$

3. 边际贡献率

边际贡献率(contribution margin rate，CMR)是指边际贡献总额占销售收入总额的百分比,或单位边际贡献占单价的百分比。该指标反映每百元销售收入所创造的边际贡献,其计算公式表示为:

$$\text{边际贡献率} = \frac{\text{边际贡献总额}}{\text{销售收入总额}} \times 100\% = \frac{\text{单位边际贡献}}{\text{销售单价}} \times 100\%$$

即：

$$CMR = \frac{TCM}{px} = \frac{p-b}{p} = \frac{UCM}{p}$$

该公式可以变形为：

$$\text{边际贡献总额} = \text{销售收入} \times \text{边际贡献率}$$

即：

$$TCM = px \times CMR$$

由上述公式可知，在单一产品下，边际贡献总额取决于在一定规模销售收入下边际贡献率的高低，即产品销售收入不变时，边际贡献率越高，边际贡献总额越大；边际贡献率越低，边际贡献总额越小。

(二)变动成本率

变动成本率(variable cost rate，VCR)是指变动成本总额占销售收入总额的百分比或单位变动成本占单价的百分比。其计算公式表示为：

$$\text{变动成本率} = \frac{\text{变动成本总额}}{\text{销售收入总额}} \times 100\% = \frac{\text{单位变动成本}}{\text{单价}} \times 100\%$$

即：

$$VCR = \frac{bx}{px} \times 100\% = \frac{b}{p} \times 100\%$$

变动成本率和边际贡献率的关系可以表示为：

$$\text{变动成本率} + \text{边际贡献率} = 1$$

即：

$$VCR + CMR = 1$$

变动成本率和边际贡献率呈现互补关系，即变动成本率越高，边际贡献率越低，企业盈利能力越小；反之，变动成本率越低，边际贡献率越高，企业盈利能力越大。

【例4-6】 某企业计划只生产甲产品，每月固定生产成本为3 000元，产品单价为15元，单位变动成本为6元，计划销售量为2 000件。计算单位边际贡献、边际贡献总额、边际贡献率、变动成本率。

解： 单位边际贡献＝销售单价－单位变动成本＝15－6＝9(元)

边际贡献总额＝销售收入总额－变动成本总额＝15×2 000－6×2 000＝18 000(元)

$$\text{边际贡献率} = \frac{\text{单位边际贡献}}{\text{销售单价}} \times 100\% = \frac{9}{15} \times 100\% = 60\%$$

$$\text{变动成本率} = \frac{\text{单位变动成本}}{\text{单价}} \times 100\% = \frac{6}{15} \times 100\% = 40\%$$

任务二 掌握本量利分析在短期经营决策中的应用

一、不同生产工艺方法的决策分析

制造类企业生产一种产品可采用不同的工艺进行生产,如同一种产品可以采用手工操作,也可以采用机械化、半自动化或自动化生产方式。一般情况下,机械化、自动化程度越高,单位产品变动成本就越低,因为可以降低材料消耗、降低人工成本,提高劳动生产率,但相应要求增加固定成本。因业务量不确定,这方面的决策往往可采用成本无差别法进行。

成本无差别点是指在收入相同的时候,两种备选方案在成本相同情况下的业务量。

成本无差别法是在不涉及差别收入时,只需要比较不同方案的相关成本,以成本低的方案为优。其应用步骤如下:

首先,确定各备选方案成本与业务量的函数式,A 方案的固定成本为 a_1,单位变动成本为 b_1;B 方案的固定成本为 a_2,单位变动成本为 b_2,且满足 $a_1 > a_2$,$b_1 < b_2$,x 代表业务量。则 A、B 方案成本与业务量的函数式分别为:

$$Y_1 = a_1 + b_1 x$$

$$Y_2 = a_2 + b_2 x$$

其次,令备选方案的总成本相等,求出备选方案总成本相等时的业务量,即成本无差别点业务量,其计算公式为:

$$成本无差别点的业务量(x) = \frac{a_1 - a_2}{b_2 - b_1}$$

最后,根据预计业务量与成本无差别点业务量比较,选择成本低的方案为最优方案。也可以通过图示作出决策,如图 4-1 所示。

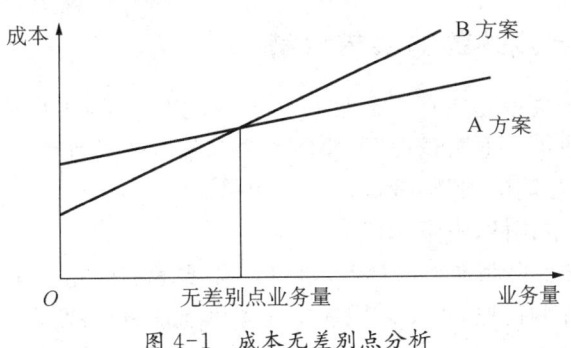

图 4-1 成本无差别点分析

决策原则:当预计业务量大于无差别点业务量时,固定成本较大、单位变动成本较小的 A 方案为较优方案;当预计业务量小于无差别点业务量时,固定成本较小,单位变动成本较大的 B 方案为较优方案;当预计业务量等于无差别点业务量时,两个方案的成本相等,收益无差别,选取其中任何一个均可。

【例4-7】 远洋公司原来采用半自动化生产设备生产甲产品,为了提高甲产品生产量拟改用自动化生产设备。半自动化生产时,单位产品变动成本为5元,固定成本为20 000元;或改为自动化生产,单位产品变动成本为3元,固定成本为24 000元。无论采用哪种生产方式均不影响甲产品的销售收入。要求为该公司作出生产工艺方法的决策。

解:设甲产品的产量为 x,Y_1 代表半自动化生产方式下总成本,Y_2 代表自动化生产方式下的总成本。则:

$Y_1 = 20\ 000 + 5x$

$Y_2 = 24\ 000 + 3x$

令:$Y_1 = Y_2$

$x = 2\ 000$(件)

即,成本无差别点产量为2 000件。

上述决策分析也可以用图来表示,如图4-2所示。

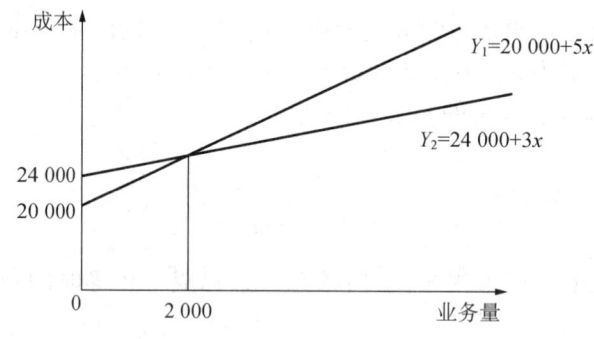

图4-2   生产工艺方法决策分析

从图4-2可以看出,当甲产品的年产量小于2 000件时,应选择半自动化生产方式;当甲产品的年产量大于2 000件时,应采用自动化生产方式。当甲产品的年产量等于2 000件时,半自动化生产和自动化生产任选其一。

二、零部件自制或外购的决策分析

零部件自制或外购决策是指在零部件自制或外购对企业的功效相同的情况下,对零部件的取得方式进行的决策。通常情况下,将零部件自制与外购作为两个备选方案,无论选取哪一种方案,其收入是相同的,只需依据成本作决策。

决策原则:相关成本越低,方案越优。

(1)如果企业已具备自制能力,自制零部件不需要增加固定成本,此时只需要比较自制零部件的变动成本与外购价格,可以采用成本无差别点法进行决策。

【例4-8】 某公司每年需要甲零件,既可以自制也可以外购。若外购,每个甲零件的进价为60元;该公司机械加工车间有剩余生产能力,也可以自制甲零件。经测算每个甲零件自制成本为50元,其中,直接材料20元,直接人工15元,变动制造费用5元,固定制造费用10元。如果机械加工车间剩余生产能力不用于制造甲零件,可用于接受外来加工订单,可获得收入 20 000 元。请根据以上资料为公司作出甲零件自制或外购的决策。

解：设甲零件的年需求量为 x，每个甲零件自制成本中的固定成本 10 元属于决策无关成本，剩余生产能力接受外来加工订单获得的收入是自制方案的机会成本，属于决策相关成本。

自制方案下的相关成本：$Y_1 = 20\,000 + (20 + 15 + 5)x = 20\,000 + 40x$

外购方案下的相关成本：$Y_2 = 60x$

令：$Y_1 = Y_2$

$x = 1\,000$(个)

则成本无差别点产量为 1 000 个。

上述决策分析也可以用图来表示，如图 4-3 所示。

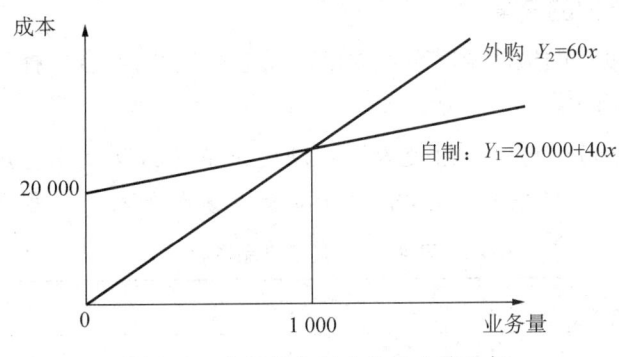

图 4-3　零部件自制或外购决策分析

从图 4-3 可以看出，如果甲零件全年需求量超过 1 000 个，宜自制；如果甲零件全年需求量低于 1 000 个，宜外购；如果甲零件全年需求量等于 1 000 个，自制与外购任选其一。

(2) 如果企业不具备自制能力，自制零部件需要增加固定成本，如增加设备、扩大厂房等，此时需要比较自制零部件的变动成本与外购价格，同样也可以采用成本无差别点法进行决策。

【例 4-9】　沿用[例 4-8]的资料，其他条件不变，若该公司自制甲零件，需要购置专门设备一台，为此追加的专属固定成本为 10 000 元。请根据以上资料为公司作出甲零件自制或外购的决策。

解：设甲零件的年需求量为 x，每个甲零件自制成本中的固定成本 10 元属于决策无关成本，追加的 10 000 元专属固定成本为自制方案的相关成本，剩余生产能力接受外来加工订单获得的收入是自制方案的机会成本，这两项都属于决策相关成本。

自制方案下的相关成本：$Y_1 = 20\,000 + 10\,000 + (20 + 15 + 5)x = 30\,000 + 40x$

外购方案下的相关成本：$Y_2 = 60x$

令：$Y_1 = Y_2$

$x = 1\,500$(个)

则成本无差别点产量为 1 500 个。

如果甲零件全年需求量超过 1 500 个，宜自制；如果甲零件全年需求量低于 1 500 个，宜外购；如果甲零件全年需求量等于 1 500 个，自制与外购任选其一。

三、生产决策

生产决策是指企业现有生产能力可用来生产不同产品时,究竟应该生产哪种产品的选择方法。随着科学技术的发展,产品的更新换代越来越频繁,不断开发新产品,增强企业在国内外市场上的竞争能力,已关系到企业的兴衰和存亡,因而企业会经常面临应生产哪种产品的决策。属于这方面的决策有:发展哪种新产品、减产或停产哪种老产品的品种选择问题。常用的决策分析方法是边际贡献法,即比较不同产品生产方案的边际贡献总额。企业应以各种产品能创造的边际贡献总额或每单位资源能创造的边际贡献的大小为选优方案的主要依据。

(一)生产何种产品的决策

决策原则:选择创造的边际贡献总额大的产品进行生产,或者选择每单位资源创造的边际贡献大的产品进行生产。

【例 4-10】 某公司使用同一组设备既可以生产甲产品也可以生产乙产品。该组设备的最大生产能力为 100 000 定额工时,甲、乙产品数据资料如表 4-1 所示。

表 4-1　甲、乙产品资料　　　　　　　　　　　　　　金额单位:元

项目	甲产品	乙产品
销售单价	150	180
单位变动成本	100	120
单位产品定额工时(小时)	20	25
固定成本总额	200 000	

要求:根据上述资料,采用边际贡献分析法为该公司作出生产何种产品的决策。

解: 由于不论生产甲产品还是乙产品,两个备选方案的固定成本是相同的,因此,固定成本属于决策无关成本,无须考虑。在决策分析时,只需比较两个备选方案的边际贡献大小。具体有以下两种方法。

方法一:以产品边际贡献总额为标准进行决策分析,边际贡献总额越大,方案越优。

根据资料计算两种产品的边际贡献总额,如表 4-2 所示。

表 4-2　甲、乙产品边际贡献总额　　　　　　　　　　金额单位:元

项目	甲产品	乙产品
最大产量(件)	100 000÷20＝5 000	100 000÷25＝4 000
销售单价	150	180
单位变动成本	100	120
单位边际贡献	50	60
边际贡献总额	5 000×50＝250 000	4 000×60＝240 000

由以上计算结果可知,尽管乙产品的单位边际贡献大于甲产品的单位边际贡献,但是甲

产品的边际贡献总额却大于乙产品的边际贡献总额,在市场需求无限制条件下,该公司应选择生产甲产品为宜。

方法二:以单位资源边际贡献为标准进行决策分析,单位资源边际贡献越大,方案越优。

根据该公司的有关资料,计算甲、乙产品单位资源边际贡献的公式为:

$$单位资源边际贡献 = \frac{单位边际贡献}{单位产品资源消耗定额}$$

甲产品单位定额工时提供的边际贡献＝50÷20＝2.50(元)
乙产品单位定额工时提供的边际贡献＝60÷25＝2.40(元)

由以上计算可知,甲产品的单位工时提供的边际贡献大于乙产品单位工时提供的边际贡献。因此,在市场需求无限制的条件下,该公司应选择生产甲产品。

(二)特殊订货决策

特殊订货一般是指客户要求的订货价格低于产品的完全成本。如果企业有剩余生产能力,可以考虑是否接受客户的特殊追加订货。这方面的经营决策也可以采用边际贡献分析法。

决策原则:只要特殊追加订货的销售收入足以弥补其变动成本和专属成本,即边际贡献总额大于零,则可以接受;反之,则不可以接受。

【例 4-11】 某公司现有生产能力为年产量 100 000 件甲产品,目前已接受了 80 000 件订货,每件售价 50 元。甲产品单位成本为 42 元,其中,单位变动成本 35 元,单位固定成本 7 元,还有 20% 的生产能力尚未得到利用。现有一客户前来订货 10 000 件,每件出价 38 元,如果接受这批订货,需要为此追加专属成本 5 000 元。要求:采用边际贡献分析法为该公司作出是否接受追加订货的决策分析。

解:客户追加的 10 000 件订货的单价为 38 元,低于目前已接受的 80 000 件产品的单位成本 42 元,而且如果接受此项订货,还要为此追加支出 5 000 元专属成本,所以粗略估算不应接受此项订货。但是,由于公司有剩余生产能力,接受此项订货不会增加固定成本,因此固定成本为决策无关成本,无须考虑:为此而追加的专属成本属于相关成本,必须予以考虑。

根据甲产品的有关数据资料计算的边际贡献总额为:
追加订货的边际贡献总额＝(38－35)×10 000＝30 000(元)
弥补专属成本后的边际贡献＝30 000－5 000＝25 000(元)

接受追加订货后可以为企业提供 25 000 元边际贡献,因此,可以接受此项特殊追加订货。

(三)亏损产品是否停产或转产的决策分析

亏损产品是指其收入不能补偿完全成本的产品。如果从财务会计的角度分析,一般认为应该停产或撤销,这样可以提高企业的营业利润总额,但事实未必如此。亏损产品按其亏损情况分为两类:一类是实亏产品,即销售收入小于变动成本的亏损产品,边际贡献为负,这类亏损产品生产越多,亏损越多,一般不应继续生产;另一类是虚亏产品,即销售收入大于变动成本,边际贡献为正,继续弥补固定成本后利润为负,这类亏损产品仍可以为企业提供一定的边际贡献,对于这类亏损产品是否停产,应区分不同情况进行决策。比如,是否属于政策性亏损,是否可以顺利转产,转产后的边际贡献是否大于目前的边际贡献。

从成本性态分析角度来看,停止某亏损产品的生产一般只减少变动成本(即可避免成本)。如果销售该亏损产品能产生边际贡献,则可以弥补一部分固定成本,这时就不该停产。因为亏损产品一旦停产,其产生的边际贡献就会消失,固定成本就都需要由其他产品产生的边际贡献来负担,这时企业的营业利润不仅不会增加,反而会减少。因此,亏损产品是否停产的决策应遵循以下原则:

(1)当亏损产品的生产能力无其他用途时,只要亏损产品还能产生边际贡献就不应当停产。

(2)若亏损产品的生产能力可以转作他用,即亏损产品停产后,其闲置下来的设备可以用于生产其他产品,只要转产后所产生的边际贡献大于亏损产品所提供的边际贡献,那么这一转产方案就是可行的;反之,如果转产后所产生的边际贡献小于亏损产品所提供的边际贡献,那么就不应当转产,而是应继续生产亏损产品。

任务三 掌握盈亏平衡点分析法

一、盈亏平衡点

盈亏平衡点(break even point,BEP)又称零利润点、保本点、盈亏临界点、损益分歧点、收益转折点,通常是指全部销售收入等于完全成本时(销售收入线与总成本线的交点)的产量。以盈亏平衡点为界限,当销售收入高于盈亏平衡点时企业盈利;反之,企业就亏损。盈亏平衡点可以用销售量来表示,即盈亏平衡点的销售量;也可以用销售额来表示,即盈亏平衡点的销售额。

二、单一品种的盈亏平衡分析

单一品种的盈亏平衡点有两种形式:一种是实物量,称为盈亏平衡点的业务量;另一种是货币量,称为盈亏平衡点的销售额。盈亏平衡是企业获利的基础,是企业得以继续经营的基本条件,只有超过盈亏平衡点的业务量或销售额时,企业才能获得利润。盈亏平衡点的计算公式为:

$$盈亏平衡点业务量 = \frac{固定成本}{单价 - 单位变动成本} = \frac{固定成本}{单位边际贡献}$$

$$盈亏平衡点销售额 = 盈亏平衡点业务量 \times 单价 = \frac{固定成本}{边际贡献率}$$

盈亏平衡分析的主要作用在于使企业管理者在经营活动发生之前,对该项经营活动有盈亏临界情况做到心中有数。企业管理者总是希望企业的盈亏平衡点越低越好,盈亏平衡点越低,企业的经营风险就越小。从盈亏平衡点的计算公式可以看出,降低盈亏平衡点的途

径主要有三个:一是降低固定成本总额;二是降低单位变动成本;三是提高销售单价。

【例4-12】　某公司生产甲产品,预计单价25元,单位变动成本为15元,固定成本为80 000元,年销售量为20 000个,计算盈亏平衡点销售量和盈亏平衡点销售额。

例4-12

解:盈亏平衡点业务量$=\dfrac{\text{固定成本}}{\text{单价}-\text{单位变动成本}}=\dfrac{80\ 000}{25-15}=8\ 000(\text{个})$

盈亏平衡点销售额$=$盈亏平衡点业务量$\times$单价$=8\ 000\times25=200\ 000(\text{元})$

以盈亏平衡点为基础,还可以得到一个辅助性指标,即保本作业率,也称为保本开工率。保本作业率是指保本点业务量(销售额)占正常经营情况下的业务量(销售额)的百分比,或者是保本业务量(销售额)占实际业务量(销售额)或预计作业量(额)的百分比。该指标可以提高企业在保本状态下对生产能力利用程度的要求。其计算公式为:

$$\text{保本作业率}=\dfrac{\text{保本业务量}}{\text{正常业务量(或实际、预计业务量)}}\times100\%$$

或:

$$=\dfrac{\text{保本销售额}}{\text{正常销售额(或实际、预计销售额)}}\times100\%$$

【例4-13】　沿用[例4-12]的资料,计算甲产品保本作业率。

解:保本作业率$=\dfrac{\text{保本业务量}}{\text{正常业务量(或实际、预计业务量)}}\times100\%=\dfrac{8\ 000}{20\ 000}\times100\%=40\%$

计算结果表明,该企业保本作业率为40%,即业务量或销售额达到正常业务量或销售额的40%保本,超过40%才能获得。这也表明企业的生产能力利用程度达到40%就可以保本。

三、本量利关系图

本量利关系图可以形象地将影响企业利润的有关因素表现出来,有助于决策者在经营管理中提高预见性和主动性,如图4-4所示。

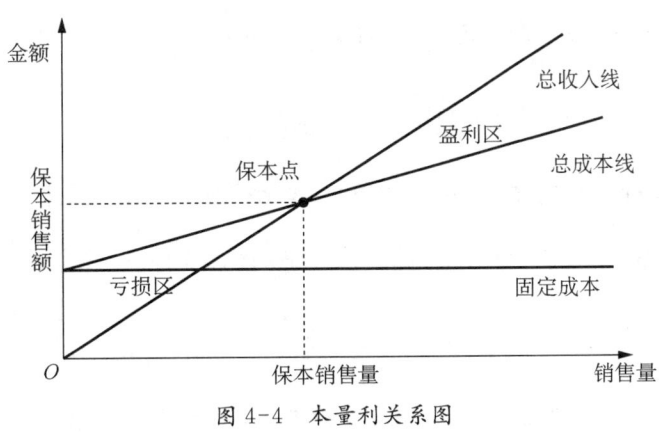

图4-4　本量利关系图

(1)保本点不变,销售量越大,能实现的利润越多,或亏损越少;反之,销售量越少,能实现的利润越少,或亏损越多。

（2）销售量不变，保本点越低，能实现的利润就越多，或亏损越少；反之，保本点越高，能实现的利润越少，或亏损越多。

（3）在销售总成本既定的条件下，保本点受单价变动的影响。单价越高，表现为销售总收入线的斜率越大，保本点就越低；反之，保本点就越高。

（4）在销售收入既定的条件下，保本点的高低取决于固定成本和单位变动成本的多少。固定成本越多，或单位变动成本越多，保本点就越高；反之，保本点就越低。

四、多产品组合的盈亏平衡分析

在企业同时生产经营多种产品的情况下，盈亏平衡点的计算只能用金额来表示，即综合盈亏平衡销售额。其计算公式为：

$$综合盈亏平衡销售额 = \frac{固定成本}{综合边际贡献率} = \frac{固定成本}{1-综合变动成本率}$$

各种产品的销售单价、单位变动成本、固定成本都不相同，从而造成各种产品的边际贡献和边际贡献率不一致。因此，盈亏平衡点计算公式中的边际贡献率应是各种产品的边际贡献率的加权平均数，权数采用各产品的销售比重。其计算步骤如下：

第一步，计算全部产品的销售总额，其计算公式为：

$$销售总额 = \sum (各种产品的单价 \times 销售量)$$

第二步，计算各种产品的销售比重，其计算公式为：

$$某产品的销售比重 = \frac{该产品的销售额}{销售总额} \times 100\%$$

第三步，计算各种产品的加权平均边际贡献率，其计算公式为：

$$加权平均边际贡献率 = \sum (各种产品的边际贡献率 \times 各种产品的销售比重)$$

第四步，计算综合盈亏平衡销售额，其计算公式为：

$$综合盈亏平衡销售额 = \frac{固定成本}{加权平均边际贡献率}$$

第五步，计算各种产品的盈亏平衡销售额和盈亏平衡销售量，其计算公式为：

$$各种产品的盈亏平衡销售额 = 综合盈亏平衡销售额 \times 各种产品的销售比重$$

$$各种产品的盈亏平衡销售量 = \frac{各种产品的盈亏平衡销售额}{各种产品的单价}$$

例 4-14

【例4-14】 某公司生产销售甲、乙、丙三种产品，每月固定成本总额为10 800元，三种产品的有关销售预测资料如表4-3所示。计算该公司的加权平均边际贡献率、边际贡献总额、综合盈亏临界销售收入、各种产品盈亏平衡销售收入。

表 4-3 产品资料

产品	甲产品	乙产品	丙产品
产销量(件)	2 500	2 000	1 000
单价(元)	8	15	50
单位变动成本(元)	6	9	40

解：第一步，计算全部产品的销售总额。

$$销售总额 = \sum(各种产品的单价 \times 销售量) = 2\,500 \times 8 + 2\,000 \times 15 + 1\,000 \times 50$$
$$= 100\,000(元)$$

第二步，计算各种产品的销售比重。

$$甲产品的销售比重 = \frac{甲产品的销售额}{销售总额} \times 100\% = \frac{20\,000}{100\,000} \times 100\% = 20\%$$

$$乙产品的销售比重 = \frac{乙产品的销售额}{销售总额} \times 100\% = \frac{30\,000}{100\,000} \times 100\% = 30\%$$

$$丙产品的销售比重 = \frac{丙产品的销售额}{销售总额} \times 100\% = \frac{50\,000}{100\,000} \times 100\% = 50\%$$

第三步，计算各种产品的加权平均边际贡献率。

$$甲产品的边际贡献率 = \frac{甲产品的单价 - 甲产品的单位变动成本}{甲产品的单价} \times 100\%$$
$$= \frac{8-6}{8} \times 100\% = 25\%$$

$$乙产品的边际贡献率 = \frac{乙产品的单价 - 乙产品的单位变动成本}{乙产品的单价} \times 100\%$$
$$= \frac{15-9}{15} \times 100\% = 40\%$$

$$丙产品的边际贡献率 = \frac{丙产品的单价 - 丙产品的单位变动成本}{丙产品的单价} \times 100\%$$
$$= \frac{50-40}{50} \times 100\% = 20\%$$

$$加权平均边际贡献率 = \sum(各种产品的边际贡献率 \times 各种产品的销售比重)$$
$$= 25\% \times 20\% + 40\% \times 30\% + 20\% \times 50\% = 27\%$$

第四步，计算综合盈亏平衡销售额。

$$综合盈亏平衡销售额 = \frac{固定成本}{加权平均边际贡献率} = \frac{10\,800}{27\%} = 40\,000(元)$$

第五步，计算各种产品的盈亏平衡销售额和盈亏平衡销售量。

$$甲产品的盈亏平衡销售额 = 综合盈亏平衡销售额 \times 甲产品的销售比重$$
$$= 40\,000 \times 20\% = 8\,000(元)$$

$$乙产品的盈亏平衡销售额 = 综合盈亏平衡销售额 \times 乙产品的销售比重$$
$$= 40\,000 \times 30\% = 12\,000(元)$$

丙产品的盈亏平衡销售额 = 综合盈亏平衡销售额 × 丙产品的销售比重

$$=40\ 000 \times 50\% = 20\ 000(元)$$

$$甲产品的盈亏平衡销售量 = \frac{甲产品的盈亏平衡销售额}{甲产品的单价} = \frac{8\ 000}{8} = 1\ 000(件)$$

$$乙产品的盈亏平衡销售量 = \frac{乙产品的盈亏平衡销售额}{乙产品的单价} = \frac{12\ 000}{15} = 800(件)$$

$$丙产品的盈亏平衡销售量 = \frac{丙产品的盈亏平衡销售额}{丙产品的单价} = \frac{20\ 000}{50} = 400(件)$$

五、安全边际分析

安全边际
分析

企业处于盈亏平衡状态意味着当期的边际贡献全部被固定成本抵消,利润为零。只有当销售量(额)超过盈亏平衡点时,超出的部分提供的边际贡献才能形成企业的利润。而且销售量(额)超过盈亏平衡点越多,说明企业盈利越多。换句话说,企业发现亏损的可能性就越小,经营就越安全。因此,企业在经营活动开始之前,就应根据实际情况,通过安全边际分析,规划出实现目标利润的销售量(额),形成安全边际,这个安全边际就是企业在遭受亏损之前,销售量(额)可以降低的限度。

(一)安全边际

安全边际是指企业正常(或实际、预计)销售量(额)超过盈亏平衡销售量(额)的差额,这个差额标志着企业销售量(额)下降多少才会发生亏损。

安全边际有两种表现形式,一种是绝对数,即安全边际量(额);另一种是相对数,即安全边际率。其相关计算公式为:

$$安全边际量 = 正常(或实际、预计)销售量 - 盈亏平衡销售量$$

$$安全边际额 = 正常(或实际、预计)销售额 - 盈亏平衡销售额 = 安全边际量 \times 单价$$

$$安全边际率 = \frac{安全边际量}{正常(或实际、预计)销售量} \times 100\%$$

$$= \frac{安全边际额}{正常(或实际、预计)销售额} \times 100\%$$

一般来讲,安全边际体现了企业在生产经营中的风险程度大小。安全边际越大,企业发生亏损的可能性越小,生产经营越安全;反之,则发生亏损的可能越大,生产经营越危险。

相对数指标安全边际率便于不同企业和不同行业比较,所以通常采用安全边际率来评价企业经营是否安全。安全边际率与评价企业经营安全程度的一般性标准如表4-4所示。

表4-4 安全边际率与企业经营安全程度评价标准

安全边际率	40%以上	30%~40%	20%~30%	10%~20%	10%以下
经营安全程度	很安全	安全	较安全	值得注意	危险

【例4-15】 沿用[例4-12]的资料,计算该公司的安全边际量(额)、安全边际率,并进行经营安全分析。

解: 安全边际量 = 20 000 - 8 000 = 12 000(个)

安全边际额＝12 000×25＝300 000（元）

$$安全边际率＝\frac{安全边际量}{正常销售量（或实际、预计销售量）}×100\%＝\frac{12\,000}{20\,000}×100\%＝60\%$$

该公司的安全边际率远高于40%，说明其经营很安全。

（二）保本作业率与安全边际率的关系

保本作业率与安全边际率的关系可以表示为：

$$保本销售量（额）＋安全边际量（额）＝正常销售量（额）$$

$$保本作业率＋安全边际率＝1$$

保本作业率和安全边际率的关系如图4-5所示。

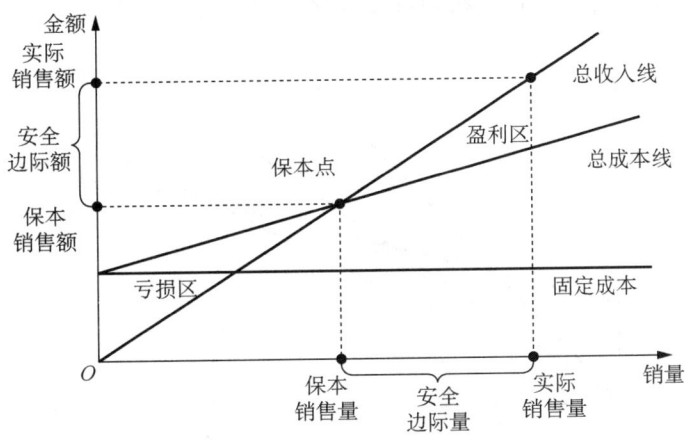

图4-5 保本作业率与安全边际率的关系

由图4-5可以看出，只有安全边际才能为企业提供利润，保本销售额扣除变动成本后只为企业收回固定成本。安全边际销售额减去其自身变动成本后的余额为企业利润，其计算公式为：

$$利润＝边际贡献－固定成本$$
$$＝销售收入×边际贡献率－保本销售额×边际贡献率$$
$$＝安全边际额×边际贡献率$$

若将上式两端同时除以销售收入，可得：

$$销售利润率＝安全边际率×边际贡献率$$

从上式可以看出，要想提高企业的销售利润率主要有两个途径：一是扩大销售水平，提高边际贡献率；二是降低变动成本水平，提高边际贡献率。

【例4-16】 沿用［例4-12］的资料，计算该公司的安全边际率、销售利润率和利润额。

解： 安全边际率＝1－保本作业率＝1－40%＝60%

边际贡献率＝（25－15）÷25×100%＝40%

销售利润率＝安全边际率×边际贡献率＝40%×60%＝24%

利润＝20 000×25×24％＝120 000(元)

六、有关因素变动对盈亏平衡点的影响

有关因素变动对盈亏平衡点的影响

无论是单一产品还是多种产品的盈亏平衡分析,都是在假定有关产品的销售价格、单位变动成本、固定成本总额、产销结构等因素保持不变的条件下进行的。但是,在实务中,这些假设只能在一定时间里或一定范围内相对地、暂时地存在。因此,在上述有关盈亏平衡分析的基础上,有必要对超过基本假设条件即有关影响因素发生某种变动时的盈亏平衡问题加以适当说明。

(一)产品销售价格变动对盈亏平衡点的影响

在其他因素不变的情况下,提高产品销售价格会使盈亏平衡点降低;反之,降低产品销售价格会使盈亏平衡点升高。销售价格变动对盈亏平衡点的影响如图4-6所示。

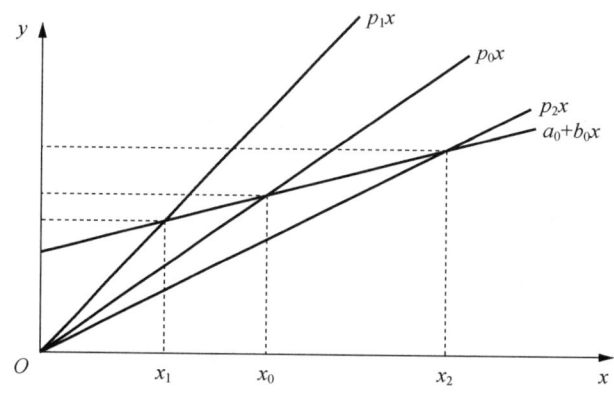

图4-6 销售价格变动对盈亏平衡点的影响

从图4-6可以看出,x_0表示原销售价格下的盈亏平衡点销售量;x_1表示销售价格由p_0提高到p_1的盈亏平衡点销售量;x_2表示销售价格,由p_0降低到p_2的盈亏平衡点销售量,说明盈亏平衡点与销售单价呈反向变动关系。

【例4-17】 沿用[例4-12]的资料,假设其他因素不变,产品单价提高10％,则其盈亏平衡点的销售量和销售额分别为多少?

解: 盈亏平衡点业务量＝$\dfrac{\text{固定成本}}{\text{单价－单位变动成本}}$＝$\dfrac{80\ 000}{25×(1+10\%)-15}$＝6 400(个)

盈亏平衡点销售额＝盈亏平衡点业务量×单价＝6 400×25×(1+10％)＝176 000(元)

由以上计算结果可知,产品销售价格提高10％使其盈亏平衡销售量由8 000个变为6 400个,减少了1 600个,盈亏平衡点销售额由200 000元变为176 000元,减少了24 000元。

(二)单位产品变动成本变动对盈亏平衡点的影响

在其他因素不变的情况下,降低单位产品变动成本会使盈亏平衡点降低;反之,提高单位产品变动成本会使盈亏平衡点升高。单位产品变动成本变动对盈亏平衡点的影响如

图 4-7 所示。

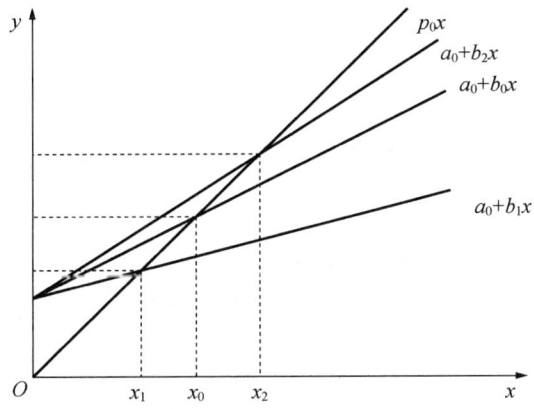

图 4-7 单位产品变动成本对盈亏平衡点的影响

【例 4-18】 沿用［例 4-12］的资料，假设其他因素不变，单位产品变动成本降低 10%，则其盈亏平衡点的销售量和销售额分别为多少？

解：盈亏平衡点业务量 $= \dfrac{固定成本}{单价 - 单位变动成本} = \dfrac{80\ 000}{25 - 15 \times (1 - 10\%)} \approx 6\ 957（个）$

盈亏平衡点销售额 ＝ 盈亏平衡点业务量 × 单价 ＝ 6 957 × 25 ＝ 173 925（元）

由以上计算结果可知，单位产品变动成本降低 10% 使其盈亏平衡销售量由 8 000 个变为 6 957 个，减少了 1 043 个，盈亏平衡点销售额由 200 000 元变为 173 925 元，减少了 26 075 元。

（三）固定成本总额的变动对盈亏平衡点的影响

在其他因素不变的情况下，降低固定成本会使盈亏平衡点降低；反之，增加固定成本会使盈亏平衡点升高。固定成本变动对盈亏平衡点的影响如图 4-8 所示。

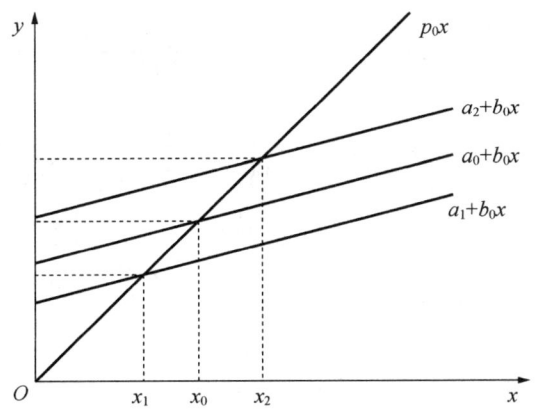

图 4-8 固定成本变动对盈亏平衡点的影响

【例 4-19】 沿用［例 4-12］的资料，假设其他因素不变，固定成本降低 10%，则其盈亏平衡点的销售量和销售额分别为多少?

解: 盈亏平衡点业务量 $=\dfrac{\text{固定成本}}{\text{单价}-\text{单位变动成本}}=\dfrac{80\,000\times(1-10\%)}{25-15}=7\,200(\text{个})$

盈亏平衡点销售额 $=$ 盈亏平衡点业务量$\times$单价 $=7\,200\times25=180\,000(\text{元})$

由以上计算结果可知,单位产品变动成本降低10%使其盈亏平衡销售量由8 000个变为7 200个,减少了800个,盈亏平衡点销售额由200 000元变为180 000元,减少了20 000元。

(四)产品结构的改变对盈亏平衡点的影响

对于同时经营多种产品的企业,一旦某种产品的产销结构发生变化,即销售比重扩大或缩小,整个企业实现盈亏平衡所需的销售额就会随之发生相应的变动。

【例4-20】 沿用[例4-14]的资料及计算结果,由于市场原因,公司将甲、乙、丙三种产品销售量调整为1 000件、3 000件、940件,假设其他因素不变,有关资料如表4-5所示。要求采用加权平均法进行多产品组合的盈亏平衡分析。

表4-5 产品资料

产品	甲产品	乙产品	丙产品
产销量(件)	1 000	3 000	940
单价(元)	8	15	50
单位变动成本(元)	6	9	40

解: 第一步,计算全部产品的销售总额。

销售总额 $=\sum(\text{各种产品的单价}\times\text{销售量})=1\,000\times8+3\,000\times15+940\times50$

$=100\,000(\text{元})$

第二步,计算各种产品的销售比重。

甲产品的销售比重 $=\dfrac{\text{甲产品的销售额}}{\text{销售总额}}\times100\%=\dfrac{8\,000}{100\,000}\times100\%=8\%$

比原来降低了12%。

乙产品的销售比重 $=\dfrac{\text{乙产品的销售额}}{\text{销售总额}}\times100\%=\dfrac{45\,000}{100\,000}\times100\%=45\%$

比原来提高了15%。

丙产品的销售比重 $=\dfrac{\text{丙产品的销售额}}{\text{销售总额}}\times100\%=\dfrac{47\,000}{100\,000}\times100\%=47\%$

比原来降低了3%。

第三步,计算各种产品的加权平均边际贡献率。

甲产品的边际贡献率 $=\dfrac{\text{甲产品的单价}-\text{甲产品的单位变动成本}}{\text{甲产品的单价}}\times100\%$

$=\dfrac{8-6}{8}\times100\%=25\%$

$$乙产品的边际贡献率 = \frac{乙产品的单价 - 乙产品的单位变动成本}{乙产品的单价} \times 100\%$$

$$= \frac{15 - 9}{15} \times 100\% = 40\%$$

$$丙产品的边际贡献率 = \frac{丙产品的单价 - 丙产品的单位变动成本}{丙产品的单价} \times 100\%$$

$$= \frac{50 - 40}{50} \times 100\% = 20\%$$

从计算结果可知,乙产品的边际贡献率高,甲、丙产品的边际贡献率低。

$$加权平均边际贡献率 = \sum(各种产品的边际贡献率 \times 各种产品的销售比重)$$

$$= 25\% \times 8\% + 40\% \times 45\% + 20\% \times 47\% = 29.40\%$$

第四步,计算综合盈亏平衡销售额。

$$综合盈亏平衡销售额 = \frac{固定成本}{加权平均边际贡献率} = \frac{10\ 800}{29.40\%} \approx 36\ 734.69(元)$$

比原来降低了 3 265.31 元。

第五步,计算各种产品的盈亏平衡销售额和盈亏平衡销售量。

甲产品的盈亏平衡销售额 = 综合盈亏平衡销售额 × 甲产品的销售比重
= 36 734.69 × 8% = 2 938.78(元)

乙产品的盈亏平衡销售额 = 综合盈亏平衡销售额 × 乙产品的销售比重
= 36 734.69 × 45% = 16 530.61(元)

丙产品的盈亏平衡销售额 = 36 734.69 - 2 938.78 - 16 530.61 = 17 265.30(元)

$$甲产品的盈亏平衡销售量 = \frac{甲产品的盈亏平衡销售额}{甲产品的单价} = \frac{2\ 938.78}{8} \approx 367(件)$$

$$乙产品的盈亏平衡销售量 = \frac{乙产品的盈亏平衡销售额}{乙产品的单价} = \frac{16\ 530.61}{15} \approx 1\ 102(件)$$

$$丙产品的盈亏平衡销售量 = \frac{丙产品的盈亏平衡销售额}{丙产品的单价} = \frac{17\ 265.30}{50} \approx 345(件)$$

由以上计算结果可知,当企业降低了贡献能力弱的甲、丙产品的销售比重,提高贡献能力强的乙产品的销售比重时,综合盈亏平衡销售额降低,说明公司盈利能力提升。

任务四 掌握目标利润分析

盈亏平衡分析是指假设在企业利润为零的状态下进行的本量利分析,但保本并不是企业经营的最终目的。在激烈竞争的市场环境下,企业经营的目的是追求利润,不断扩大规模,发展壮大。因此,企业不会满足于盈亏平衡分析,而是更注重盈利条件下的本量利分析,即保本分析。

目标利润分析,又叫保本分析,是在本量利分析法的基础上,计算为达到目标利润所需达到的业务量、收入和成本的一种利润规划方法。保利分析可分为单一品种的保利分析和产品组合的保利分析。单一品种的目标利润分析重在分析每个要素的重要性,产品组合的目标利润分析重在优化企业产品组合。

一、单一品种的目标利润分析

单一品种的目标利润分析,也叫保利分析,是指在销售价格和成本水平既定的条件下,计算分析为保证目标利润能够实现而应当达到的业务量和销售额,其计算公式为:

$$实现目标利润的业务量 = \frac{固定成本 + 目标利润}{单价 - 单位变动成本} = \frac{固定成本 + 目标利润}{单价边际贡献}$$

$$实现目标利润的销售额 = 实现目标利润的销售量 \times 单价 = \frac{固定成本 + 目标利润}{边际贡献率}$$

例 4-21

【例 4-21】 某公司生产销售一种产品,产品的单价为 50 元,单位变动成本为 30 元,固定成本为 30 000 元,公司计划期的目标利润为 20 000 元,销售量为 2 500 件。假设现将公司目标利润确定为 30 000 元,在其他因素不变的情况下,影响利润的各因素应做怎样的调整?

解: $实现目标利润的业务量 = \dfrac{固定成本 + 目标利润}{单价 - 单位变动成本} = \dfrac{30\,000 + 30\,000}{50 - 30} = 3\,000(件)$

$$实现目标利润的单价 = 单位变动成本 + \frac{固定成本 + 目标利润}{销售量} = 30 + \frac{30\,000 + 30\,000}{2\,500}$$
$$= 54(元)$$

$$实现目标利润的单位变动成本 = 单价 - \frac{固定成本 + 目标利润}{销售量} = 50 - \frac{30\,000 + 30\,000}{2\,500}$$
$$= 26(元)$$

$$实现目标利润的固定成本 = 边际贡献总额 - 目标利润 = (50 - 30) \times 2\,500 - 30\,000$$
$$= 20\,000(元)$$

由以上计算结果可知,公司应将该产品的销售量由原来的 2 500 件增加到 3 000 件,提高 20%;将该产品的销售单价由原来的 50 元提高到 54 元,提高 8%;将该产品的单位变动成本由原来的 30 元降低到 26 元,降低率为 13.33%;将固定成本由原来的 30 000 元,降低到 20 000 元,降低率为 33.33%。公司可以从以上调整方案中任选一种。

二、产品组合的目标利润分析

产品组合的目标利润分析是在单一品种的目标利润分析基础上,依据分析结果进行优化调整,寻求最优的产品组合,其计算公式为:

$$实现目标利润的业务量 = \frac{固定成本 + 目标利润}{综合边际贡献率} = \frac{固定成本 + 目标利润}{1 - 综合变动成本率}$$

需要说明的是,上述公式中的目标利润一般是息税前利润。如果企业预测的目标利润是税后利润,上述公式应做如下调整。由于税后利润 =(息税前利润 - 利息)×(1 - 所得税税率),所以单一品种情况下,其计算公式为:

$$\text{实现目标利润的业务量} = \frac{\text{固定成本} + \dfrac{\text{目标税后利润}}{1 - \text{所得税税率}} + \text{利息}}{\text{单价} - \text{单位变动成本}} = \frac{\text{固定成本} + \dfrac{\text{目标税后利润}}{1 - \text{所得税税率}} + \text{利息}}{\text{单位边际贡献}}$$

产品组合情况下，其计算公式为：

$$\text{实现目标利润的销售额} = \frac{\text{固定成本} + \dfrac{\text{目标税后利润}}{1 - \text{所得税税率}} + \text{利息}}{\text{综合边际贡献率}}$$

任务五　理解利润敏感性分析

一、敏感性分析

敏感性分析是指每个因素值的变动对决策目标基准值的影响程度分析。企业在进行敏感性分析时，通常是通过计算各因素的敏感系数，来衡量因素变动对决策目标基准值的影响程度。

敏感性分析有单因素敏感性分析和多因素敏感性分析，企业可以进行单因素敏感分析或多因素敏感分析。

单因素敏感性分析是指每次只变动一个因素而其他因素保持不变时所做的敏感分析。敏感系数反映的是某一因素变动对目标值变动的影响程度，其计算公式为：

$$\text{某因素敏感系数} = \frac{\text{目标值变动百分比}}{\text{因素变动百分比}}$$

多因素敏感性分析是指假设其他因素不变时，分析两种或两种以上不确定性因素同时变化时对目标基准值的影响程度分析。

二、利润的敏感性分析

(一)利润敏感性分析的定义

按照本量利分析的基本原理，影响利润的因素有销售量、价格、单位变动成本和固定成本等，在其他因素不变的情况下，其中一个因素的变动会引起利润随之而变动。

利润敏感性分析是指以利润基准值为基础，分析销售量、单价、单位变动成本、固定成本等因素发生变化对利润的影响程度。有关因素只要以较小幅度变动就会引起利润较大幅度变动，属于敏感性因素；有关因素虽然有较大幅度变动，但对利润影响不大，属于非敏感性因素。

利润敏感性分析的主要目的：一是分析确定影响利润的各因素变化的临界值，即研究分析销售量、单价、单位变动成本、固定成本等，这些因素变化到什么程度，会使企业由盈利转为亏损，对于单价和销售量是最小允许值，对单位变动成本和固定成本是最大允许值；二是计算利润的敏感系数，分析各因素变化对利润的影响程度，确定敏感性因素和非敏感性因素以便在短期利润规划中,重点关注敏感因素,及时采取措施,加强控制敏感性因素,确保利润规划的完成。

（二）确定影响利润的各因素临界值

根据本量利的基本关系计算公式为:

$$利润＝（单价－单位变动成本）×业务量－固定成本$$

影响利润各因素的临界值是指利润为 0 时的各因素值,实质上就是指销售量与单价的最小允许值,单位变动成本与固定成本的最大允许值。

（1）销售量最小允许值的计算公式为:

$$销售量的最小允许值＝\frac{固定成本}{单价－单位变动成本}$$

（2）销售单价最小允许值的计算公式为:

$$销售单价的最小允许值＝\frac{固定成本}{销售量}＋单位变动成本＝\frac{固定成本＋变动成本}{销售量}$$

（3）单位变动成本最大允许值的计算公式为:

$$单位变动成本的最大允许值＝单价－\frac{固定成本}{销售量}＝\frac{销售收入－固定成本}{销售量}$$

（4）固定成本最大允许值的计算公式为:

$$固定成本的最大允许值＝销售收入－变动成本$$

【例 4-22】 某公司生产销售一种产品,产品的单价为 50 元,单位变动成本为 30 元,固定成本为 60 000 元,计划销售量为 20 000 件,计算该公司销售量、销售单价、单位变动成本、固定成本的临界值。

解: 销售量的最小允许值 $=\frac{固定成本}{单价－单位变动成本}=\frac{60\ 000}{50-30}=3\ 000$（件）

销售单价的最小允许值 $=\frac{固定成本}{销售量}+单位变动成本=\frac{60\ 000}{20\ 000}+30=33$（元）

单位变动成本的最大允许值 $=单价-\frac{固定成本}{销售量}=50-\frac{60\ 000}{20\ 000}=47$（元）

固定成本的最大允许值 $=销售收入-变动成本=(50-30)×20\ 000=400\ 000$（元）

通过以上计算可知,该产品的销售量不能少于 3 000 件,单价不能低于 33 元,单位变动成本不能高于 47 元,固定成本总额不能超过 400 000 元,否则将会由盈利转向亏损。

（三）确定各有关因素变动对利润的影响程度

在进行利润的敏感性分析时,通常假定其中一个因素变动时其他因素保持不变,即单因素敏感性分析。反映各有关因素变动时对利润影响程度的指标为利润的敏感系数,其计算公式为:

$$某因素的敏感系数=\frac{利润变动百分比}{因素变动百分比}$$

在敏感性分析中,通常以敏感系数的绝对值大小反映有关因素变动对利润的影响程度,利润敏感系数的绝对值大,表明该因素的变动对利润影响程度大,为敏感性因素;反之,说明该因素的变动对利润的影响程度小,为非敏感性因素。当利润的敏感系数为正数时,表明该因素变动方向与利润的变动方向相同;当利润的敏感系数为负数时,表明该因素变动方向与利润的变动方向相反。

【例 4-23】　沿用[例 4-22]的资料,假设该公司计划期销售量、单价、单位变动成本、固定成本分别增长 10%,计算各因素的利润敏感系数。

例 4-23

解: 预计的目标利润＝(50－30)×20 000－60 000＝340 000(元)

(1) 销售量的敏感系数。当销售量增加 10% 时:

预计利润＝(50－30)×20 000×(1+10%)－60 000＝380 000(元)

$$利润变动百分比=\frac{380\ 000-340\ 000}{340\ 000}\times100\%=11.76\%$$

$$销售量的利润敏感系数=\frac{11.76\%}{10\%}=1.176$$

(2) 单价的敏感系数。当单价增加 10% 时:

预计利润＝[50×(1+10%)－30]×20 000－60 000＝440 000(元)

$$利润变动百分比=\frac{440\ 000-340\ 000}{340\ 000}\times100\%=29.41\%$$

$$单价的利润敏感系数=\frac{29.41\%}{10\%}=2.941$$

(3) 单位变动成本的敏感系数。当单位变动成本增加 10% 时:

预计利润＝[50－30×(1+10%)]×20 000－60 000＝280 000(元)

$$利润变动百分比=\frac{280\ 000-340\ 000}{340\ 000}\times100\%=-17.65\%$$

$$单位变动成本的利润敏感系数=\frac{-17.65\%}{10\%}=-1.765$$

(4) 固定成本的敏感系数。当固定成本增加 10% 时:

预计利润＝(50－30)×20 000－60 000×(1+10%)＝334 000(元)

$$利润变动百分比=\frac{334\ 000-340\ 000}{340\ 000}\times100\%=-1.76\%$$

$$固定成本的利润敏感系数=\frac{-1.76\%}{10\%}=-0.176$$

根据以上计算结果,销售量、单价的利润敏感系数为正,表明该因素与利润同向变化;单位变动成本和固定成本的利润敏感系数为负,表明该因素与利润反向变动。将上述四个因素按其敏感系数(绝对值)大小排序,其顺序依次是单价(2.941)、单位变动成本(1.765)、销售量(1.176)和固定成本(0.176)。这表明单价、单位变动成本是影响利润的最大因素,其次才是销售量和固定成本。企业经理人员应特别关注单价和单位变动成本这两个重要环节,并结合市场销售情况作出正确的经营决策。

思政园地

项目四:参加专业实习还是去做兼职?

——机会成本视角的人生决策

【职业资格与技能训练四】

一、单项选择题

1. 下列关于本量利分析的说法中,错误的是(　　)。

A. 按成本性态划分成本是本量利分析的基本前提条件

B. 本量利分析假设销售收入与业务量呈完全线性关系

C. 本量利分析时需要考虑存货水平的影响

D. 在本量利分析时,最通常的是依据业务量来规划目标利润

2. 下列关于利润的计算公式中,错误的是(　　)。

A. 利润＝销售量×(单价－单位变动成本)－固定成本

B. 利润＝销售收入×(1－变动成本率)－固定成本

C. 利润＝销售收入×变动成本率－固定成本

D. 利润＝(销售收入－保本点销售额)×边际贡献率

3. 下列表述中不正确的是(　　)。

A. 边际贡献＝销售收入－变动成本

B. 边际贡献率＝1＋变动成本率

C. 边际利润＝边际收入－边际成本

D. 边际利润＝0 时利润达到最大

4. 边际贡献是指(　　)。

A. 销售收入与产品变动成本之差

B. 销售收入与销售和管理变动成本之差

C. 销售收入与制造边际贡献之差

D. 销售收入与全部变动成本之差

5. 根据本量利分析原理,只能提高安全边际而不会降低保本点的措施是(　　)。

A. 增加销量   B. 提高单价

C. 降低单位变动成本   D. 降低固定成本

6. 若销售利润率为 60%,变动成本率为 20%,则安全边际率应为(　　)。

A. 75%　　　　　　B. 150%　　　　　　C. 200%　　　　　　D. 300%

7. 已知销售量的利润敏感系数为2.5,预计计划期甲产品的销售量将提高10%,则利润将提高(　　)。

A. 25%　　　　　　B. 30%　　　　　　C. 40%　　　　　　D. 45%

8. 称为经营杠杆系数的敏感系数是(　　)。

A. 销售量对利润的敏感系数　　　　　　B. 单价对利润的敏感系数

C. 单位变动成本对利润的敏感系数　　　　D. 固定成本对利润的敏感系数

二、多项选择题

1. 下面关于本量利的基本关系式 $P = px - bx - a$ 表述正确的有(　　)。

A. 式中的 p 表示单价

B. 式中 x 表示销售量

C. 式中 b 表示单位变动成本

D. 式中 a 表示生产性固定成本

2. 下列成本项目中属于变动成本的有(　　)。

A. 直接材料　　　　B. 直接人工　　　　C. 销售费用　　　　D. 管理费用

3. 下列关于边际贡献表述中,正确的有(　　)。

A. 边际贡献的大小与固定成本支出的多少无关

B. 边际贡献率反映产品给企业作出贡献的能力

C. 提高边际贡献率可以提高企业利润

D. 销售单价大于单位固定成本时单位边际贡献小于0

4. 在多品种条件下,能够影响加权平均边际贡献率大小的因素有(　　)。

A. 企业固定成本　　　　　　　　　　B. 各种产品的边际贡献

C. 各种产品的边际贡献率　　　　　　D. 各种产品占销售额的比重

5. 下列关于利润的计算公式中,正确的有(　　)。

A. 利润=销售收入×变动成本率-固定成本

B. 利润=销售收入×(1-变动成本率)-固定成本

C. 利润=销售收入×边际贡献率-固定成本

D. 利润=(销售收入-保本点销售额)×边际贡献率

6. 某企业生产一种产品,单价20元,单位变动成本15元,年固定成本60 000元,年预计销售量为20 000件。下列说法正确的有(　　)。

A. 保本点销售量为12 000件　　　　　B. 安全边际量为8 000件

C. 安全边际率为40%　　　　　　　　D. 边际贡献率25%

7. 运用本量利关系对甲产品的利润敏感分析后,得出的结论是:单价的敏感系数为5,单位变动成本的敏感系数为-2.5,销售量的敏感系数为3,固定成本的敏感系数为-0.8。下列说法中,正确的有(　　)。

A. 上述影响利润的因素中,单价是最敏感的因素,固定成本是最不敏感的因素

B. 单价变动1%时,利润将变动5%

C. 单位变动成本变动1%时,利润将变动-2.5%

D. 销售量变动1%时,利润将变动3%

8. 下列关于敏感系统的说法,错误的有(　　　)。

A. 敏感系数为正数,参量值与目标值发生同方向变化

B. 敏感系数为正数,参量值与目标值发生反方向变化

C. 只有敏感系数大于 1 的参量才是敏感因素

D. 只有敏感系数小于 1 的参量才是非敏感因素

三、判断题

1. 本量利分析假设当期产品的生产量与业务量一致,考虑存货水平的变动对利润的影响。　　　　　　　　　　　　　　　　　　　　　　　　　　　　　　(　　)

2. 在进行本量利分析时,假设总成本由固定成本和变动成本两部分组成,按成本习性划分成本是本量利分析的基本前提。　　　　　　　　　　　　　　　　　　　(　　)

3. 边际贡献等于销售收入与变动成本的差。　　　　　　　　　　　　　　(　　)

4. 从本量利分析的原理可以看出,边际贡献并非企业的营业利润,它是一个反映能为营业利润做多大贡献的盈利能力指标。　　　　　　　　　　　　　　　　　　(　　)

5. 安全边际指标均为正指标,数值越大,企业的经营越安全。　　　　　　(　　)

6. 安全边际额与变动成本同方向变化,与单价反方向变化。　　　　　　　(　　)

7. 影响利润各因素的临界值即为利润＝0 时的各因素值,实质上就是指销售量与单价的最大允许值,单位变动成本与固定成本的最小允许值。　　　　　　　　　　(　　)

8. 在本量利分析中,某因素只有较小的变动就会引起利润较大的变动,这种因素称为敏感因素;相反,某因素虽有较大的变动,但对利润的影响不大,这种因素称为非敏感因素。　　　　　　　　　　　　　　　　　　　　　　　　　　　　　　(　　)

四、技能训练

(一) 某制造公司有两个工厂,均生产相同的产品。公司预计第二年生产和销售 192 000 个产品。生产经理收集了这两个工厂的有关数据,如表 4-6 所示。

表 4-6 某制造公司有关数据 　金额单位:元

项目	甲工厂	乙工厂
单价	150.00	150.00
变动生产成本	72.00	88.00
固定生产成本	30.00	15.00
佣金(5%)	7.50	7.50
管理费用	25.50	21.00
总单位成本	135.00	131.50
单位利润	15.00	18.50
日生产量(个)	400	320

全部固定成本以每年正常工作日 240 天为基础进行分配,当工作日超过 240 天时,甲工厂的单位变动生产成本增加 3 元,乙工厂的单位变动生产成本增加 8 元。每个工厂的最大

生产能力都是300个工作日。

各个工厂支付的单位产品管理费用中有6.50元为管理费用中的变动部分,主要用于弥补公司对各工厂提供的管理服务,如发放工资、会计、采购等。

公司生产经理为了使乙工厂获得最大的单位利润,决定每个工厂都生产96 000个产品,该生产计划可使乙工厂达到其最大的生产能力,而甲工厂处于正常生产能力范围内。公司总会计师不满意该生产计划,他想知道让甲工厂生产相对较多的产品是否更可取。

要求:(1)确定各个工厂盈亏临界点的销售量。

(2)按生产经理的安排,公司的营业收益是多少?

(3)如果公司要生产192 000个产品,其中的120 000个在甲工厂,其余在乙工厂生产,则公司的营业收益是多少?

(4)试对生产经理的生产计划作出评价。

(二)海达公司最大年生产能力为60 000个产品,在这一水平上,其材料和人工成本总共是240 000元,固定成本中用于生产的为60 000元,用于一般行政管理的为50 000元,用于推销的为40 000元。产品售价为10元,遗憾的是在刚刚过去的一年里,公司只生产和销售其总生产能力的50%的产品。市场情况现在正在好转,在下一年度里,公司希望将产量和销量提高到生产能力的75%。

要求:(1)计算海达公司的保本量。

(2)计算海达公司完成50%的生产能力时的安全边际。

(3)计算海达公司从完成50%的生产能力提高到完成75%的生产能力,其利润的增加额是多少?

项目五

目标成本管理

知识目标

熟悉目标成本的概念、应用条件
掌握目标成本制定程序
理解目标成本法的特点、与传统成本法的区别
理解价值工程的含义
掌握价值工程分析的步骤

能力目标

会计算功能评价系数、成本系数、价值系数
能够基于计算提出成本管理建议

素质目标

树立目标成本意识
养成用数据说话的职业习惯

思政目标

通过目标成本管理的介绍,培养学生"以终为始"的意识、功能与成本的匹配意识及精益求精的工匠精神

【导学】

成本管理既是一门科学,也是一门艺术,还是一个应用系统,是三者完美结合体。成本管理不仅存在于企业内部,也存在于整个企业的价值链中;不仅是企业目前要解决的问题,也是企业未来发展所依赖的一种主要管理思想。要想大幅度降低成本,必须在产品投产前,对产品的设计、结构、工艺、生产的组织安排等进行改革,通过成本预测,制定各种不同的成本方案,然后进行充分的论证和比较分析,选择最佳成本方案,作为经营决策的依据;作好成本的预测和决策,制定目标成本,加强事前的成本控制,即从事物最初起点开始实施充分透彻的分析。现有的网络技术可实现原材料、部件、人工等装配成产品的同时,将成本也一并"装配"进去。在模拟设计中,与业务过程信息一起同时流动的是资金流,产品设计的完成也是成本的完成。基于"业务成本"的认识,着眼于成本的发生源泉,继而追踪与业务流程相关的内外动态关系,做周密全盘的事前分析考察,从根源上对成本进行控制,把"业务成形"视为"成本成形"。以往的简单低成本类似于毛巾拧水,把财务报表摊开,逐项看哪项数额还可以再减一点。而系统低成本是通过对业务模式创新、流程优化、提高员工技能和能动性达成低成本,这需要持续的投入和改进。

任务一　掌握目标成本法的概念

一、目标成本法

目标成本法是指企业以市场为导向,以目标售价和目标利润为基础确定产品的目标成本,从产品设计阶段开始,通过企业各部门、各环节乃至与供应商的通力合作,共同实现目标成本的成本管理方法。目标成本是指在保证一项产品获得要求利润的前提下,允许该产品所发生的最高成本数。目标成本控制是基于市场导向和市场竞争的管理理念和方法,以具有竞争性的市场价格和目标利润倒推出目标成本,继而进行全方位控制,以达到目标成本。

二、目标成本法的特点

(1) 目标成本法是一种成本规划工具。目标成本计算不是一种日常的成本控制工具,它聚焦于产品设计规格和生产技术控制的成本规划工具,通过对产品设计规格和生产技术的控制,达到将一种具有竞争力的产品投入市场的目标。

(2) 目标成本法是以市场为导向,以实现目标利润为前提的成本管理方法。目标成本管理是企业目标管理的重要组成部分,推行目标成本管理可以促使企业加强成本核算,更好地贯彻经济责任制,对于激励全体职工努力做好工作的积极性、促进成本进一步下降有重要意义。同时,目标成本也是进行有效成本比较分析的一种尺度,用以查明产生成本差异的原因,并按照例外管理原则,将成本管理的重点放在重大脱离目标成本的事项上。目标成本管理的实施也能促使企业上下各级与部门和领导与职工之间的协调一致,相互配合,围绕一个共同的目标而努力。

（3）目标成本法特别适用于寿命期较短的产品。因为较短寿命期的产品，没有时间进行设计和制造的改进，必须从一开始计划阶段就给予额外的关注。

三、目标成本法与传统成本法的区别

传统成本法始于市场研究，将消费者需求融入产品规范中，然后公司开始产品设计和工程，从供应商那里获得价格。在这一阶段，产品成本不是产品设计的主要因素，在工程师和设计师确定了产品的设计后，他们才估算产品成本。如果估算的成本被认为太高，那么将修改产品设计。

在目标成本法中，初始阶段也要通过市场研究确定消费者需求和产品规范，消费者的信息收集将在整个目标成本过程中持续进行。鉴于在制造过程中改变设计非常昂贵，为尽量减少在制造过程中更改设计，在产品的规范和设计阶段将花更多的时间。目标成本法使用完全生命周期概念可使产品的拥有者在产品的有效寿命内成本最小化，即不仅仅考虑最初的购买成本，还要考虑产品的运行、维护和处置成本。

目标成本法与传统成本法的比较，如表5-1所示。

表5-1　目标成本法与传统成本法的比较

项目	传统成本法（封闭系统）	目标成本法（开放系统）
与外部环境的关系	忽视外部环境；成本管理体系关注于对内部效率的衡量	与外部环境互动，对顾客需求以及竞争威胁作出反应
所考虑的变量数目	不考虑跨职能团队以及组织外部成本对本系统的影响	考虑职能部门之间以及与价值链上其他成员之间的各种复杂关系
调节的形式	在实际成本发生之后，基于已发生的成本，根据已有信息采取补救措施	在实际成本发生之前，在产品设计阶段预计并规划成本
调节或控制的目的	将成本控制在预先设定的标准或预算之内	对产品整个生命周期的顾客成本及生产者成本进行持续改进

四、目标成本法的应用条件

（1）企业应用目标成本法，要求处于比较成熟的买方市场环境，产品价格由市场决定，企业左右产品价格的能力低。

（2）企业对成本的操纵空间大，特别是通过采用新技术降低成本的潜力较大。目标成本计算需要在产品开发设计之前确定目标成本。在产品开发设计中为了使产品推出后发生的制造成本达到或低于目标成本，目标成本计算要采用价值工程等方法，通过产品的功能分析和优化产品设计，在保证产品必要功能的前提下，努力探索降低成本的途径，如消除不必要功能，采用代用材料等降低成本。许多公司将目标成本法和作业成本法结合使用，通过把管理成本的精力转移到设计阶段并取得在生产中涉及各类作业精确的成本信息，也就是说，在设计阶段降低成本，而不是在产品完工时对成本加以确认。

（3）产品成本在产品研究、开发和设计阶段，大部分已经被锁定，生产阶段的产品成本的调控能力相对较小。研究开发和设计阶段的产品成本控制采用目标成本法，生产阶段的成本计划和控制在日本称为"改善成本"。

（4）适用于制造业，以大量可选用技术的存在为前提。

任务二　掌握目标成本的制定和管理

一、目标成本的制定程序

目标成本的确定与传统的产品定价过程相反，传统的产品定价是先收集市场信息，确定对产品的具体要求，并据此进行产品设计、制定工艺、确定所消耗原材料和零部件的价格，从而估算出产品的成本，然后加上一定的利润以确定产品的价格。目标成本的确定则是在产品设计阶段先根据市场调查制定出目标售价，再根据中长期计划设定目标利润，最后以目标售价减去目标利润即为目标成本。有了目标成本，就可以开始进行产品设计、组织生产，并运用价值工程手段，通过产品整体及其零部件的设计和原材料的选择确保目标成本的实现。

目标成本的制定程序分为四个阶段，即目标成本的初选、目标成本的可行性分析、目标成本的实现、目标成本的追踪考核与修订。

（一）目标成本的初选

目标成本的初选，通常根据产品价格、成本和利润三者之间的相互制约关系来确定。价格、成本和利润是相互联系的，价格高，成本低，利润就多；反之，价格低，成本高，利润就少。从保证企业利润出发，应提高价格，降低成本。但是，在商品经济环境中，价格往往不是企业主观愿望所能决定的。为保证企业获得一定的利润，就只能在降低成本费用方面下功夫。因此，目标成本实际上是在价格、利润既定的情况下推导出来的，其计算公式为：

单位产品目标成本＝预测单位产品售价×（1－税率－预测单位产品利润）

这种方法的特点是"保证利润，挤出成本"，它与根据成本高低决定利润的"保证成本，挤出利润"的特点相比，具有更积极的作用。

（二）目标成本的可行性分析

目标成本的可行性分析包括目标售价分析、目标利润分析和目标成本分析。目标售价分析是指公司调查市场上存在的同类产品和竞争对手即将投放市场的新产品，从客户、性能和价格角度调查产品需求情况，总结大多数消费者希望具有的特征，并据以确定公司要生产具备哪些特征的产品，分析自己打算推出的新产品的市场规模及其可能占据的市场份额。利用收集的这些信息，公司能够预测新产品的潜在销量，并为产品制定一个可接受的价格。企业分析产品目标利润应与企业的中长期目标及利润计划相配合，同时考虑销售、利润、投资回报、现金流量、产品的品质、成本结构、市场需求、销售政策等因素的影响。最后根据本企业实际成本的变化趋势、同类企业的成本水平，充分考虑本企业成本节约的能力，分析目标成本的可行性。

（三）目标成本的实现

通过比较公司目前的产品成本和目标成本，计算出成本差距，运用价值工程、成本分析等方法寻求产品设计的最佳方案,力求用最低成本实现消费者需求的功能、品质等。如果此时计算出最佳产品设计下的成本仍高于目标成本,则须重复运用上述手段寻求最佳成本。此外,公司要向供应商确认材料价格,向生产部门确认人工成本和制造费用。这时公司才能将产品设计定型,并指导采购部购入相关材料,工业工程部门对生产流程进行必要的改造。

(四) 目标成本的追踪考核与修订

目标成本的追踪考核与修订是指通过对消费者进行调查,了解消费者的需求是否得到满足,了解市价的变化对目标成本所产生的影响,并根据上述各阶段对目标成本的分析结论对目标成本进行修订。

二、目标成本制定流程的特征

(一) 目标成本制定过程受跨职能团队的指导

这个团队的成员很可能来自组织内部(如设计工程、制造操作、管理会计和营销)和外部(如供应商、分销商等),代表整个价值链。

(二) 供应商在制定目标成本时发挥重要的作用

随着企业在研发和设计阶段与供应商越来越紧密的合作,他们会使用供应链管理方法加强供需双方合作,建立互惠的长期关系。这种方法有很多好处,如由于供需双方彼此信任,双方可以在不同的业务领域做到信息共享,就如何降低成本的问题达成共识;需求方甚至可以为供应商的员工提供某些业务方面的免费培训,而供应商也可以安排员工到需求方工作,帮助其了解新产品。这种互动与传统意义上的供求双方短期的对抗关系是截然不同的。

三、目标成本的分解

产品的目标成本设定后,企业需要组成工程、技术、采购、生产、销售和会计等各方面人员的设计小组,承担产品设计任务。为了实现目标成本,设计小组需要把目标成本进行分解。目标成本的分解就是要把目标成本这个大指标,尽可能分解成若干小指标,以便落实到各有关单位和个人,成为各单位和每个人的具体奋斗目标。目标成本的分解,应结合企业的生产工艺过程、组织机构和各项费用的发生情况进行,一般有以下几种方式。

(一) 按产品的结构分解

在制造业中,产品一般是由各种零部件组成,所以要先制作各种零件,然后把这些零件装配成部件,最后再把各有关部件装配成产成品。对这类企业要按照产品的结构,把目标成本分解为各种零件、部件成本和装配成本。

(二) 按产品的制造过程分解

在冶金、纺织等行业中,产品需要经过多道连续加工工序,才能形成产成品,前一道工序的产品往往是后一道加工工序的半成品。对这类企业要按照产品的形成过程,把目标成本分解为各种半成品的成本。比如,纺织企业产品成本可以分为粗纱成本、细纱成本、坯布成本等;冶金企业产品成本可以分为生铁成本、钢锭成本、钢材成本等。

（三）按产品成本的经济用途分解

将产品成本按经济用途分解是一种适用于所有工业企业的成本分解方法。按产品成本经济用途分解，产品成本可以分为原材料、燃料与动力、工资、制造费用等。这些项目还可以进一步分解，如原材料、燃料与动力费用，可以分解为材料消耗量和材料采购成本；工资费用可以分为工时定额和小时工资率；制造费用可以分为折旧费、办公费、差旅费等项目。

四、价值工程

对产品的目标成本进行分解后，就应该考虑如何从各方面达到这些目标成本，即采用何种有效手段来达成。不同企业不同性质的产品采用的策略是不一样的，但从管理学角度来说，企业降低成本并促使其达成的方法主要是以价值工程为代表的管理工程学方法体系，通过这些方法对分解出来的各部分成本进行管理和控制，达到产品要求的目标成本。

（一）价值工程的含义

价值工程（value engineering，VE）也称价值分析（value analysis，VA），是指先以产品或作业的功能分析为核心，以提高产品或作业的价值为目的，力求以最低寿命周期成本实现产品或作业使用所要求的必要功能的一项有组织的创造性活动，有些人也称其为功能成本分析。价值工程中所说的"价值"有其特定的含义，与哲学、政治经济学、经济学等学科关于价值的概念有所不同。价值工程中的"价值"就是一种评价事物有益程度的尺度。价值高说明该事物的有益程度高、效益大、好处多；价值低则说明有益程度低、效益差、好处少。例如，人们在购买商品时，总是希望物美价廉，即花费最少的代价换取最多、最好的商品。价值工程具有三方面的含义：一是价值工程是以最低的成本去实现某产品应具备的必要功能，以使产品达到最佳价值；二是价值工程的核心问题是在产品设计和研制阶段，通过对产品进行功能分析，确定哪些功能是客户需要的，哪些功能是不必要的，哪些功能是过剩的，哪些功能是不足的，通过功能分析可以发现并在改进方案中去掉不必要的功能，削减过剩的功能，补充不足的功能，确定实现必要功能的最优方案；三是价值工程作为一整套科学方法，是运用集体智慧的一项有组织活动，有效开展价值工程活动需要将各部门专业人员组织起来，充分发挥集体力量。

价值工程把价值定义为对象所具有的功能与获得该功能的全部费用之比，即：

$$价值 = \frac{功能}{成本}$$

功能指产品或劳务的性能或用途，即所承担的职能，其实质是产品的使用价值。成本指产品或劳务在全寿命周期内所花费的全部费用，是生产费用与使用费用之和。价值与产品功能成正比，与产品成本成反比。功能多，成本低，价值就高；功能少，成本高，价值就低。价值的高低取决于功能与成本的结合情况。根据三者之间的内在联系，提高价值有以下途径：一是在保持必要功能的前提下，降低产品成本；二是在不增加成本的情况下，提高产品功能；三是提高产品功能，同时降低产品成本；四是成本增加不多，而产品功能有较大提高；五是消除过剩功能，且成本有较大降低。

价值工程分析,既不是单纯强调提高产品功能,也不是盲目追求降低产品成本,而是辩证地处理两者之间的关系,力求实现两者的合理结合,以提高功能与成本的比值,实现物美价廉的要求,提高企业经济效益。

(二)价值工程分析的步骤

1. 选择分析对象

在进行价值工程分析时,没必要对产品的所有零件都进行价值分析。一般可以从以下几个方面选择分析对象:

(1)从产品构造方面看,选择复杂、笨重、材料贵性能差的产品。

(2)从制造方面看,选择产量大、消耗高、工艺复杂、成品率低以及占用关键设备多的产品。

(3)从成本方面看,选择成本比重大和单位成本高的产品。

(4)从销售方面看,选择用户意见大、竞争能力差、利润低的产品。

(5)从产品发展方面看,选择正在研制将要投放市场的产品。

2. 收集有关情报

确定分析对象后,应围绕分析对象收集相关资料,主要包括:①企业的基本情况,如经营目标、经营方针、生产规模、经营效果、产品品种、产量、质量等。②有关的技术和经济资料,如本企业或同类产品结构、性能、加工工艺、材料成本、加工费。③客户的有关意见,如客户对产品的要求、使用目的、使用条件以及在使用中的问题等。④最后进行系统的整理,去粗取精,加以利用,寻找评价和分析的依据。

3. 进行功能分析

功能分析是对产品,对产品的部件、组件、零件或是对一项工程的细目,系统地分析它们的功能,计算它们的价值,以便进一步确定价值工程活动的方向、重点和目标。功能分析是价值工程的核心和重要手段,主要包括以下几方面:

(1)将对象产品分解为零部件,然后把零部件分类排列,并按其功能的重要性进行评价,计算出各类零部件的功能评价系数。计算功能评价系数时,一般采用一对一比较法,即把每个零部件与其他零部件一对一进行功能重要程度的比较,重要的计1分,次要的计0分,然后合计各零部件的得分数,用各零部件得分数除以全部零部件总得分,就得出该零部件的功能评价系数。零部件功能评价系数的计算公式为:

$$某零部件功能评价系数 = \frac{该零部件功能评价得分}{全部零部件功能评价总得分}$$

【例5-1】 某分析对象产品由5个零部件组成,各零部件的功能评分与功能评价系数计算如表5-2所示。

表5-2 功能评价系数计算表

零部件名称	A	B	C	D	E	得分合计	功能评价系数
A	x	1	1	1	1	4	0.40
B	0	x	1	1	0	2	0.20

（续表）

零部件名称	A	B	C	D	E	得分合计	功能评价系数
C	0	0	x	1	1	2	0.20
D	0	0	0	x	1	1	0.10
E	0	1	0	0	x	1	0.10
合计						10	1.00

注：x是指把每个零部件与其他零部件一对一进行功能重要程度的比较，重要的计1分，次要的计0分。

（2）将各类零部件的实际成本与全部零部件的实际总成本相比，计算各零部件的成本系数。其计算公式为：

$$某零部件的成本系数 = \frac{该零部件实际成本}{全部零部件实际总成本}$$

【例5-2】 沿用［例5-1］的资料，该产品的实际成本为10 000元。其中，各零部件实际成本分别为：A为2 500元，B为2 000元，C为2 500元，D为2 000元，E为1 000元。则各零部件成本系数、功能评价系数和分配的实际成本如表5-3所示。

表5-3　各零件成本系数和分配的实际成本　　　　　　　　　　金额单位：元

项目	A	B	C	D	E	合计
实际成本	2 500.00	2 000.00	2 500.00	2 000.00	1 000.00	10 000.00
成本系数	0.25	0.20	0.25	0.20	0.10	1.00
功能评价系数	0.40	0.20	0.20	0.10	0.10	1.00
分配实际成本	4 000.00	2 000.00	2 000.00	1 000.00	1 000.00	10 000.00

（3）将各零部件的功能评价系数与成本系数相比，计算价值系数，以表明零部件功能与其成本的协调情况。价值系数计算公式为：

$$价值系数 = \frac{功能评价系数}{成本系数}$$

【例5-3】 沿用［例5-1］［例5-2］的资料，该产品各零件的价值系数计算如表5-4所示。

表5-4　价值系数计算表

项目	A	B	C	D	E	合计
功能评价系数	0.40	0.20	0.20	0.10	0.10	1.00
成本系数	0.25	0.20	0.25	0.20	0.10	1.00
价值系数	1.60	1.00	0.80	0.50	1.00	——

如果价值系数大于1,表明该零部件的功能比较重要,但成本支出偏低,比如零件A按功能评价系数应该分配的实际成本为4 000元,但实际只发生2 500元;如果价值系数小于1,表明功能重要性较小的零部件占用了过多的实际成本,如零件C和零件D,实际成本都超过了按功能评价系数分配的实际成本;如果价值系数等于1,说明该零部件的成本水平与功能大体相当,如零件B和零件E。通过价值分析,可以发现各零部件在功能与成本协调方面存在的问题,原则上应选择价值系数大于1或小于1的零部件作为改善对象,企业应组织设计、技术、生产、计划、供应、销售、财务等专业人员从不同角度提出合理化建议和改进措施。

4. 计算各零部件目标成本并实施控制

将制定的产品目标成本按功能评价系数分配给各零部件,作为对产品进行成本控制的依据。

【例5-4】　沿用[例5-1][例5-2][例5-3]的资料,假设该产品的目标成本为9 500元,则其各部件目标成本及预测成本降低额计算如表5-5所示。

表5-5　各零部件中目标成本及预测成本降低额计算表　　　　　金额单位:元

项目	A	B	C	D	E	合计
功能评价系数	0.40	0.20	0.20	0.10	0.10	1.00
成本系数	0.25	0.20	0.25	0.20	0.10	1.00
价值系数	1.60	1.00	0.80	0.50	1.00	—
目前实际成本	2 500.00	2 000.00	2 500.00	2 500.00	2 000.00	10 000.00
按功能评价系数分配的目标成本	3 800.00	1 900.00	1 900.00	950.00	950.00	9 500.00
预测成本降低额	−1 300.00	100.00	600.00	1 050.00	50.00	500.00

五、应用目标成本法应注意的问题

虽然目标成本法具有某些明显的长处,但在日本的一些目标成本法研究者指出,在实施这套系统时也存在潜在的问题,特别是在为集中力量达到目标成本而转移了对企业整体目标的其他要素的关注。

(一)涉及目标成本过程的各个部分之间的冲突

通常为了保证时间进度和降低成本,企业给转包商和供应商施加过大的压力,这样将导致转包商的疏远和合作关系的最终破裂。当企业管理组织的其他成员没有成本意识时,设计工程师会变得烦躁不安,他们认为自己为了从产品成本中节省每一分钱付出了太多的努力,而企业管理组织的其他部门(行政、营销、分销)则在浪费资金。

(二)使员工过于疲惫

在日本,许多应用目标成本法的企业员工,在目标成本的压力下,都有绞尽脑汁的经历,尤其是设计工程师。

（三）过长的开发时间

虽然目标成本可以达到,但为降低成本的价值工程反复循环可能使开发时间增加,最终导致产品上市时间晚了。对某些类型的产品,晚上市六个月可能比少许的产品成本超限代价大得多。

任务三　掌握目标成本法的应用

【案例一】

目标成本法在汽车制造企业成本管理中的应用

[案例介绍]　针对因成本过高导致新产品定价高于市场价格、公司市场竞争力下降等问题,企业在产品开发成本管理中应用目标成本法,对产品开发设计过程中的业务和财务流程进行了再造,促进了业务和财务的协同管理,实现了产品成本的事前设定目标,事中分析执行,事后评价结果的全过程控制。

一、背景描述

（一）单位基本情况

甲有限公司(以下简称甲公司)在国家新的汽车产业政策的引导和支持下,于2024年10月通过强强联合,实现国内汽车制造企业的扩大发展。该公司注册资金为20亿元人民币,主营汽车、发动机底盘及汽车零部件生产和销售并提供相关售后服务,兼营实业性投资及自营、代理各类商品和技术的进出口业务。

（二）存在的主要问题

甲公司原先按照顾客需求、质量和性能等要求完成产品研发和设计,再计算设计出来产品成本,并以该成本对应的价格水平卖出产品。在新产品上市前,甲公司主要采用两种定价模式:一是为了保证产品盈利水平,以成本为导向制定销售价格,过高的成本导致新产品定价高于市场价格,无法获得市场认可;二是为了保证市场占有率,新产品定价低于市场价格,产品盈利能力差或无盈利能力。无论采用哪种方式,都将导致甲公司市场竞争力下降。

（三）选择目标成本法的主要原因

近年来,随着国内汽车行业竞争越来越激烈,产品性价比成为获得市场认可的最重要的指标。汽车制造企业必须控制产品成本,这是企业获得核心竞争力的关键之一。产品的全生命周期包含了成长期、成熟期和衰退期三个阶段。企业在三个阶段的成本控制重点是有区别的,分别是研发和设计成本、制造成本、销售服务成本和人力成本。产品的研发和设计是制造、销售的源头,产品一旦完成研发,其材料成本、人工成本便已基本确定。统计数据表明产品成本的 75% 以上是在产品的研发和设计阶段确定的,故而要控制产品的成本,关键是研发和设计阶段的成本控制。而目标成本法,是企业以市场为导向,以目标售价和目标利润为基础确定产品的目标成本,从产品研发和设计阶段开始,通过各部门、各环节乃至与供应商的通力合作,共同实现目标成本的成本管理方法。这种方法使得成本成为产品开发过程中的积极因素,而不是事后消极的结果,对于甲公司成本管理具有重要的意义。

二、总体设计

(一) 应用目标成本法的管理目标

应用目标成本法以不断变化的市场信息为导向和满足消费者需求为前提,同时保证目标利润的实现。甲公司实施的目标成本法,主要应用在了产品研发和设计阶段成本控制,旨在通过目标成本的设定和实现,尽最大可能在设计阶段就降低产品成本,提升产品的性价比,强化产品的市场竞争力。

(二) 应用目标成本法的总体思路

(1) 确定一个有市场竞争力的总目标成本。在应用目标成本法的过程中,公司主要设定两个层级的总目标成本。一是战略层级的目标成本,"市场容许成本＝目标售价－目标利润",即从战略层次保证产品的可盈利性和成本可控性;二是产品层级的目标成本,"可实现的目标成本降低＝市场容许成本－当前产品预计成本",即明确产品设计的成本降低目标。

(2) 确定零部件级的目标成本。产品层级的目标成本确定后,需将目标进行分解至装置、模块、总成、零件,直至将目标分解落实到了最末端的责任主体。

(3) 目标成本的执行和落实。工程师和设计师协同营销、采购、财务等结合市场需求和目标成本筛选、评审、确定设计方案。

(4) 目标差异分析和制定措施。设计方案初步确定后,对设计方案进行成本估算,分析成本结果是否在目标成本范围内。如果超出目标成本,需要制定成本降低的措施并实施。

(三) 应用目标成本法的内容

目标成本法的核心工作是制定目标成本,并通过各种方法不断地改进与设计产品,最终使得设计出来的产品成本小于或等于其目标成本。这一工作需要由营销、开发与设计、采购、制造、财务与会计甚至供应商在内的工作团队来完成。

三、应用过程

(一) 甲公司组织架构与目标成本管理组织机构的设立

(1) 甲公司组织架构。甲公司经过多年的治理结构建设,已初步建立起由股东会、董事会、监事会和企业经营层组成的多层次的公司治理结构。董事会下设产品及投资规划委员会、财务及审计委员会和薪酬委员会,主要负责协助董事会审定经营层提出的投资计划、财务策略和薪酬策略等。

(2)目标成本管理组织机构的设立。新产品开发与设计的目标成本管理必须与项目管理协同,甲公司确定新产品项目后,以甲公司名义下发正式文件,成立项目组织机构,明确项目组织机构人员和工作职责。

(二)目标成本管理参与部门和人员配置

目标成本管理至少需要管销、开发与设计、采购、财务、制造部门的人员,并且要明确各成员的工作职责和工作内容。甲公司通过多年的新产品开发实践,结合公司实际情况已建立起由公司领导、各职能部门、各项目小组横向、纵向结合的多层次项目管理组织结构。目标成本的制定、下发、组织执行和落实主要由组织机构中的成本专责组负责,而成本专责组又由财务部门主导。

(三)应用目标成本管理的部署要求

(1)建立组织机构保证实施。无论是哪个层次的目标成本的确定和下发,都是一个"从上而下"又"从下至上"的管理过程,因此,必须要有一个"上下结合"的组织架构保证实施。

(2)建立流程制度保证实施。建立及完善目标成本管理的相关制度文件,覆盖目标成本的制定、分解、下达、调整、执行、分析、考核评价等过程,指导目标成本管理工作。

(3)与绩效管理相结合。建立一个完善的奖惩制度,将目标成本管理水平纳入企业负责人、项目组、部门、员工的绩效考核中,带动员工的积极性,提高目标成本管理效益。

(四)目标成本法的具体应用

下面以甲公司的一个新车型开发为例,具体说明目标成本法的应用过程。

(1)通过市场调研和技术分析,经甲公司董事会批准,开始研发新产品,该新车型于2023年开始研发,计划于2025年底上市。根据市场调查报告和营销部门的市场对比分析,基本确定该车型的配置和对应的消费者可接受的目标售价,目标售价为12万元/辆。由公司的中长期发展规划确定,长期平均边际利润率为18%,按照现有条件最终确定新车型目标边际利润率为20%。按照"市场容许成本=目标售价-目标利润"计算,设定新产品目标成本为9.6万元[12×(1-20%)]。

(2)为实现上述目标成本,由财务部牵头,采购中心、开发中心、营销部和制造部共同组建新产品目标成本控制小组。开发中心和制造部根据营销公司输入的新车型配置要求,搭建产品研发零部件清单,并且根据技术模块进行模块化分类。

(3)财务部根据产品研发零部件清单和初始技术状态,通过与目前在产车型零部件的技术状态进行对比,初步将目标总成本分解到每个零部件,然后召集采购人员和开发人员,根据初始技术状态,分析每个零部件预计的成本,汇总之后比对与目标成本之间的差距如表5-6所示。

表 5-6　零部件目标成本分解和成本估算　　　　　　　　　　金额单位:元

序号	模块	新车型					在产车型				分析	
		零件名称	层级	目标单位成本	定额	目标成本	零件名称	材质	零件重量(千克)	单价	技术状态差异点描述	成本差异估算	是否满足目标
				豪华型									
1	车身内饰	地毯系统	—										
2	车身内饰	地毯	01	350	1	350	地毯总成	针刺无纺布＋PE复膜＋半固化毛毡	5	372	材料一样,尺寸:2224＊1372		
3	车身内饰	右后搁脚垫	01	45.21	1	45.21	右搁脚垫块总成	PS/EP＋PET无纺布	0.387	45.21		620	N
4	车身内饰	左后搁脚垫	01	45.21	1	45.21	左搁脚垫块总成	PS/EP＋PET无纺布	0.361	45.21			
5	车身内饰	右前搁脚垫	01	60	1	60				0			
6	车身内饰	左前搁脚垫	01	60	1	60				0			
13	车身内饰	空气室加强横梁装置	—	0	—					0			
15	车身内饰	空气室加强横梁总成	01	150	1	150				0	特殊材料,新增,尺寸:30＊20,重量1.6千克		
16	车身内饰	空气室加强横梁	02	0	1	0				0		145	Y
17	车身内饰	空气室加强横梁安装板	02	0	2	0				0			

（4）发现与目标成本之间的差距后,财务部首先要求开发人员、采购人员对存在差距的零部件进行技术状态的详细对标和分解,其次寻找低成本的方法(如材料替代、工艺优化、减重、功能集成、寻找新的供应商等方法),最后确定并下发目标成本。产品层次的目标成本一般分为三个层级:模块目标、装置目标、零部件目标。新产品项目负责人、项目总监、各模块经理都与公司签署成本责任状。

（5）财务部在整个研发过程中都要全程监控目标成本的执行情况。确定零部件成本目标主要是为了对外购的零部件设置一个合理的购买价,把公司的成本压力转移到供应商身上。每个外购零部件采购价格的确定都必须达成成本目标,并经由财务部签字后才能生效。对于现阶段不能达成目标成本的零部件,需组织开发人员和采购人员再次进行技术对标,持续寻找降本空间。

（6）建立目标成本修正调整机制。在整个目标成本的执行过程中,目标成本并不是一成不变的,在市场需求、技术方案、采购市场信息、质量要求等有变化的情况下,会适时调整。如发生上述变化,再次分析评估后,原确定的目标成本无法达成,目标成本责任部门或责任人向项目经理或项目总监提出调整申请,并给出分析讨论后的调整建议,项目经理或项目总监有权批准权限范围内的调整申请,由成本专责组依据签批后的调整意见下发新的目标成本。

(7)对目标成本完成情况进行定性和定量的评价。根据公司的考核评价标准,进行相应的绩效考核,奖励先进、惩戒落后,充分调动员工工作的积极性,鼓励员工尽量将所有的精力都运用到工作中去,积极提出有利建议,鼓励创新。

(五)实施过程中遇到的主要问题和解决办法

目标成本是以市场导向和消费者需求为前提的,在市场信息发生剧烈变化时会对产品销售价格、产品配置产生一定的影响,从而造成实际成本与目标成本的较大差异,有些变化甚至会影响新产品的开发时间,造成企业的巨大损失。为应对上述问题,甲公司采用的方法是,在制定目标成本时,在总目标成本中预留一定金额的备用金(一般为总目标成本的5%),作为机动资源来应对突发的变化。备用金由财务部总体控制,不分解到单个零部件。

四、取得成效

在应用目标成本法之前,甲公司基本采用传统的成本管理方法,先将产品设计出来,基于甲公司实际所有的生产和管理能力的基础上进行成本管理,主要在制造和管理过程中降低成本。应用目标成本法后,甲公司以市场为导向,以市场可获得的信息及公司的长期发展计划为制定成本目标的基础,实现了产品研发及设计阶段对成本的控制,拓展了产品成本控制范围,提升了市场竞争力。同时,结合目标成本分层次管理和项目组织机构设置,将对单一部门的成本绩效评价改变为跨部门模块组与部门职能专责组相结合的成本绩效评价,成本绩效指标的责任主体从部门负责人改变为和目标成本层次对应的责任主体,包含项目负责人、项目总监、各模块经理、模块组专员和部门负责人,有效促进成本绩效管理。

案例材料来源:财政部会计司编写组:《管理会计案例示范集》,经济科学出版社,2019年。

思考题:

(1)结合案例材料阐述目标成本法与传统成本管理方法的区别。

(2)你认为在目标成本法实施过程中会出现哪些问题?

【案例二】

下面以咖啡壶生产企业为例,重点介绍目标成本法在产品成本管理中的应用。

一、进行市场调研

公司在进行市场调研了解顾客需求时发现,顾客看重咖啡壶的8个特征:

(1)研磨和过滤后的咖啡口感和气味像意大利浓缩咖啡。

(2)各个部件容易拆卸和清洗。

(3)外观漂亮。

（4）容量至少6杯。

（5）设有定时器,可在指定时间自动开始工作。

（6）研磨器能研磨各种咖啡豆。

（7）咖啡煮好后咖啡壶能保温。

（8）咖啡壶能在设定时间自动关闭。

顾客的这些要求是咖啡壶设计制造的基础,设计师必须保证设计的产品包含顾客看重的这些特点。

二、进行成本分析

管理层决定降低咖啡壶的制造成本。为了降低成本,产品设计师将成本分析和价值工程引入咖啡壶每一个部件的制造和设计之中。成本分析包括按成本降低目标确定咖啡壶的各部件,以及将成本降低目标分配到各部件并且注重各部件之间的相互作用。一个部件成本的降低通常会被其他部件成本的增加所抵消,如减少外壳的尺寸以降低咖啡壶外壳成本也许会增加控制面板、电子线路和加热器成本。假设公司生产的咖啡壶目前的制造成本为300元,成本分析包括以下内容。

1. 编制产品部件和功能清单

降低成本工作的第一步是列出产品的各个部件,明确各部件的功能。

2. 编制功能成本细目分类

咖啡壶的每一个零部件都执行一个具体的功能,要识别每一个零部件的功能和估计成本,就要编制功能成本细目分类。为简便起见,通过合并处理,将咖啡壶分成酿造器、饮料瓶、恒温控制加热器、储水器、加热器和电子显示面板6个部件,如表5-7所示。

表5-7　咖啡壶功能成本细目分类

部件	功能	成本	
		金额(元)	百分比
酿造器	研磨和过滤咖啡	54	18%
饮料瓶	保温	12	4%
恒温控制加热器	保温	18	6%
储水器	加水、储水	54	18%
加热器	加热	24	8%
电子显示面板	控制研磨、时间	138	46%
合计		300	100%

3. 确定顾客需求的相对等级

前面已经了解了顾客看重的咖啡壶的8个特征。为保证设计师看待产品功能的观点和顾客的观点一致,公司通过市场调查了解顾客看待咖啡壶各个特征的相对重要性。重要性顺序是根据利克特5分刻度计算出来的,其中,5分表明特征最重要,1分表明特征最不重要。如表5-8所示,咖啡的口感和气味是最重要的特征,而复合研磨设备是最不重要的。

表 5-8　顾客给咖啡壶特征的排序

顾客需求	顾客给咖啡壶特征的排序					相对顺序
	1	2	3	4	5	
	不重要				很重要	百分比
口感和气味像意大利浓缩咖啡					5	20％
容易拆卸和清洗				4		16％
外观漂亮		2				8％
容量至少6杯			3			12％
在指定时间自动开始工作				4		16％
可加工任何咖啡豆	1					4％
咖啡保温			3			12％
自动关闭			3			12％
合计						100％

从表中可以看出,总计功能评分为 25 分(5＋4＋2＋3＋4＋1＋3＋3),每一功能评分换算成累计得分 25 分的百分比。如咖啡口感和气味得分 5 分,这意味着咖啡壶提供顾客价值的 100％中,其中 20％(5÷25×100％)来自咖啡口感和气味。这样就可以把特征重要性的最初评分转化为特征相对排序。

4. 将特征与功能联系起来

部件执行产品功能,同时也是关键设计参数。通过编制质量功能分配矩阵,如表 5-9 所示,将顾客排序与最大限度满足顾客特定要求的部件结合起来,强调竞争性供给、顾客需求和设计参数之间的关系。

表 5-9　咖啡壶的功能分配矩阵

项目	酿造器	饮料瓶	咖啡保温器	储水器	加热器	控制面板	竞争者与我们的产品比较					顾客特征排序
							1	2	3	4	5	
口感和气味像意大利浓缩咖啡	▲				▲			■	□			5
容易拆卸和清洗	●	●	▲					□	■			4
外观漂亮				▲		▲			□		■	2
容量至少6杯		▲		▲				■	□			3
在指定时间自动开始工作						▲					■	4
可加工任何咖啡豆	○					▲		■	□			1
保温		●	▲					■		□		3
自动关闭						▲				□	■	3

设计参数和顾客要求相关系数:▲=强相关　●=中相关　○=弱相关。
与竞争对手相比的等级:■=竞争对手的等级　□=我们的等级。

该矩阵表明"口感和气味像意大利浓缩咖啡"的要求与咖啡酿造器和加热器设计有强相关性。同样,咖啡壶能够盛装的咖啡杯数与储水器和饮料瓶容量相关。该矩阵表明,对顾客而言最重要的特征是口感,我们的口感等级是3,而竞争对手的等级是2,公司咖啡壶的口感等级高于竞争对手,但是还远远没有达到顾客希望的口感等级;我们的外观漂亮等级为5,但这个特征的顾客等级是2,说明不值得花费太多的资源用于改进咖啡壶的外观。

5. 编制相对值表示的顾客等级

根据表5-9可知顾客看重的"口感和气味像意大利浓缩咖啡"特征是由酿造器和加热器设计的一项功能,设计师觉得酿造器和加热器对"口感和气味"特征的贡献一样大,所以他们给每一个结构分配50%的贡献率,"口感和气味像意大利浓缩咖啡"特征的相对价值等级是20%。由于以上两个结构贡献度相同,我们给这两个结构分别分配10%的价值等级。编制顾客要求的每个部件贡献百分比,如表5-10所示。

表5-10　顾客要求的每个部件贡献百分比

项目	酿造器	饮料瓶	咖啡保温器	储水器	加热器	控制面板	相对特征等级
口感和气味像意大利浓缩咖啡	50%×20% =10.00%				50%×20% =10.00%		20.00%
容易拆卸和清洗	30%×16% =4.80%	10%×16% =1.60%		60%×16% =9.60%			16.00%
外观漂亮				60%×8% =4.80%		40%×8% =3.20%	8.00%
容量至少6杯		50%×12% =6.00%		50%×12% =6.00%			12.00%
在指定时间自动开始工作						100%×16% =16.00%	16.00%
可加工任何咖啡豆	5%×4% =0.20%					95%×4% =3.80%	4.00%
保温		20%×12% =2.40%	80%×12% =9.60%				12.00%
自动关闭						100%×12% =12.00%	12.00%
转换部件等级	15.00%	10.00%	9.60%	20.40%	10.00%	35.00%	100.00%

表5-10的最后一行将各部件的价值贡献度用于各个特征,目的是得出部件的近似顾客价值:酿造器的近似顾客价值是15%,饮料瓶的近似顾客价值是10%等。注意,最后一行和最后一列的合计数分别是100%,它们代表了不同的顾客价值观:最后一列代表特征价值,而最后一行代表提供特征价值的各个部件的价值。

6. 按照价值工程进行目标成本管理

成本的五个分析步骤均完成之后,设计师开始价值工程活动。在实施价值工程时,设计师集中分析产品各个部件的功能,试图在不降低产品必要的性能、可靠性、可维护性、质量、安全、再生性和有用性的前提下,以最低的成本实现这些功能。例如,加热器的目的或功能是将水加热到一个特定的温度,价值工程要求实现以最低的成本在3分钟内将水温升高到110℃这样的功能。价值工程既要分析产品,又要分析制造流程设计,同时通过产生简化产品和流程设计的创意降低成本。价值工程是目标成本的核心,它包括以下两个活动。

(1)选择需要计算价值指数并识别成本降低的部件。表5-10最后一行反映的是各部件的相对的重要性,表5-7最后一列反映的各部件的相对成本信息。根据这两方面的信息计算各部件的价值系数,如表5-11所示。

表5-11　各部件的价值指数

部件	部件成本占总成本百分比 (1)	相对重要性 (2)	价值指数 (3)=(2)÷(1)	隐含行动
酿造器	18.00%	15.00%	0.83	降低成本
饮料瓶	4.00%	10.00%	2.50	提高产量
恒温控制加热器	6.00%	9.60%	1.60	提高产量
储水器	18.00%	20.40%	1.13	维持现状
加热器	8.00%	10.00%	1.25	提高产量
电子显示面板	46.00%	35.00%	0.76	降低成本
合计	100.00%	100.00%		

从表5-11中可以看出,价值系数小于1的有酿造器、电子显示面板;价值系数大于1的有饮料瓶、恒温控制加热器、储水器和加热器。价值系数小于1的部件是价值工程的备选项目,高价值部件是有待提高的备选项目,因为我们在这些部件上为顾客看重的产品特征花费太少。

(2)提出降低成本创意。工程师们借助创造性思维和集思广益设法确定什么可以降低、什么可以消除、什么可以合并、什么可以替代、什么需要重新安排、什么可以提高,从而以更低的成本提供相同水平的部件功能。表5-12中列举了一些降低成本的创意,公司可以考虑用这些创意降低电子显示面板的成本,或者根据价值指数确定成本降低的主要目标。减少部件数量、简化装配和不做超出顾客需要的产品工程设计有可能会降低成本。

测试和实施创意是价值工程范畴的最后一项活动。评价有前景的创意,以确保它们在技术上可行并能为顾客所接受。

表5-12　降低成本的电子显示面板设计创意

项目	设计创意
面板部件	降低成本方面的创意
电源	降低电耗——在目前的设计下该电耗远远超过了所需
弹性回路	取消弹性回路,改用线路板
印刷电路板	对电路板的参数进行标准化,采用大批量生产的零件
计时器	与印刷电路板整合在一起
中央处理芯片	用标准的8088芯片取代定制设计
加热器连接装置	重新为电路板布设电路板,与加热器进行连接

 **思政园地**

项目五:从"成本管理者"
到"价值设计者"

【职业资格与技能训练五】

一、单项选择题

1. 适用于所有工业企业的目标分解方式是(　　)。

A. 按产品的结构分解　　　　　　　　　B. 按产品的制造过程分解

C. 按产品的价值构成分解　　　　　　　D. 按产品成本的经济用途分解

2. 价值工程是以(　　)来实现产品或作业的必要功能。

A. 最低费用　　　　　　　　　　　　　B. 最低寿命周期成本

C. 最低周期费用　　　　　　　　　　　D. 控制成本费用

3. 价值工程应注重于(　　)。

A. 研制阶段　　　　B. 试制阶段　　　　C. 生产阶段　　　　D. 试用阶段

4. 价值工程是着重于(　　)的有组织的活动。

A. 价格分析　　　　　　　　　　　　　B. 成本分析

C. 功能分析　　　　　　　　　　　　　D. 产品价值分析

5. 价值工程中的价值是指研究对象的功能与成本的(　　)。

A. 绝对值　　　　　B. 相对值　　　　　C. 绝对比值　　　　D. 相对比值

6. 在价值工程中,确定产品价值高的标准是(　　)。

A. 成本低,功能大　　　　　　　　　　B. 成本低,功能小

C. 成本高,功能大　　　　　　　　　　D. 成本高,功能小

二、多项选择题

1. 目标成本的分解,一般方式为(　　)。

A. 按管理层次分解　　　　　　　　　　B. 按产品的制造过程分解

C. 按产品成本的经济用途分解　　　　　D. 按产品的结构分解

2. 下列描述中,不属于价值工程的基本要素的有(　　)。

A. 功能和价值　　　　　　　　　　　　B. 功能和成本

C. 价值、功能和寿命周期成本　　　　　D. 价值和寿命周期成本

3. 某零件甲,功能平均得分为 3.80 分,成本 30 元,该产品各零件功能总分为 10 分,产

品成本 150 元,下列不属于甲零件的价值系数的有( )。

A. 0.30   B. 1.90   C. 0.38   D. 0.79

4. 下列关于价值系数描述错误的有( )。

A. 产品成本/产品功能   B. 功能评价系数/成本系数

C. 产品功能/产品成本   D. 成本系数/功能评价系数

5. 在分析零部件的成本功能的合理匹配程度时,若零部件的价值系数小于1,表明该零部件有可能( )。

A. 成本支出偏高   B. 成本支出偏低

C. 功能过剩   D. 功能不足

6. 根据价值工程的原理,提高产品价值的途径有( )。

A. 在保持产品必要功能的前提下,降低产品成本

B. 成本增加不多,而产品功能有较大提高

C. 在不增加成本的情况下,提高产品功能

D. 提高产品功能,同时降低产品成本

三、判断题

1. 价值表明每一元产品成本能够获得多大的产品功能,它与产品功能成反比,与产品成本成正比。   ( )

2. 如果价值系数小于1,表明功能重要性较小的零部件占用了过多的实际成本。 ( )

3. 价值工程侧重于设计阶段开展工作,以提高产品价值为中心。   ( )

4. 某零部件价值系数大于1,表明该零部件的功能不重要,但成本支出偏高。 ( )

5. 通过对价值分析,可以发现各零部件在功能与成本协调方面存在的问题,原则上应选择价值系数大于1或小于1的零部件作为改善对象。   ( )

6. 某零部件功能评价系数是该零部件功能评价得分占全部零件功能评价总得分的比值。
                                                                    ( )

四、技能训练

(一)功能评价系数及成本计算

某产品由6个零部件组成,其功能评价系数及成本相关资料如表5-12所示。假设该产品目标成本为1 800元,计算并完成以下选择题。

表5-12 功能评价系数及成本

零部件名称	A	B	C	D	E	F	合计
功能评价系数	0.30	0.20	0.20	0.15	0.08	0.07	1.00
目前实际成本(元)	800.00	300.00	400.00	200.00	180.00	120.00	2 000.00

1. 各零部件成本系数分别为( )。

A. A=0.40   B=0.15   C=0.20   D=0.10   E=0.09   F=0.06

B. A=0.75   B=1.33   C=1.00   D=1.50   E=0.89   F=1.17

C. A=1.33   B=0.75   C=1.50   D=1.00   E=1.17   F=0.89

D. A=0.15   B=0.40   C=0.10   D=0.20   E=0.06   F=0.09

2. 各零部件价值系数分别为(　　)。

A. A＝0.40　　B＝0.15　　C＝0.20　　D＝0.10　　E＝0.09　　F＝0.06

B. A＝1.33　　B＝0.75　　C＝1.50　　D＝1.00　　E＝1.17　　F＝0.89

C. A＝0.75　　B＝1.33　　C＝1.00　　D＝1.50　　E＝0.89　　F＝1.17

D. A＝0.15　　B＝0.40　　C＝0.10　　D＝0.20　　E＝0.06　　F＝0.09

3. 各零部件按功能评价系数分配的实际成本分别为(　　)元。

A. A＝600　　B＝400　　C＝400　　D＝160　　E＝140　　F＝300

B. A＝360　　B＝540　　C＝270　　D＝360　　E＝126　　F＝144

C. A＝540　　B＝360　　C＝360　　D＝270　　E＝144　　F＝126

D. A＝600　　B＝400　　C＝400　　D＝300　　E＝160　　F＝140

4. 各零部件按功能评价系数分配的目标成本分别为(　　)元。

A. A＝600　　B＝400　　C＝400　　D＝160　　E＝140　　F＝300

B. A＝360　　B＝540　　C＝270　　D＝360　　E＝126　　F＝144

C. A＝540　　B＝360　　C＝360　　D＝270　　E＝144　　F＝126

D. A＝600　　B＝400　　C＝400　　D＝300　　E＝160　　F＝140

5. 各零部件成本降低额分别为(　　)元。

A. A＝200　　B＝－100　　C＝0　　D＝－100　　E＝20　　F＝－20

B. A＝260　　B＝－60　　C＝40　　D＝－70　　E＝36　　F＝－6

C. A＝－260　　B＝60　　C＝－40　　D＝70　　E＝－36　　F＝6

D. A＝60　　B＝40　　C＝40　　D＝30　　E＝16　　F＝14

（二）目标成本法在中国的应用

20世纪90年代,邯钢应用目标成本法,成功地建立起"模拟市场核算,实行成本否决"的成本管理模式,引来全国的学习热潮,堪称目标成本法在我国企业应用的最经典案例。

邯钢的成本管理创新,概括起来就是八个字,即"市场—倒推—全员—否决"。

首先,邯钢改革了价格体系,即通过模拟市场,使二级分厂和总厂一样感受到市场的压力,即所谓的"推墙入海"。从管理会计的角度来看,其实就是制定更合适的内部转移价格。

其次,邯钢根据市场价格倒推目标成本。邯钢改变了过去以计划价格为基础的"正算法",使用以市场价格为依据的"倒推法"来确定目标成本,使目标成本各项指标能真实反映市场的需求变化。

再次,邯钢将总厂下达的目标成本指标,在全厂范围进行"纵向到底,横向到边"的细化分解。这样就形成了全员参与、全方位、全过程的目标成本管理体系。

最后,成本否决制度是邯钢目标成本体系的最终落脚点。邯钢实行严格的成本考核和成本否决,制定了"四不"规定,即"不迁就、不照顾、不讲客观、不搞下不为例",将个人的奖金与目标成本直接挂钩,实行成本目标一票否决权,即使其他指标完成得再好,只要目标成本指标完不成就扣发当月奖金,连续3个月完不成成本指标就延缓单位工资升级。

要求:(1)邯钢公司的成本控制动因是什么?

(2)简单评价一下邯钢公司成本控制的内容以及做法。

项 目 六

标准成本管理

知识目标

理解标准成本的含义
识记标准成本的分类
了解标准成本制度的内容
熟悉标准成本的制定方法
理解各种成本差异产生的原因

能力目标

会计算和分析各种成本差异

素质目标

养成用数据说话的职业习惯
培养与人合作的能力

思政目标

通过标准成本制度的介绍,引导学生从经验管理走向科学管理,树立科学化、标准化管理思想

【导学】

标准成本是早期管理会计的主要支柱之一。在南北战争之后，美国许多工厂发展成了大型企业，但是由于管理落后，劳动生产率较低。为了提高生产效率，被西方管理界誉为"科学管理之父"的泰勒，不断在工厂进行实地试验，系统地研究、分析工人的操作方法和动作所花费的时间，逐渐形成其管理体系——科学管理，用科学化、标准化的管理方法代替往日的经验管理。如研究工人工作时操作的合理性，即去掉多余、改进必要的操作，并规定出完成每一个单位操作的标准时间，制定出劳动时间定额，对完成和超额完成工作定额的工人以较高的工资率支付工资；对完不成定额的工人，则按较低的工资率支付工资。此后，泰勒又把标准人工成本概念引申到标准材料成本和标准制造费用等方面，制定了科学的工艺规程，使工具、机器、材料等作业环境标准化，并用文件形式固定下来。

任务一 理解标准成本制度的概念和意义

一、标准成本的含义

标准成本（standard cost）是指通过精确的调查、分析与技术测定而制定的，在正常的生产技术水平和有效的经营管理条件下，企业经过努力应达到的，用来评价实际成本、衡量工作效率的一种预计成本。标准成本考虑了生产过程中不可避免的损失、故障、偏差等，具有客观性、现实性特点。

二、标准成本的分类

（一）按制定依据分类

标准成本按其制定所依据的生产技术和经营管理水平不同，分为理想标准成本和正常标准成本。

理想标准成本是指在最优的生产条件下，利用现有规模和设备能达到的最低成本，是理论上的业绩标准、生产要素的理想价格和可能实现的最高生产能力的利用水平。理想的业绩标准是指生产过程中毫无技术浪费时的生产要素消耗量，最熟练的工人全力以赴工作、不存在废品损失和停工时间等条件下可能实现的最优业绩。最高生产能力的利用水平是指理论上可能达到的设备利用程度，只扣除不可避免的机器修理、改换品种、调整设备的时间，而不考虑产品销路不畅、生产技术故障造成的损失。这种标准是"工厂的极乐世界"，很难成为现实，即使出现也不可能持久。它的主要用途是提供一个完美无缺的目标，揭示成本下降的潜力，不能作为考核的依据。

正常标准成本是指在效率良好的条件下，根据下期一般应该发生的生产要素消耗量、预计价格和预计生产经营能力利用程度制定出的标准成本，并把难以避免的损耗和低效率等情况也计算在内,使之切实可行。从数量上看,它大于理想标准成本,但又小于历史平均水平,实施以后实际成本可能是逆差,是要经过努力才能达到的一种标准,因而可以调动职工的积极性。正常标准成本具有客观性、科学性、现实性、激励性和稳定性的特点,因此,标准成本法一般采用正常标准成本。

(二) 按适用期分类

标准成本按其适用期不同,可分为基本标准成本和现行标准成本。

基本标准成本是指用来测定长期经营活动效率的标准成本,只要基本结构不发生变化,就不修订。生产的基本结构变化是指产品的物理结构变化、重要材料和劳动力价格的重要变化、生产技术和工艺的根本变化。因工作方法改变而引起的效率变化,不属于生产的基本结构条件的变化。由于基本标准成本不按各期实际修订,不宜用来直接评价工作效率和成本控制的有效性。

现行标准成本是指根据其适用期间应该发生的价格、效率和生产经营能力利用程度等预计的标准成本。

三、标准成本制度

标准成本制度(standard cost system)是指企业以预先制定的标准成本为基础,将标准成本与实际成本相比较,提示成本差异,分析差异产生的原因,明确经济责任,消除差异并据以加强成本控制的一种成本计算和成本控制系统。

标准成本制度一般包括制定标准成本、计算和分析差异及处理成本差异三个方面。其中标准成本的制定是采用标准成本法的前提和关键,据此可以达到成本事前控制的目的;成本差异计算和分析是标准成本法的重点,借此可以促成成本控制目标的实现,并据以进行经济业绩考评。在标准成本法下,期末成本差异的处理方法有两种,一种是结转本期损益法。在会计期末将所有差异转入"本年利润"账户,或者先将差异转入"主营业务成本"账户,再随同已销产品的标准成本一起转至"本年利润"账户。采用这种方法的依据是确信标准成本是真正的正常成本,成本差异是不正常的低效率和浪费造成的,应当直接体现在本期损益之中,使利润能体现本期工作成绩的好坏。此外,这种方法的账务处理比较简便。但是,如果差异数额较大或者标准成本制定得不符合实际的正常水平,则不仅使存货成本严重脱离实际成本,而且会歪曲本期经营成果,因此,在成本差异数额不大时采用此种方法为宜。另一种是调整销货成本与存货法。在会计期末将成本差异按比例分配至已销产品成本和存货成本。采用这种方法的依据是税法和会计制度均要求以实际成本反映存货成本和销货成本。本期发生的成本差异,应由存货和销货成本共同负担。当然,这种做法会增加一些计算分配的工作量。此外,有些费用计入存货成本不一定合理,例如,闲置能量差异是一种损失,并不能在未来换取收益,作为资产计入存货成本明显不合理,不如作为期间费用在当期计入损益汇总。由此可见,标准成本制度不仅是成本计算,更是成本控制的方法。

标准成本法可以简化存货核算的工作量,对于存货品种变动不大的企业尤为适用。

标准成本法的关键在于标准成本的制定,标准成本制定的合理性、可行性,要求有高水平的技术人员和健全的管理制度。因此,标准成本法适用于产品品种少、产品及其生产条件相对稳定,或生产流程与工艺流程标准化程度较高的企业。而对于单件、批量小和试制性生产的企业比较少用。

任务二　掌握标准成本的制定

标准成本包括用量标准和价格标准,两者的乘积就是标准成本,即:

$$单位产品标准成本＝单位产品标准消耗量×标准单价$$

用量标准的潜在来源主要有历史经验、工艺研究及生产操作人员的意见。制定价格标准是生产、采购、人事和会计部门的共同责任。生产部门确定对投入原材料的质量要求;采购部门有责任以最低的价格购买符合质量要求的原材料;人事部门必须考虑采购人员的薪酬和胜任资格;会计部门负责记录价格标准并编制报告,以便将实际业绩与标准进行比较。产品成本由直接材料、直接人工和制造费用三个项目构成。所以标准成本的制定也包括直接材料标准成本的制定、直接人工标准成本的制定和制造费用标准成本的制定。

一、直接材料标准成本的制定

掌握标准
成本的制定

直接材料标准成本是指直接用于产品生产的材料成本,包括材料的用量标准和价格标准两个方面。

材料用量标准也叫材料消耗定额,是生产单位产品所耗用的原材料及主要材料的数量,包括构成产品实体的材料和有助于产品形成的材料,以及生产过程中必要的损耗和难以避免的损失所耗用的材料等。对于材料标准用量的确定,首先要根据产品的图纸等技术文件进行产品研究,列出所需的各种材料以及可能的代用材料,并说明这些材料的种类、质量以及库存情况。其次,通过对过去用料经验的记录进行分析,采用其平均值,或最高与最低值的平均数,或最节省的数量,或通过实际测定,或技术分析等数据,科学地制订用量标准。

材料价格标准通常采用企业编制的计划价格,是以订货合同的价格为基础,在考虑未来物价、供求等各种变动情况后按材料种类分别计算,一般由采购部门、财务部门共同制定。

由于一种产品的生产涉及多个材料,在制定材料标准成本时,其基本程序首先是按材料的种类,逐一确定其在单位产品中的用量标准和价格标准;其次,按材料种类计算各种直接材料的标准成本;最后,汇总得到单位产品的直接材料标准成本。其计算公式为:

$$直接材料标准成本＝\sum（单位产品材料用量标准×材料价格标准）$$

【例6-1】　假定某企业甲产品耗用A、B、C三种材料,其直接材料标准成本的计算如表6-1所示。

表 6-1 甲产品直接材料标准成本

项 目	标 准		
	A 材料	B 材料	C 材料
用量标准	3 千克/件	6 千克/件	9 千克/件
价格标准	45 元/千克	15 元/千克	30 元/千克
标准成本	135 元/件	90 元/件	270 元/件
单位产品直接材料标准成本	495 元		

二、直接人工标准成本的制定

直接人工标准成本是由直接人工用量标准和直接人工价格标准决定的。直接人工用量标准也称工时用量标准,或称工时消耗定额,是指在企业现有的生产技术条件下,生产单位产品所耗用的必要工作时间,包括对产品直接加工工时、必要的间歇或停工工时,以及不可避免的废次品所耗用的工时等。一般由生产技术部门、劳动人事部门等运用特定的技术测定方法和分析统计资料后确定。

直接人工价格标准即工资率标准,也叫标准工资率,通常由劳动人事部门根据用工情况制定。当采用计时工资时,标准工资率就是小时工资率,由标准工资总额与标准总工时的商来计算,其计算公式为:

$$标准工资率 = \frac{标准工资总额}{标准总工时}$$

因此,直接人工标准成本的计算公式为:

$$直接人工标准成本 = 工时用量标准 \times 标准工资率$$

【例 6-2】 沿用[例 6-1]的资料,甲产品直接人工标准成本计算如表 6-2 所示。

表 6-2 甲产品直接人工标准成本

项 目	标 准
月标准总工时	15 600.00 小时
月标准总工资	168 480.00 元
标准工资率	10.80 元/小时
单位产品工时用量标准	1.50 小时/件
单位产品直接人工标准成本	16.20 元/件

三、制造费用标准成本的制定

制造费用标准成本是由制造费用用量标准和价格标准两项因素决定的。制造费用用量标准也就是工时用量标准,其含义与直接人工用量标准相同。制造费用价格标准,即标准制造费用分配率。其计算公式为:

$$标准制造费用分配率＝\frac{标准制造费用总额}{标准总工时}$$

因此,制造费用标准成本的计算公式为:

$$制造费用标准成本＝工时用量标准×标准制造费用分配率$$

成本按照其性态分为变动成本和固定成本,所以制定制造费用标准成本时,也应分别制定变动制造费用标准成本和固定制造费用标准成本。

【例 6-3】 沿用[例 6-2]的资料,甲产品的制造费用标准成本计算如表 6-3 所示。

表 6-3　甲产品制造费用标准成本

项目		标准
工时	月标准总工时(时)	15 600.00 小时
	单位产品工时用量标准	1.50 小时/件
变动制造费用	标准变动制造费用总额	56 160.00 元
	标准变动制造费用分配率	3.60 元/小时
	变动制造费用标准成本	5.40 元/件
固定制造费用	标准固定制造费用总额	187 200.00 元
	标准固定制造费用分配率	12.00 元/小时
	固定制造费用标准成本	18.00 元/件
单位产品制造费用标准成本		23.40 元

【例 6-4】 沿用[例 6-1][例 6-2][例 6-3]的资料,计算单位产品标准成本。

解: 单位甲产品的标准成本＝直接材料标准成本＋直接人工标准成本＋
制造费用标准成本
＝495＋16.20＋23.40＝534.60(元)

任务三　熟悉成本差异的计算分析

成本差异是指实际成本与相应标准成本之间的差额。当实际成本大于标准成本时,形成超支差异;当实际成本小于标准成本时,形成节约差异。企业应用标准成本法的主要目标是通过标准成本与实际成本的比较,揭示分析实际成本与标准成本之间的差异,并按照例外管理原则,对不利差异予以纠正,以提高工作效率,不断改善产品成本。

从标准成本的制定过程可以得知,任何一项标准成本都决定于用量标准和价格标准两因素,因此,实际成本偏离标准成本的差异应从用量差异和价格差异两个方面着手分析。差异的计算公式为:

$$总差异＝实际产量下的实际成本－实际产量下标准成本$$

$$=实际产量下实际用量 \times 实际价格 - 实际产量下标准用量 \times 标准价格$$

$$=实际产量下实际用量 \times 实际价格 - 实际产量下实际用量 \times 标准价格 +$$
$$实际产量下实际用量 \times 标准价格 - 实际产量下标准用量 \times 标准价格$$

$$=实际产量下实际用量 \times (实际价格 - 标准价格) + (实际产量下$$
$$实际用量 - 实际产量下标准用量) \times 标准价格$$

$$=价格差异 + 用量差异$$

其中:

$$价格差异 = 实际产量下实际用量 \times (实际价格 - 标准价格)$$

$$用量差异 = (实际产量下实际用量 - 实际产量下标准用量) \times 标准价格$$

一、直接材料成本差异的计算分析

直接材料成本差异是指在实际产量下直接材料实际总成本与实际产量下直接材料标准总成本之间的差额,可分解为直接材料用量差异和直接材料价格差异两部分。其相关计算公式为:

直接材料
成本差异的
计算分析

$$直接材料成本差异 = 实际产量下实际成本 - 实际产量下标准成本$$
$$=实际产量下实际用量 \times 实际价格 - 实际产量下标准用量 \times$$
$$标准价格$$
$$=直接材料用量差异 + 直接材料价格差异$$

(一)直接材料用量差异

直接材料用量差异是指材料实际用量与标准用量不同而导致的差异。其计算公式为:

$$直接材料用量差异 = (实际产量下实际用量 - 实际产量下标准用量) \times 标准价格$$

形成直接材料用量差异的原因有生产部门的原因,也有非生产部门的原因。如产品设计结构、原料质量、工人的技术熟练程度、工人操作疏忽造成废品和废料增加、工人用料不精心、操作技术改进而节省材料、新工人上岗造成多用料、机器或工具不适用造成废品率的增加等都会导致材料用量差异。例如,有时多用料并非生产部门责任,如购入材料质量低劣、规格不符也会使用料量超过标准;又如,加工工艺变更、检验过严也会使数量差异加大。材料用量差异的责任须具体分析才能确定,但主要应由生产部门来承担。

(二)直接材料价格差异

直接材料价格差异是指实际产量下,材料的实际价格与标准价格不同而导致的差异,其计算公式为:

$$直接材料价格差异 = 实际产量下实际用量 \times (实际价格 - 标准价格)$$

材料价格差异的形成受各种主客观因素的影响,如市场价格波动、未按经济采购批量进货、未能及时订货造成的紧急订货、采购时舍近求远使运费和途中损耗增加、不必要的快速运输方式、违反合同被罚款、承接加急订货造成额外采购等。由于它与采购部门的关系更为密切,其差异应主要由采购部门来承担责任。

【例 6-5】 沿用[例 6-1]的资料，甲产品 A 材料的标准价格为 45 元/千克，用量标准为 3 千克/件。假定企业本月投产甲产品 8 000 件，领用 A 材料 32 000 千克，实际价格为 40 元/千克。计算其直接材料成本差异。

解： 直接材料成本差异＝32 000×40－8 000×3×45＝200 000（元）（超支差异）

其中：

材料用量差异＝（32 000－8 000×3）×45＝360 000（元）（超支差异）

材料价格差异＝32 000×（40－45）＝－160 000（元）（节约差异）

通过计算可知，甲产品本月耗用 A 材料发生 200 000 元的超支差异。由于生产部门材料用量超过标准，超支 360 000 元，应查明材料用量超支的具体原因；从材料价格而言，节约了 160 000 元，从而抵消了一部分成本超支。

二、直接人工成本差异的计算分析

直接人工
成本差异的
计算分析

直接人工成本差异是指在实际产量下直接人工实际成本与标准成本之间的差异，可分解为直接人工效率差异和直接人工工资率差异，其计算公式为：

直接人工成本差异＝实际产量下实际成本－实际产量下标准成本

＝实际产量下实际工时×实际工资率－实际产量

下标准工时×标准工资率

＝直接人工工资率差异＋直接人工效率差异

（一）直接人工效率差异

直接人工效率差异是指于工时实际用量与标准用量不同而导致的差异，其计算公式为：

直接人工效率差异＝（实际产量下实际工时－实际产量下标准工时）×标准工资率

形成直接人工效率差异的原因是多方面的，包括工作环境不良、工人经验不足、劳动情绪不佳、新工人上岗太多、机器或工具选用不当、设备故障较多、作业计划安排不当、产量太少无法发挥批量节约优势等。

（二）直接人工工资率差异

直接人工工资率差异是指实际产量下，实际工资率与标准工资率不同而导致的差异，其计算公式为：

直接人工工资率差异＝实际产量下实际工时×（实际工资率－标准工资率）

直接人工工资率差异的形成原因也比较复杂，如工资制度的变动、生产工人升级或降级使用、奖励制度未产生实效、工资率调整、加班或使用临时工、出勤率变化等。一般而言，这种差异的责任不在生产部门，劳动人事部门更应对其承担责任。

【例 6-6】 沿用[例 6-2]的资料，甲产品的标准工资为 10.80 元/小时，工时标准为 1.50 小时/件。假定企业本月实际生产甲产品 8 000 件，用工 10 000 小时，实际应付直接人工工资 110 000 元。计算其直接人工差异。

解： 直接人工成本差异＝110 000－8 000×10.80×1.50＝－19 600（元）（节约差异）

其中：

直接人工效率差异＝(10 000－8 000×1.50)×10.80＝－21 600(元)(节约差异)

直接人工工资率差异＝(110 000÷10 000－10.80)×10 000＝2 000(元)(超支差异)

通过以上计算可知,该产品的直接人工成本总体上节约19 600元。其中,效率差异节约21 600元,但工资率差异超支2 000元。工资率超过标准,可能是调用了一部分技术等级和工资级别较高的工人。但也因此提高了效率,使工时耗用由12 000小时降低为10 000小时,节约工时2 000小时,从而节约了成本。由此可见,生产部门在生产组织上的业绩是值得肯定的。

三、变动制造费用成本差异的计算分析

变动制造费用
成本差异的
计算分析

变动制造费用成本差异是指实际产量下实际发生的变动制造费用与实际产量下的标准变动制造费用的差异,可以分解为效率差异和耗费差异两部分。其计算公式为:

变动制造费用成本差异＝实际产量下实际变动制造费用－实际产量下标准变动制造费用

＝实际产量下实际工时×实际变动制造费用分配率－实际产量下标准工时×标准变动制造费用分配率

＝变动制造费用效率差异＋变动制造费用耗费差异

(一)变动制造费用效率差异

变动制造费用效率差异即变动制造费用用量差异,它是因实际耗用工时脱离标准而导致的成本差异。其计算公式为:

变动制造费用效率差异＝(实际产量下实际工时－实际产量下标准工时)×标准变动制造费用分配率

式中的工时既可以是人工工时,也可以是机器工时,取决于变动制造费用的分配方法。变动制造费用效率差异的形成原因与直接人工效率差异的形成原因基本相同。

(二)变动制造费用耗费差异

变动制造费用耗费差异即变动制造费用价格差异,是指因变动制造费用的实际耗费脱离标准而导致的成本差异,也称为变动制造费用分配率差异。其计算公式为:

变动制造费用耗费差异＝(实际变动制造费用分配率－标准变动制造费用分配率)×实际产量下实际工时

【例6-7】 沿用[例6-3]的资料,甲产品标准变动制造费用分配为3.60元/小时,工时标准为1.50小时/件。假定企业本月实际生产甲产品8 000件,用工10 000小时,实际发生变动制造费用40 000元。计算其变动制造费用成本差异。

解: 变动制造费用成本差异＝40 000－8 000×1.50×3.60＝－3 200(元)(节约差异)

其中:

变动制造费用效率差异＝(10 000－8 000×1.50)×3.60＝－7 200(元)(节约差异)

变动制造费用耗费差异＝(40 000÷10 000－3.60)×10 000＝4 000(元)(超支差异)

通过以上计算可知,甲产品变动制造费用节约3 200元,这是由于提高效率,工时由12 000小时下降为10 000小时的结果。由于制造费用分配率由3.60元提高到4元,使变动制造费用发生超支,从而抵消了一部分变动制造费用的节约额。

四、固定制造费用成本差异的计算分析

固定制造费用
成本差异的
计算分析

固定制造费用成本差异是指实际发生的固定制造费用与实际产量下标准固定制造费用的差异,其计算公式为:

固定制造费用成本差异=实际产量下实际固定制造费用-实际产量下标准固定制造费用
=实际产量下实际工时×实际固定制造费用分配率-实际产量下标准工时×标准固定制造费用分配率

其中:

$$标准固定制造费用分配率=\frac{固定制造费用预算总额}{预算产量下标准总工时}$$

式中的成本差异是在实际产量的基础上计算出来的,由于固定制造费用相对固定,一般不受产量影响。因此,实际产量与预算产量的差异会对单位产品所承担的固定制造费用产生影响。对固定制造费用成本差异的分析分为两差异法和三差异法。

(一)两差异法

两差异法是将总差异分解为耗费差异和能量差异两部分。耗费差异是指固定制造费用实际金额与固定制造费用预算金额之间的差额;能量差异是指固定制造费用预算金额与固定制造费用标准成本的差额。其相关计算公式为:

耗费差异=实际产量下实际固定制造费用-预算产量下标准固定制造费用
=实际产量×实际工时×实际固定制造费用分配率-预算产量×标准工时×标准固定制造费用分配率

能量差异=预算产量下标准固定制造费用-实际产量下标准固定制造费用
=预算产量×标准工时×标准固定制造费用分配率-实际产量×标准工时×标准固定制造费用分配率
=(预算产量×标准工时-实际产量×标准工时)×标准固定制造费用分配率

【例 6-8】 沿用[例 6-3]的资料,甲产品标准固定制造费用分配为 12 元/小时,工时标准为 1.50 小时/件。假定企业甲产品预算产量为 10 400 件,实际生产甲产品 8 000 件,用工10 000 小时,实际发生固定制造费用 190 000 元。计算其固定制造费用的成本差异。

解:固定制造费用成本差异=190 000-8 000×1.50×12=46 000(元)(超支差异)
其中:

耗费差异=190 000-10 400×1.50×12=2 800(元)(超支差异)
能量差异=10 400×1.50×12-8 000×1.50×12=43 200(元)(超支差异)

通过以上计算可知,该产品甲产品固定制造费用超支 46 000 元,主要是由于生产能力不足,实际产量小于预算产量所致。

(二)三差异法

三差异法是将两差异法下的能量差异分解为产量差异和效率差异。因此,三差异法下

固定制造费用成本差异分为耗费差异、产量差异、效率差异。其相关计算公式为：

耗费差异＝实际产量下实际固定制造费用－预算产量下标准固定制造费用
＝实际产量×实际工时×实际固定制造费用分配率－预算产量×
标准工时×标准固定制造费用分配率

产量差异＝（预算产量标准工时－实际产量实际工时）×标准固定制造费用分配率

效率差异＝（实际产量实际工时－实际产量标准工时）×标准固定制造费用分配率

【例 6-9】 沿用[例 6-8]的资料，计算固定制造费用的成本差异。

解： 固定制造费用成本差异＝190 000－8 000×1.50×12＝46 000（元）（超支差异）
其中：

耗费差异＝190 000－10 400×1.50×12＝2 800（元）（超支差异）

产量差异＝（10 400×1.50－10 000）×12＝67 200（元）（超支差异）

效率差异＝（10 000－8 000×1.50）×12＝－24 000（元）（节约差异）

通过以上计算可以看出，采用三差异法，能够更好地说明生产能力利用程度和生产效率高低所导致的成本差异情况，便于分清责任。

任务四　掌握标准成本管理的应用

【案例】

标准成本法在油库费用管控中的应用

[案例介绍] 甲公司针对油库费用管控方式粗放、成本分析不足、缺乏统一的费用管控标准等问题，制定可控费用定额标准，并以此为依托，搭建了"预算编制、成本管控、费用考核、财务分析、定额修正"五位一体的油库费用管控模式，实现预算科学，成本可控、考核量化、决策支持的目标。

一、背景描述

（一）单位基本情况

甲公司是油库专业化管理机构，对全省 22 座油库进行集中管理，经营范围为石油制品仓储。仓储分公司负责履行全省 22 座油库（含股权库）专业化管理职能，主要负责制定油库规章制度和油库规范达标管理，参与油库规划建设，负责油库数质量管控，负责油库检维修管理，指导油库生产作业流程优化，负责油库的健康、安全、环境（heath、safety and environment，HSE）工作和作业许可管理，负责油库人、财、物管理。目前，仓储分公司设五个管理科室，员工总数为 40 人。借助油库集中管理契机，甲公司抓住油库 18 项可控日常生产运行费用，建立油库费用定额标准。推行标准成本法费用管控，有效实现全省油库的低成本运行，进一步推动公司精细化管理。

（二）存在的主要问题

（1）石油寒冬及行业微利大环境对油库运行成本控制提出了挑战。对于石油销售企业，油品销售微利时代到来，在国家深化能源改革的浪潮中，石油行业将逐步消除垄断，石油企业的效益型发展形势严峻，成本管理水平经受着前所未有的考验。

（2）在油库集中管理模式下，亟须统一的费用管控标准。甲公司在实行全省油库集中统一管理后，22座油库从属地二级公司剥离出来，划归公司统一管理，由于各油库所处地理位置、生产能力、设施设备、人员构成等基础条件各不相同，在费用管控方法、列支口径等方面存在较大差异，亟须一种科学、规范、统一的费用开支标准。

（3）费用管控方式粗放，成本分析不足，无法提供强有力的决策支持。全员成本控制意识淡薄，油库开支带有任意性，存在一定程度的浪费现象。机关管理部门在预算下达和日常费用控制上基本是"经验型"管理，只有事后的成本核算和简单的成本通报，缺乏科学的事前成本预测、事中成本控制和事后成本分析考核。不同油库之间缺乏横向比较，无法客观、公正地评价油库预算执行以及费用发生的合理性。对费用发生的动因分析和规律研究不够，难以寻找制约管理的根本因素，无法更深层次地挖掘科学管理的空间，为油库的整体规划和生产配置提供决策依据。

（三）选择标准成本法的主要原因

（1）油库的生产运行特点适合于标准成本法。油库对油品进行"收、存、发"的生产运行方式简单、固化，虽然22座油库地理位置、生产规模不同，但是日常开支成本却具有共性。在全部运行成本中，剔除运费、折旧损耗等不可控费用外，维修费、电费、水费等18项费用可控，且具有普遍的规律性。因此，可以通过对18项费用的开支动因进行分析，结合统计学分析手段，抽象出计算模型，分别确定定额标准。因此，采取标准成本法是一种适合油库费用管控的手段。

（2）公司专业化、集约化管理及财务职能转型要求引入管理工具。公司对油库进行专业化、集约化管理，是一种先进的管理理念和方式，其主旨本身就是研究和制定管理标准，提升油库整体运营质效。与此同时，随着信息化技术的发展，省级财务共享中心建立，财务的职能也在从财务会计向管理会计转型。基于上述两方面的背景，通过标准成本法管控费用，开展多维度成本分析，寻找制约管理的根本因素，实现财务向业务的延伸，引导和督促各油库在生产作业中自觉引入定额概念，自觉优化作业流程，提高生产效益，从财务的角度对油库生产运行进行科学分析，为油库生产资源的配置提供决策依据。

二、总体设计

（一）应用标准成本法管控费用的目标

通过特定的测算办法，探索油库日常运行费用与背后动因之间的关系，以"一切成本都可以优化增效"理念为指导，制定出各项费用的定额消耗和支出标准，按照"制定、应用、修订、应用"的循环方式来不断优化，进而固化为标准成本管理体系，形成以费用定额标准为依托的"预算编制、成本管控、费用考核、财务分析、定额修正"五位一体的费用管控模式，将费用控制与预算管理、绩效评价、财务分析有效融合，实现费用支出事前、事中和事后的全过程管理，实现油库费用管控更加精细化，切实达到降本增效、提升油库运营效益的目的。

（二）应用标准成本法管控费用的总体思路

标准成本法的应用总体思路是：围绕"规范、增量、降本、增效"的要求，选定油库运行性和管理性两大类共计 18 项费用，通过强化组织，科学把握原则，数据采集、分析，论证，合理编制定额。推行标准成本法，严格执行定额，按季开展定额通报、财务分析，费用考核、成本控制，定期根据执行情况修订定额标准，从事前、事中、事后三个阶段按照规范费用管控流程，完善费用控制节点，对费用实行全过程、动态控制与监督。

三、应用过程

（一）单位组织架构基本情况

在推进标准成本法管控费用的过程中，建立起公司、地区公司和油库三个层级的管理体系。公司费用定额管理领导小组是定额费用标准管理的责任主体，主要履行以下职责：①制定和修订油库费用定额标准管理办法及标准。②收集、整理、分析影响费用动因的基础数据，提出油库费用定额标准调整方案。③组织开展费用定额指标对标分析和评价。④负责定额管理先进油库经验的复制和推广。各地区公司财务部门是油库费用定额的归口管理部门，主要履行以下职责：①负责相关成本费用标准的实施。②检查和分析油库费用定额管理标准执行情况。各油库是油库费用定额标准管理的执行部门，主要履行以下职责：①负责配合公司、二级公司制定或调整费用定额标准。②负责配合二级公司财务从源头分析执行差异的业务动因，提出改进的合理化建议。③负责油库费用定额标准管理中的先进管理经验的总结提炼。

（二）参与部门和人员

油库费用定额管理是一项系统工程，涉及油库生产运行管理的各方面，2021 年，甲公司利用全省油库集中管理契机，将油库费用定额管理纳入公司重点工作运行大表，全面启动油库费用定额管理。成立由公司总经理为组长、总会计师为副组长，包含财务、人事、工程、质安等 5 个职能部门、油库及属地二级公司财务部门共同组成的费用定额管理小组。为确保项目实施的理论科学性，公司还邀请高校财务专家、油库管理专家全程参与，为项目推进把脉、诊断、提出建设性意见。在推进过程中，针对部分油库认识不足、重视程度不够的问题，公司充分利用会议、板报和网站等载体，加强舆论宣传，灌输定额管理意识，利用稽查、面授、发文等手段营造全员科学降本压费氛围。2022 年，为指导基层油库开展费用定额管理，公司下发《油库费用标准化建设指导意见》，并通过建立 QQ 工作群，及时帮扶和解决定额管理推进中遇到的各种难题，确保整项工作稳步推进，形成了公司财务总牵头、业务部门与属地二级公司齐抓共管、油库积极配合落实的良好格局。

（三）应用标准成本法管控费用的部署要求

甲公司在原有财务管理、集中报销等信息系统的基础上，陆续又上线了固定资产维修管理等单项费用管理系统，并尝试建立单库核算模型，这为油库定额费用管理的全面推广创造了条件。传统模式下定额费用管理主要依靠手工建立各项费用的备查台账，劳动强度大，不易及时发现费用超标情况，只能在小范围进行推广。而信息系统的运用刚好可以解决这一问题，预先在费用集中报销系统中设定定额标准，便可自动预警各项开支，同时通过不同的角色设定,可以满足不同层级用户的需求。在大数据时代背景下,信息系统强大的数据处理和多维度分析功能,不仅方便用户查询,还能及时为管理者提供决策依据,为定额费用管理的有效实施搭建平台。

(四)应用标准成本法管控费用的内容

1)科学测算,制定标准

在前期详实调研的基础上,明确运用管理会计工具的主要方法是制定费用定额标准,并从定性和定量两方面确定科学的指标。结合划分的费用类别,主要采用统计分析法、技术指标法、平衡分值法、经验评估法四类方法测算出费用定量标准,努力实现既兼顾各油库特点,又体现可比、统一。

(1)统计分析法。统计分析法是以历年发生的实际费用为依据,研究因变量(发生费用)对自变量(费用影响因素)的依存关系,从而得到影响变量的参数,再根据今年自变量的具体情况对因变量(即费用定额项目)做预测估计的一种经济分析方法。通过研究,我们发现具有线性关系的费用为:电费、水费、绿化环境卫生费、低值易耗品费用及日常警卫消防费五项。油库耗电量与油库周转量直接相关,而耗水量、低值易耗品费用、日常警卫消防费与油库规模直接相关,绿化环境卫生费与库区绿化面积直接相关。因此,分别按照周转量大小将油库分为五档,分别确定各档次电费定额标准;按照油库库容将油库分为五档,分别确定各档次水费、低值易耗品费用及日常警卫消防费定额标准;按照油库绿化面积的大小将油库划分为五档,分别确定各档次绿化环境卫生费。针对公司通过业务外包的方式签订了警卫消防、绿化环境合同的油库,日常警卫消防费及绿化环境卫生费按照合同价格执行。

(2)技术指标法。技术指标法是指管理人员深入现场利用鉴定设备、数据统计、科学测算等,对影响费用的物资消耗进行类别划分、单独设定消耗标准的一种费用测算方法,适用于按照定员定编确定的通信费、办公费、差旅费、劳保费、检测费以及购置灭火器材费的计算,此法的核心是确定各项单位费用标准,按照公司定员定编方案中各油库人数确定需要费用。通信费包含座机、防爆对讲机、学习机等费用,按其单台月租下达定额。对办公费、差旅费、劳保费各大类细分明细费用,分别确定明细费用定额标准,再分别乘以定编数量或者实际使用人数,即为费用全额。例如,劳保费的计算流程为,分别确定每季度每人小劳保360元,每年每人防静电服1 200元,每年每人劳保鞋400元,每年每人安全帽等240元,按照实际使用人员计算即测算出全年定额费用。购置灭火器材费用按灭火器容积分类,综合考虑单次充装费用、数量及充装频次确定定额标准。

(3)平衡分值法。平衡分值法是指将财务指标和非财务指标相结合建立的策略性评价指标体系,实现企业战略使命和绩效考核有机结合,适用于受非关联、多变量影响的费用,如信息系统维护费。

平衡分值法以油库库容、周转量和八大核心自动化系统的应用程度三项指标为依据,对油库自动化等级进行划分。其中八大核心自动化系统的评价按"基础分＋系数分＝总评分"计分,按照油库单项系统的有无确定否给予基础分,按照信息系统数量所占比率确定系数分,由此得出各油库总评分。再按总评分将油库信息化程度划分为四个等级,按照平衡记分卡的计算方法,确定每个等级分值,Ⅰ级油库10万元/年,Ⅱ级油库5.8万元/年,

Ⅲ级油库3.6万元/年,Ⅳ级油库1.5万元/年。

(4)经验评估法。经验评估法是通过油库历史运行经验,对可能发生的各种情况做评估,进而确定定额的方法。该方法适用于受单一、关联变量少、容易判断的因素影响的日常费用的计算,如宣传费、图书资料费、党团活动费、物料消耗费、租赁费、日常修理费、车辆运行费等。通过研究确定,物料消耗和日常维修费油库资产规模、设施设备数量、资产成新率等因素相关。根据历史资料测算,物料消耗按新建油库3.5万元/年、技改油库4万元/年、一般油库5万元/年分别下达定额。而日常维修费相对较复杂,确定一般油库基本标准为的10万元/万立方米,在此基础上新建库前三年的费用需乘以资产新旧系数10%~30%确定,技改油库按照"五年不修,八年不改"的要求,结合资产新旧系数40%~60%标准确定。车辆运行费中车辆用油及车辆维修费按照车型不同分别在2万~3万元,1.5万~3万元范围内下达,而车辆保险、路桥费(不含消防车)、审验费3类不论车型统一标准,分别按照0.45万元/年,0.1万元/年,0.09万元/年执行。宣传费按照标杆油库5 000元/年,非标杆油库3 000元/年下达。图书资料费包含报纸杂志和专业类书籍共计1 800元/年。党团活动费统一标准为200元/年,房屋土地租赁费按照租赁合同执行。

2)分布推广,定期修订

按照"先局部试行,后全省推广"的方式,先在成都地区4座油库试点运用。在推广过程中运用定期通报与绩效激励相济的方式,保证推进效果。按季度对定额预算执行情况进行考核通报,对预算执行差异率连续三个月在20%以上的单位,财务部会同定额执行单位认真分析原因后向公司书面报告。定期对油库费用定额进行核定修正,并坚持定期收集执行反馈,深挖各项费用在不同油库的降费空间,不断推进油库运行降本增效。

(五)具体应用模式和应用流程

标准成本法在具体应用上,采取财务业务协同过程管控的模式,宏观上采取"大预算"管控,在具体控制上采取费用归口管理的方式,由业务归口管理职能进行过程控制。

(1)"大预算"管控费用。强化全面预算管理,树立"先有业务预算,再有财务预算"的成本控制意识,杜绝预算外费用项目,坚持成本与效益同步分析、同步预算制度,明确成本标准和效益目标,实现成本与效益配比。建立预算控制责任网络,细化控制项目,确保预算控制"层层有责任,人人有目标,项项有措施",使预算管理能够进一步做精做细、能够真正上升到全员参与、全过程控制、全要素反映的"大预算"管理高度。

(2)职能部门对费用归口管理。将18项费用划分到生产运行科、质量安全环保科、综合管理科、工程设备科、人事组织科5个职能部门进行归口管控,由职能部门负责源头控制和过程管理。建立重点费用预警制度,对临近费用控制界限和开支异常的费用,财务部门以书面形式通知归口管理部门及时查找异常原因,制定整改方案。由于职能部门对油库实际运行状况和费用动因更了解,更能科学判断费用发生的合理性和必要性,有效改变了以往财务通过事后控制效果不佳的状况,避免"财务卡费用"造成财务部门与其他部门消极对立的现象。

(六)在实施过程中遇到的主要问题和解决方法

在实施过程中遇到的最大的问题包括两方面,一是定额费用标准从理论过渡到实践,存在标准不够科学,导致个别油库、个别费用实际执行与标准存在偏差的问题;二是各相关部门对费用定额管理工作积极性不高,未能对费用支出的必要性起到全面审核的作用,定额执行考核存在难度,针对考核结果缺乏奖惩机制的问题。针对上述两方面问题,主要采取下面两种解决方法:

(1) 及时修正,优化油库定额费用标准。进一步调整油库费用定额指标,特别针对水电费定额标准,剔除地域水电费价格差异的影响,通过观测水电费的实际消耗量,来增强油库之间的可比性,进一步提高油库定额管理工作的水平。

(2) 建立考核配套奖惩制度。推行标准成本法管控费用,必须建立与之相适应、相配套的量化考核体系。公司以油库定额费用为基础制定油库的考核目标值,以实际完成率计算考核分值,并将考核结果与年度效益工资挂钩。通过严考核、硬兑现,充分发挥了考核激励机制的作用,也提高了油库执行定额标准的积极性。

(3) 控费案例复制推广。公司加强财务、业务与油库的三方联动,及时向定额费用执行先进油库挖掘经验,总结做法,4 年共提炼 7 个专业线的 32 个优秀案例、18 个创新成果,制作完成《降本增效优秀案例汇编》,在全省范围推广。一方面提升全员降本增效意识,另一方面将优秀的节费措施在全省油库推广复制,群策群力从细微处"省钱",促使员工树立"省下的就是赚到的"理念,调动油库降本压费的积极性。

四、取得成效

(一) 油库运行成本降幅明显,单位费用使用效能有效提升

自 2021 年开始应用标准成本法管控费用以来,油库费用定额执行偏差率均控制在 5% 以内,在吞吐量增长 78.10 万吨的情形下,18 项可控费用增幅小于 1%,费用增幅远远小于吞吐量的增幅。尤其是 2021—2023 年,效果尤其显著,吨油费用实现"三连降"。2024 年,在人工成本刚性上涨、大规模安全环保投资投入的客观制约下,吨油费用仍维持略有上涨,油库单位费用使用效益显著提升。

(二) 有利于开展多维度费用分析,科学评价费用开支情况

推行油库标准成本法管控费用以来,公司以定额通报为突破口,开展了横向对标分析、纵向趋势分析、单座油库费用评价、单项费用分析,实现从传统的宏观、模糊、定性、经验向过程受控、微观、精确、定量转变,实现了资源优化配置。以 2023 年为例,从费用项目看,18 项可控费用较定额节约 75.65 万元,主要是管理性费用节约,生产性费用略高于定额。从单座油库执行看,过半油库将费用控制在定额内,13 座油库费用开支节约 407.34 万元;从同比趋势看,18 项可控费用同比下降 154.19 万元,降幅 3.07%,其中 6 项生产性费用下降 27.54 万元,12 项管理性费用降低 126.66 万元。

(三) 有效提升降本增效意识,涌现大批节费的优秀做法

公司将财务的管理理念和方法向业务环节传递,与业务部门同算同干,通过优化管理,挖掘降费空间。如后勤管理上通过精简会议、视频培训、来访接待在食堂就餐、统一采购办公耗材及清洁用品、调整机关管理人员工服由一年一配变为两年一配等方式,实现公司劳保及办公性费用同比降低 78.36%,降幅为 15.49%。以创新为驱动,向技术攻关要效益,大力推行生产运行、工程设备技术攻关、"四小成果"创造,运维管理上通过创造性加

装液位仪防雷防浪涌保护装置节约维修费 60 万元。

案例材料来源：财政部会计司编写组．管理会计案例示范集[M]．北京：经济科学出版社，2019.

思考题：

（1）请结合案例谈谈标准成本管理与目标成本管理的区别。

（2）请结合案例谈谈实施标准成本管理需要哪些基础数据和信息系统支持？如何确保数据的准确性和及时性？

 思政园地

项目六：标准成本制度中的科学之光
——从经验驱动到数据赋能的
管理觉醒

【职业资格与技能训练六】

一、单项选择题

1. 下列关于制定正常标准成本的表述中，正确的是（　　）。

A. 直接材料的价格标准不包括购进材料发生的检验成本

B. 直接人工标准工时包括直接加工操作必不可少的时间，不包括各种原因引起的停工工时

C. 直接人工的价格标准是指标准工资率，它可以是预定的工资率，也可以是正常的工资率

D. 固定制造费用和变动制造费用的用量标准可以相同，也可以不同。例如，以直接人工工时作为变动制造费用的用量标准，同时以机器工时作为固定制造费用的用量标准

2. 在采用变动成本法计算的企业中，单位产品的标准成本不包括（　　）。

A. 直接材料　　　　B. 直接人工　　　　C. 变动制造费用　　　D. 固定制造费用

3. 直接人工效率差异是指单位（　　）耗用量脱离单位标准人工工时耗用量所产生的差异。

A. 实际人工工时　　B. 定额人工工时　　C. 预算人工工时　　D. 正常人工工时

4. 某公司月成本考核例会上，各部门经理正在讨论、认定直接人工效率差异的责任部门。根据你的判断，该责任部门应是（　　）。

A. 管理部门　　　　B. 销售部门　　　　C. 供应部门　　　　D. 生产部门

5. 下列直接材料用量差异中，应该由采购部门负责的是（　　）。

A. 材料浪费　　　　　　　　　　　B. 不能合理下料

C. 不能修旧利废　　　　　　　　　D. 压低价格购进低劣材料

6. 下列直接材料价格差异中,应该由生产部门负责的是( )。

A. 贪图便宜购进劣质材料

B. 为了吃回扣购进高价材料

C. 陆运改为空运

D. 因未及时提供用料计划导致仓促订货

二、多项选择题

1. 下列表达式正确的有( )。

A. 变动制造费用标准分配率＝变动制造费用预算总额÷直接人工标准总工时

B. 固定制造费用标准分配率＝固定制造费用预算总额÷直接人工标准总工时

C. 固定制造费用标准分配率＝固定制造费用预算总额÷生产能量标准工时

D. 变动制造费用标准成本＝单位产品直接人工的实际工时×每小时变动制造费用的标准分配率

2. 正常标准成本是在正常生产经营条件下应该达到的成本水平,它是根据( )制定的标准成本。

A. 现实的耗用水平   B. 正常的价格

C. 正常的生产经营能力利用程度 D. 现实的价格

3. 下列属于价格差异的有( )。

A. 工资率差异   B. 人工效率差异

C. 变动制造费用效率差异   D. 变动制造费用耗费差异

4. 固定制造费用的能量差异,可以分为( )。

A. 耗费差异   B. 产量差异

C. 效率差异   D. 以上任意两种差异

5. 制订标准成本的作用主要体现在( )。

A. 绩效衡量的依据

B. 节省账务处理成本

C. 便于管理人员实施例外管理

D. 协助规划及决策工作

6. 按照成本的构成,成本差异可分为( )。

A. 直接材料成本差异   B. 直接人工成本差异

C. 制造费用差异   D. 管理费用差异

三、判断题

1. 正常标准成本考虑了生产过程中不可避免的损失、故障和偏差,属于企业经过努力可以达到的成本标准。   ( )

2. 从具体数量上来看,正常标准成本大于理想标准成本,但又小于历史平均水平。   ( )

3. 直接人工耗费差异的责任部门应该是劳动人事部门。   ( )

4. 有利差异是指因实际成本低于标准成本而形成的节约差,有利差异越大越好。   ( )

5. 在标准成本法下,固定制造费用成本差异是指固定制造费用的实际金额与固定制造

费用预算金额之间的差异。 　　　　　　　　　　　　　　　　　　　　　　　　　　　（　　）

6. 在制定标准成本时,变动制造费用的用量标准是直接人工标准总工时,固定制造费用的用量标准是预算产量总工时。 　　　　　　　　　　　　　　　　　　　　（　　）

四、技能训练

（一）某产品某月成本资料如表 6-4 所示。

表 6-4　单位产品标准成本

成本项目	用量标准	价格标准	标准成本
直接材料	50 千克	9 元/千克	450 元/件
直接人工	45 小时	4 元/小时	180 元/件
变动制造费用	45 小时	3 元/小时	135 元/件
固定制造费用	45 小时	2 元/小时	90 元/件
合计			855 元/件

本企业该产品预算产量的标准工时为 1 000 小时,制造费用均按人工工时分配。本月实际产量 20 件,实际耗用材料 900 千克,实际人工工时 950 小时,实际成本 17 550 元,其中直接材料 9 000 元,直接人工 3 325 元,变动制造费用 2 375 元,固定制造费用 2 850 元。计算并完成以下选择题。

1. 根据上述资料,本月产品成本差异总额为(　　　　)元。

A. 440　　　　　　　B. —450　　　　　　　C. 450　　　　　　　D. 420

2. 本月直接材料价格差异和用量差异分别为(　　　　)。

A. 价格差异＝900 元,数量差异＝900 元

B. 价格差异＝—900 元,数量差异＝900 元

C. 价格差异＝900 元,数量差异＝—900 元

D. 价格差异＝—900 元,数量差异＝—900 元

3. 本月直接人工工资率差异和效率差异分别为(　　　　)。

A. 工资率差异＝—475 元,效率差异＝—200 元

B. 工资率差异＝475 元,效率差异＝—200 元

C. 工资率差异＝—475 元,效率差异＝200 元

D. 工资率差异＝475 元,效率差异＝200 元

4. 本月变动制造费用耗费差异和效率差异分别为(　　　　)。

A. 耗费差异＝—475 元,效率差异＝150 元

B. 耗费差异＝475 元,效率差异＝150 元

C. 耗费差异＝—475 元,效率差异＝—150 元

D. 耗费差异＝475 元,效率差异＝150 元

5. 采用两差异法计算固定制造费用差异为(　　　　)。

A. 耗费差异＝—200 元,能量差异＝850 元

B. 耗费差异＝—850 元,能量差异＝200 元

C. 耗费差异＝200元,能量差异＝850元

D. 耗费差异＝850元,能量差异＝200元

6. 采用三差异法计算固定制造费用差异为（　　　）。

A. 耗费差异＝850元,效率差异＝－100元,产量差异＝100元

B. 耗费差异＝850元,效率差异＝100元,产量差异＝100元

C. 耗费差异＝－850元,效率差异＝100元,产量差异＝－100元

D. 耗费差异＝－850元,效率差异＝－100元,产量差异＝100元

（二）标准成本法在我国的实践

标准成本法在国外的工业企业中应用广泛,也积累了丰富的实践经验。早在20世纪70年代末,我国就引进了标准成本管理的理论,但在实务中的操作性较差。这主要是因为,标准成本的基本要求就是产品结构要合理、单位消耗要科学、单价要合理,这就要求标准成本的制定需要掌握丰富的基础资料,这些资料的取得对企业的管理基础有较高的要求,并需要对行业、市场和历史数据进行全面分析,通常还需技术测定的帮助。而我国企业因为发展阶段、经济环境、观念认识等多方面因素的影响,管理基础大多比较薄弱,多数企业的财务会计系统不支持标准成本法,会计工作与技术测定相结合也比较困难,因此,在我国企业的推广实践中困难重重。企业在应用标准成本法的问题上缺乏主动性,过分强调成本核算的职能,而对成本的管理职能重视不够。因此,有别于西方企业,标准成本法在我国企业中的应用并不广泛。

20世纪初,由于市场经济体制的迫切需要,我国的一些现代化的大企业,主要是传统制造业,将标准成本管理成功付诸实践,在企业降本增效方面发挥了很大的作用,涌现出如宝钢、鞍钢、国投、国家电网等一批具有示范意义的标准成本法实践企业。

作为我国早期尝试实施标准成本法的大型企业,宝钢自1996年开始推行标准成本管理,凭借其在建厂初期就开始推行的标准化作业管理模式、作业长制和计划值管理,以及较为领先的信息化系统的支持,在实践中大获成功。

制定成本中心,是宝钢推行标准成本的第一步。宝钢将某种产品在生产过程中经过的、有投入和产出的单元都定为成本中心,并按单元规模将这些成本中心分级,按照功能将这些成本中心分类。由此,宝钢可以按照等级衡量成本中心的绩效,又可以根据功能差别,进行恰当的成本衡量和控制。通过制定成本中心,宝钢有效地控制了成本的流程,并以合理的方式分摊全部成本。

针对各个成本中心的明细产品,宝钢综合考虑市场形势、同行业标杆企业的水平以及企业内部情况等多种因素,按照"自上而下"和"自下而上"相结合的过程,组织所有员工参与并制定完成了基本标准和价格标准两部分成本标准。通过对原料投入和消耗标准、时间消耗标准和各项费用标准的制定,计算各个产品和各类劳务的单位标准成本。各个部门严格按照制定的标准、采取恰当的措施进行生产和成本控制。

宝钢各个部门需要实时收集和记录实际成本,并对照成本标准目标进行差异分析,找出差异原因,并据此修订成本标准,或者对生产操作或管理进行改进。

要求:(1)你能说出宝钢公司成本控制的动因是什么吗?

(2)简要评价一下宝钢公司成本控制的内容及做法。

项 目 七

作业成本管理

知识目标

理解作业成本法的产生背景
熟悉作业成本法的基本概念
掌握作业成本法的步骤
理解作业成本法与传统成本法的区别
理解作业成本管理的内容

能力目标

能够应用作业成本法进行成本核算
能够通过作业分析提出流程改进建议或成本节约方法

素质目标

树立精益求精、不断提升技能的职业素养
培养创新思维和创新能力

思政目标

通过作业成本法起因及应用的介绍,激发学生面向职业和
岗位的创新意识和能力

【导学】

随着智能化、自动化制造时代的来临,企业的经营环境正面临着前所未有的变化,产品或劳务的成本结构也在发生重大变化,其基本特征就是直接人工成本比重大幅下降,制造费用比重大大增加。因此,制造费用分配得科学与否很大程度上决定了产品成本核算的准确性和成本控制的有效性。作业成本法相比于完全成本法,能更为准确地分配间接费用,是一种更为精确的成本计算方法。

任务一　掌握作业成本法的基本概念

作业成本法(activity-based costing,ABC)是指先以"作业消耗资源、产出消耗作业"为原则,按照资源动因将资源费用追溯或分配至各项作业,计算出作业成本,然后再根据作业动因,将作业成本追溯或分配至各成本对象,最终完成成本计算的成本管理方法。运用作业成本法可以将间接费用成本更准确地分配到作业、生产过程及产品和服务中去,从而提供相对准确的成本信息,而且还能提供改善经营管理的非财务信息。

一、作业成本法产生的动因

(一)经济发展对消费需求的影响

世界经济持续快速发展,世界各国人民物质文化生活水平不断提高,消费者对产品的多样性和个性化需求不断提高;同时,电子计算机技术的广泛应用,使得世界成为地球村,经济全球化趋势不断加快,市场竞争愈演愈烈,传统的以追求规模经济为目标的大批大量生产方式,已经难以满足消费者日新月异的个性化需求。与此相适应,定制化生产——弹性制造系统(flexible manufacturing system,FMS)取代传统的、以追求规模经济为目标的大量大批生产,就成为历史的必然。高新技术背景下的弹性制造系统,其实质就是在计算机的控制之下,把从市场调研顾客偏好到取得订单、设计产品、采购原材料、生产产品、销售产品、售后追踪、研发新产品等各个环节所涉及的设备、机器、原材料、人员等各项生产资源,有效地组合在一起协调工作,形成一个综合的自动化系统。该系统对不断变化的环境及需求具有灵活的适应性,可以做到迅速实现个性化产品生产程序的转换及生产批量的转换。科技发展在生产领域的运用,为弹性制造系统提供了可靠的技术支持。传统成本计算方法适应于常规化、大批量的生产企业,传统以数量为基础的成本计算方法,其局限性日益显现。

(二)科技发展导致成本结构发生改变

近几十年,科技被广泛运用于各行各业,建立在高新技术基础上的生产,其基本特征表现为电子技术与产品生产工艺流程高度融合形成的计算机数控机床、计算机辅助设计、计算机辅助工程、计算机辅助制造和机器人等在生产领域的广泛使用。企业资源计划

(enterprise resource planning，ERP)是指建立在信息技术基础上，以系统化的管理思想，为企业决策层及员工提供决策运行手段的管理平台。弹性制造系统(flexible manufacture system，FMS)是指使用机器人及电脑控制的材料处置系统，结合各种独立的电脑程式机器工具进行生产的系统，它有益于产品制造程序的弹性化。计算机集成制造系统(computer integrated manufacturing system，CIMS)则是指以电脑为核心，结合电脑辅助设计、电脑辅助工程及电脑辅助制造系统等所有新科技的系统，以形成自动化的制造程序，实现工厂无人化管理，可减少人工成本、节省时间并提高工作效率。适时生产系统是根据需要来安排生产和采购，以消除企业制造周期中的浪费和损失的管理系统。在准时制下企业的供、产、销各个环节在时间上必须周密衔接，材料应适时到达现场，前一生产程序的半成品应适时送达后一生产程序，产成品要适时供给顾客，力争使生产经营各个环节无库存储备。企业使用计算机管理信息系统来管理经营与生产，最大限度地发挥现有设备、资源、人、技术的作用，最大限度地产生企业经济效益。这些技术革命直接导致产品成本结构的变化，直接材料、直接人工等直接费用比重显著下降，制造费用等间接费用大幅提高。20 世纪 70 年代以前，间接费用仅占人工成本的 50%～60%，而现在很多企业的间接费用已上升为人工成本的 400%～500%。以少量的人工费用为基础分配大量的制造费用，必然带来成本分配的偏差。传统成本核算方法已经不适应时代的需要，企业迫切需要新的成本核算方法。

（三）电子计算机技术的发展为作业成本法提供技术支持

作业成本法的基本思想最早出现在 20 世纪 40 年代，由美国会计学家埃里克·科勒提出。1952 年，他根据水力发电行业成本构成的特点，在《会计师词典》中系统地阐述了间接费用的分配问题，形成了早期的作业会计基本思想。1971 年，美国的乔治·斯托布斯教授出版了《作业成本计算法和投入产出会计》，他认为，会计是一个信息系统，作业成本会计是一种与决策有用性目标相联系的会计。研究作业成本会计应先明确三个概念，"作业""成本""会计目标—决策有用性"。会计要揭示收益的本质，就必须解释报告的目标，这个目标表示托管责任或受托责任，主要是为投资者的决策提供信息，作业成本计算中的"成本"不是一种存量，而是一种流出量。会计若要较好地解决成本分配问题，成本计算的对象就应是作业，而不是完工产品，成本不应硬性分为直接材料、直接人工、间接费用，而是应该根据资源投入量，计算利用每种资源的完全成本。作业成本概念的提出，进一步促进了西方会计理论与实务界对传统成本核算方法的反思。20 世纪 80 年代，美国哈佛大学库伯和卡普兰两位教授写了系统案例、论文和著作，对作业成本法的现实需要、运行程序、成本动因的选择，作业中心的建立等方面作了较全方位的分析。两位学者合作的《计算成本的正确性：制定正确的决策》发表在《哈佛商业评论》上，标志着作业成本法从理论走向应用。20 世纪 80 年代末，我国会计学家余绪缨教授率先撰文介绍作业成本法，从而掀起我国会计界对作业成本法的研究热潮。

作业成本法与传统成本计算法的不同之处在于采用多元化的制造费用分配标准，从而带来庞大计算工作。20 世纪 80 年代之后电子计算技术的发展和应用，以及信息处理技术的发展为实行多元化制造费用分配标准的作业成本法奠定了坚实的技术基础。

二、作业成本法的基本概念

(一)资源

作业成本法
的基本概念

资源(resources)是企业生产耗费的原始形态,是成本产生的源泉。企业为产出作业或产品而消耗的物料、能源、设备、资金和人力等都是资源,这些资源的消耗引起企业的各方面费用的发生,如人工费、材料费、搬运费、产品检验费、机器调整费、机器维修费等。作业成本管理中作为分配对象的资源就是消耗的费用,或者可以理解为每一笔费用。资源费用既包括房屋及建筑物、设备、材料、商品等有形资源的耗费,也包括信息、知识产权、土地使用权等各种无形资源的耗费,还包括人力资源耗费以及其他各种税费支出等。如某企业质量检验部门从事外购材料、产品和产成品的检验工作,本月的资源费用主要有检验员薪酬100 000元、检验材料费20 000元、场地及检验设备折旧费20 000元和水电费5 000元,共计145 000元。

(二)作业

作业(activity)是指企业为了某一目的而进行的耗费资源的工作。作业是作业成本管理的核心要素,是企业划分控制和管理的单元,是连接资源和成本对象的桥梁。确定作业时,要坚持重要性原则,即太粗则难以细化作业链,不易发现问题;太细则会造成分析复杂、工作量增加而不能实现预期效果。此外还要注重同质性原则,尽量降低人为主观因素可能造成的负面影响。一般需要企业各部门反复研究和探讨之后再确定下来。例如,某制造企业从产品设计开始,到物料供应,从生产工艺过程和各个环节、质量检验到发运销售的全过程,将产品设计、材料搬运、包装、订单处理、机器调试、采购、设备运行、生产加工、质量检验、包装、储存、销售、发货、装运、开单、收账、售后服务等都列为不同的作业。又如,某企业的质量检验部门工作量较大,根据业务范围设有"外购材料的检验""在产品的检验"和"产成品的检验"三项作业,某保险公司根据业务流程确定了保单初审、保单录入、核保、分保、寄发保单、理赔立案、理赔调查结果、核赔、结案等都属于作业。

企业可以按照受益对象、层次和重要性,将作业分为以下五类,并分别设计相应的作业中心:

(1)产量级作业,是指明确地为个别产品(或服务)实施的、使单位产品(或服务)受益的作业。该类作业的数量与产品(或服务)的数量成正比例变动,包括产品加工、检验等。

(2)批别级作业,是指为一组(或一批)产品(或服务)实施的、使该组(或批)产品(或服务)受益的作业。该类作业的发生是由生产的批量数而不是单个产品(或服务)引起的,其数量与产品(或服务)的批量数成正比例变动,包括设备调试、生产准备等。

(3)品种级作业,是指为生产和销售某种产品(或服务)实施的、使该种产品(或服务)的每个单位都受益的作业。该类作业用于产品(或服务)的生产或销售,但独立于实际产量或批量,其数量与品种的多少成正比例变动,包括新产品设计、现有产品质量与功能改进、生产流程监控、工艺变换需要的流程设计、产品广告等。

(4)客户级作业,是指为服务特定客户所实施的作业。该类作业保证企业将产品(或服务)销售给个别客户,但作业本身与产品(或服务)数量独立,包括向个别客户提供的技术支持活动、咨询活动、独特包装等。

(5) 设施级作业,是指为提供生产产品(或服务)的基本能力而实施的作业。该类作业是开展业务的基本条件,其使所有产品(或服务)都受益,但与产量或销量无关,包括管理作业、针对企业整体的广告活动等。

(三) 成本对象

成本对象(cost objects)是指企业需要计量成本的对象。根据企业的需要,可以把每一个生产批次作为成本对象,也可以把一个品种作为成本对象。在顾客组合管理等新的管理工具中,需要计算出每个顾客的利润,以此确定目标顾客群体,这里的每个顾客就是成本对象。所以成本对象可以是工艺、流程、零部件、产品、服务、分销渠道、客户、作业、作业链等需要计量和分配成本的项目。

(四) 成本动因

成本动因(cost driver)是指诱导成本发生的原因,是成本对象与其直接关联的作业和最终关联的资源之间的中介。例如,水、电等动力的使用量导致水费、电费等动力费的发生,产品检验次数导致检验费的发生,生产批次导致生产设备调试准备费用的发生等,这里的水、电用量、产品检验次数、生产批次就是成本动因。成本动因分为资源动因和作业动因。

1. 资源动因

资源动因(resource driver)反映了资源消耗量与作业间的关系,计量各作业对资源的需要,是把总分类账上的资源成本分配到各项作业的依据。假设质量检验部门 20 名检验员中 2 人负责外购材料检验,9 人负责在产品检验,9 人负责产成品检验,则检验员人数就是资源动因,是将 100 000 元的检验员的薪酬分配到三项检验作业的标准。假设 20 名检验员是流水式工作方式,则要记录好检验员从事外购材料、在产品和产成品检验的工作时长,这种情况下,工作时长就是资源动因,是将 100 000 元的检验员的薪酬分配到三项检验作业的标准。而检验材料费的资源动因要根据实际检验过程中检验材料的消耗与受检物料的关系来确定,如果检验材料的使用量与受检物料的重量有关,则受检物料的重量就是检验材料费分配的标准(资源动因);如果与受检物料的数量有关,则受检物料的数量就是检验材料费分配的标准(资源动因)。再以"维修设备"作业为例,这项作业消耗的资源包括零部件、设备、工具、人工和能源(设备和工具运动所需的动力)。其中一些资源,如设备、工具的材料可以直接追溯到作业上。而其他一些资源,如动力和人工就无法直接追溯。实地观察动力消耗情况需要相应的计量仪器,而采用计量仪器有时不一定可行。结果可能转而采用"机器小时"这一资源动因来分配动力成本。假设,动力成本为 0.50 元/机器小时,"维修设备"作业使用了 5 000 机器小时,则动力成本应分配给该项作业 2 500 元(0.50×5 000)。这项作业的总成本等于可直接追溯的资源成本与按资源动因分配的成本之和。维修设备的总成本确定之后,便可按照作业动因将这项作业成本再分配到消耗该作业的各个对象。

2. 作业动因

作业动因(activity driver)是指将作业成本分配到产品或劳务的标准。它们计量了每类产品消耗作业的数量,反映了产品对作业消耗的逻辑关系,是将不同作业中归集的成本分配到成本对象的依据,是沟通资源消耗与最终产品的中介。例如,本月产成品材料检验作业成本为 60 000 元,本月检验的产成品有甲产品和乙产品,则"检验小时"或"检验次数"就可能成为一个作业动因,按甲产品、乙产品的检验次数或检验小时为分配标准将 60 000 元的检验作业成本分配给甲产品和乙产品。又如,作业动因"维修工作小时数"可被用来将"维修设备"作业的成本进一步分配至成本对象。如果提供"维修设备"作业的成本是 50 元/小时,而某生产部门(如装配车间)使用了 1 000 维修小时,则装配车间所应分担的作业成本就应是 50 000 元(50×1 000)。典型的作业动因有采购订单份数、验收单据份数、检验报告数、签订合同数、直接人工小时、机器小时、营销推广次数、员工人数等。

作业动因和资源动因也有混同的情况,当作业和产品一致,这时的资源动因和作业动因就是相同的。同时,资源动因连接着资源和作业,把资源分配到作业用的动因是资源动因;而作业动因连接着作业和产品,把作业成本分配到产品用的是作业动因。

作业成本法下,制造费用由全厂统一或按部门归集和分配,改为由若干个作业中心分别进行归集和分配,则增加了分配标准,由单一标准分配改为按引起制造费用发生的多种成本动因进行分配。作业成本法下间接费用的分配如图 7-1 所示。

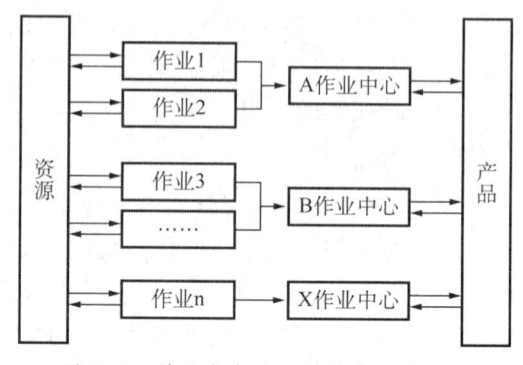

图 7-1　作业成本法下间接费用的分配

(五) 作业中心

作业中心又叫成本库,是指构成一个业务过程相互联系的作业集合,用来汇集业务过程及其产出的成本。换言之,按照统一的作业动因,将各种资源耗费项目归结在一起,便形成了作业中心。作业中心有助于企业更清晰地分析一组相关的作业,以便进行作业管理及企业组织机构和责任中心的设计与考核。

三、作业成本法的计算与应用

根据作业成本法的"作业消耗资源,产品消耗作业"的指导思想,产品成本计算分为两个阶段:第一阶段,识别作业,根据作业消耗资源的方式,将作业执行中耗费的资源分配到作业,计算作业成本;第二阶段,根据产品耗用的成本动因,将第一阶段计算的作业成本分配到各有关成本计算对象。作业成本计算法下的资源分配观和过程分析观如图 7-2 所示。

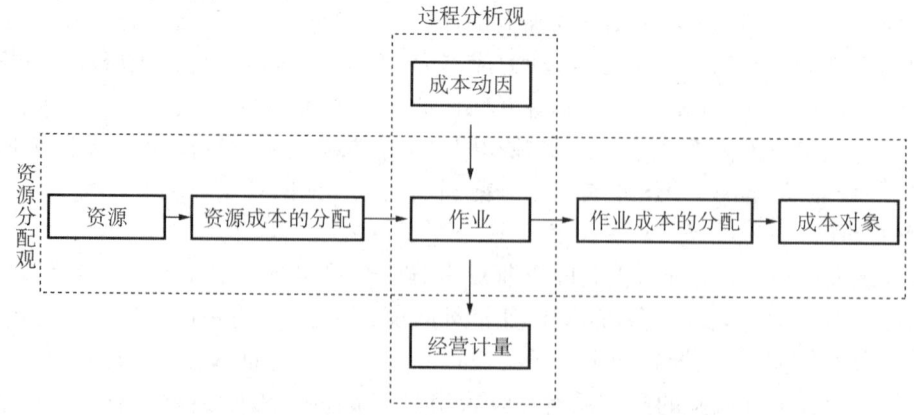

图 7-2　作业成本法下的资源分配观和过程分析观

作业成本法的
计算与应用

作业成本法计算的具体步骤如下。

1. 设立资源库并归集资源库价值

企业在生产产品或提供劳务过程中会消耗各种资源,如货币资金、原材料、人力、动力、厂房设备等。企业应先为各类资源设置相应的资源库,并对一定期内耗费的各种资源价格进行计量,将计量结果归入各资源库中。各类的资源成本在发生时,已由传统会计进行了记录,反映在应付职工薪酬、应付账款、存货、累计折旧、银行存款等账簿中。

2. 定义、识别和选择主要作业,并设立相应的作业中心

作业往往分散在企业的组织结构中,随着企业的规模、工艺和组织形式的不同而不同,认定作业可采用三种方法:一是先绘制企业的生产流程图,将企业的各种经营过程以网络的形式表现出来,每一个流程都分解出几项作业,最后将相关或同类作业归并起来;二是从企业现有的职能部门出发,通过调查分析,确定各个部门的作业,再加以汇总;三是召集全体员工开会,由员工或工作组描述其所完成的工作,再进行汇总。第三种办法有助于提高全体员工的参与意识,加速作业成本管理的实施,而前两种办法可以较快获取资料,准确性高,不会对员工造成干扰。

在进行作业确认时,一般按重要性和同质性的要求进行作业划分,纳入同一作业组的作业应具备两个条件:一是属于同一类作业;二是对于不同产品来说,有着大致相同的消耗比率。如"材料搬运"是一项作业,也可以作为一个作业中心,所有与材料搬运有关的费用都归属于"材料搬运"这一作业中心。

3. 确定资源动因,并将各资源库汇集的价值分派到各作业中心

资源费用通常可以从企业的日常会计核算中得到,但日常会计核算并无执行各项作业所消耗资源的成本。因此,企业应先根据不同的资源,选择合适的资源动因,如电费可以选择"所消耗的电力度数"作为资源动因;再根据各项作业所消耗的资源动因数量,将各资源库价值分配到各作业中心,如"产品质量检验"作业消耗了 600 度电,假设每度电成本为 0.5 元,则"产品质量检验"作业中的电力成本为 300 元。如果该项作业还消耗了其他资源,则按相应的资源动因,分别分配到该作业中心,汇总后就得到了该作业中心的作业成本。每个作业中心可以归集直接人工、直接材料、机器设备折旧、管理性费用等,如设备调整人员的工资、福利,调整所用的物料、工具的损耗等。

成本库又称同质成本库,它以作业中心为对象,把具有相同作业动因的作业所耗费的资源归集到一起。建立不同的成本库,按多个分配标准分配制造费用是作业成本计算优于传统成本计算之处。

4. 选择作业动因,并确定该作业成本的成本动因分配率

在归集同质作业成本库后,需要从中选取恰当的作业成本动因,把各作业成本库中的作业成本除以作业动因的单位数,计算出以作业动因为单位的成本分配率,即作业率。再根据成本对象耗用的作业和作业率,将作业成本分配到产品或服务。

成本动因的数量不能太多,也不能太少,应选择一个较适当的成本动因数量,使这些成本动因能充分合理地成为间接资源成本的分配基础。一般来说,成本动因的选择由企业工程技术人员、成本会计师等组成的专门小组讨论确定。选择成本动因时,要考虑成本动因材料是否易于获得;成本动因和消耗资源之间相关程度越高,现有的成本被歪曲的可能性就会越小;要确保作业消耗量与成本动因消耗量相关,综合权衡收益与成本,并考虑确认成本动因后的结果。

确定了作业和作业动因后,用各作业成本除以成本动因单位数,计算成本动因分配率。作业成本分配率分为实际作业成本分配率和预算作业成本分配率两种。

(1)实际作业成本分配率。实际作业成本分配率是根据各作业中心实际发生的成本和作业的实际产出,计算出的单位作业产出的实际成本,其计算公式为:

$$实际作业成本分配率 = \frac{当期实际发生的作业成本}{当期实际作业产出}$$

实际作业成本分配率的优点表现在所计算的成本为实际成本,无须进行成本差异的分配。其缺点表现在三个方面:①作业成本资料只能在会计期末取得,不能随时提供进行决策的有关成本信息。②不同会计期间作业不同,作业需求量也不同,因而计算出的作业成本分配率忽高忽低。③容易忽视作业需求变动对成本的影响,不利于划清造成成本高低的责任归属。

实际作业成本分配率主要适用于作业产出比较稳定的企业。

(2)预算作业成本分配率。预算作业成本分配率根据预算年度预计的作业成本和预计作业产出计算,其计算公式为:

$$预算作业成本分配率 = \frac{预计作业成本}{预计作业产出}$$

预算作业成本分配率可以克服实际作业成本分配率的缺点,能随时提供决策所需的成本信息,可以避免因作业成本变动和作业需求不足引起的产品成本波动,并有利于及时查清成本升高的原因。

5. 计算作业成本和产品成本

(1)计算耗用的作业成本,其计算公式为:

$$某产品耗用的作业成本 = \sum(该产品耗用作业量 \times 实际作业成本分配率)$$

(2)计算产品成本。产品成本即当期发生的总成本,其计算公式为:

某产品当期发生总成本 = 当期投入该产品的直接成本 + 当期该产品耗用的各项作业成本

其中:

$$直接成本 = 直接材料成本 + 直接人工成本$$

四、作业成本法与传统成本法的比较

(一)作业成本法与传统成本法的联系

1. 性质相同

作业成本法和传统成本法都是成本计算系统,它们都是为了计算一定时期内产品生产的成本,提供产品成本信息以支持决策。

2. 直接成本分配方法相同

作业成本法和传统成本法都是根据受益原则,将直接发生的费用成本直接归集分配至

作业成本计算法与传统成本计算法的比较

受益产品。

(二)作业成本法与传统成本法的区别

1. 成本计算对象不同

传统成本法以企业最终产品作为成本计算对象,以产品为中心;作业成本法不仅关注产品成本,而且更多地关注产品成本产生的原因及其形成过程,它的成本计算对象具有多层次性,包括最终的产品、资源和作业。作业成本法以作业为中心,作业既是成本形成的载体,又是成本计算的对象。当企业每完成一项作业,就会有一定量的资源被消耗,同时又有一定价值量的产出转移到下一项作业,照此逐步结转下去,直到最终把产品提供给顾客,因此,资源、作业、最终产品之间是通过成本动因有机联系在一起的。作业成本法可以对资源、作业、产品、原材料、客户、销售市场、销售渠道等不同层次的成本对象提供相应的成本信息。作业成本法相对于传统成本法,成本概念得到了延伸。传统成本法的成本概念只局限于产品的生产制造过程。作业成本法立足于全程的成本进行管理,将成本视野向前延伸到产品的市场需求阶段,分析相关技术的发展态势,向后延伸到顾客的使用、维修及处置阶段。

2. 间接费用归集和分配的理论基础不同

传统成本方法的理论基础是指企业所生产的产品按照其耗费的生产时间或按照其产量线性地消耗各项的间接费用。因此,间接费用可以以一定的标准平均地分摊到各种产品的成本中。这种方法,没有考虑实际生产中产品消耗与费用的配比问题,只能算是一种近似的分配方法。作业成本法的理论基础是"成本驱动因素论"。这种理论认为,企业的产品成本和价值并不是孤立产生的,产品成本的形成是与各种资源的消耗密切相关的,因此,分配间接费用应着眼于费用、成本的来源,将间接费用的分配与产生这些费用的原因联系起来——产品消耗作业,作业消耗资源并导致成本的发生。作业成本法在成本核算上突破产品这个界限,使成本核算深入到资源、作业层次,它从资源的消耗入手,以多种资源动因(即资源成本的分配标准)为标准按作业中心收集成本,并把各作业中心的成本按不同的作业动因(即作业成本的分配标准)分配到各种产品中。作业成本法通过选择多样化的分配标准(成本动因)进行间接费用分配,使费用分配、成本计算特别是比重日趋增长的固定制造费用按产品对象化的过程明细化,从而使成本的可归属性大大提高,并将按人为标准分配间接费用、计算产品成本的比重缩减到最低限度,从而提高了成本信息的准确性。传统成本法和作业成本法间接费用分配的区别如图 7-3 所示。

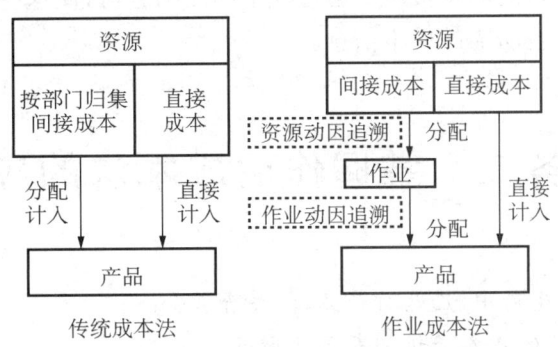

图 7-3　传统成本法和作业成本法间接费用分配的区别

3. 成本信息的详细程度不同

传统成本法认为成本的经济实质是生产经营过程中所耗费的生产资料转移的价值和劳动者为自己所创造的价值的货币表现,主要是指其制造成本,只包括制造产品过程中与生产产品直接相关的费用——直接材料、直接人工、制造费用等,并按照费用的经济用途划分成本项目,而用于管理和组织生产的费用支出则作为期间费用处理。作业成本法认为产品成本表现为价值在企业的逐步积累和转移,最后形成转移给外部顾客的总价值,因此,产品成本是完全成本。制造过程中的所有费用,只要是合理的、有效的,都是对最终产出有益的支出,因而都应计入产品成本。也就是说,作业成本法强调费用支出的合理有效性,而不论其是否与产出直接有关。作业成本法不仅能提供各种产品总成本的信息,还能提供产品生产过程中所消耗的各项作业的成本信息,其详细程度高于传统成本法。

4. 成本计算的意义不同

传统成本法只是为了计算最终产品的成本,成本信息只能反映经营结果如何,而无法反映经营失败的原因,以及怎样作出改变在今后的竞争中才能反败为胜。作业成本法则把重点放在成本的形成过程上,成本核算深入到作业层次。通过对作业能否给产品带来增值的分析,可以区分增值作业与非增值作业;非增值作业消耗资源却不增加产品价值,所以要通过产品生产流程设计,争取消除或减少非增值作业;对于增值作业,要分析增值作业的成本信息,检验作业的执行效率。作业成本法下,通过开展作业分析,可以寻求降低成本的可靠依据和企业优化作业组合的途径,采用日趋合理的产品生产程序,降低总资源耗费。

5. 适用条件的差异

传统成本法适用于大量大批生产、产品结构单一、产品品种少,寿命周期长,工艺不复杂、制造费用的数额相对较小,且其发生与直接人工成本有事实上相关的劳动密集型企业。作业成本法一般适用于间接费用所占比重较大、小批量、产品品种繁多、产品生产工艺复杂多变,生产经营活动十分复杂、较好地实施了适时生产系统和全面质量管理体系,管理当局对传统成本计算系统提供信息的准确度不满意的技术、资金密集型企业。

作业成本法还适用于制造业以外的行业,如银行、商店、高校、医院等。因为这些行业会发生与业务非相关的较多的间接费用。通过成本动因的分析,使这些费用与服务相联系,可以更准确地提供这些行业所需的成本信息。

任务二　掌握作业成本法的应用

例 7-1

【例 7-1】　某企业生产甲、乙两种产品,相关资料如下:

(1) 甲、乙两种产品的基本资料如表 7-1 所示。

表 7-1　甲、乙产品基本资料

产品名称	年产量(台)	单位产品机器工时(小时)	单位产品直接材料成本(元)	单位产品直接人工成本(元)
甲	10 000	10	75	30
乙	40 000	10	45	30

（2）企业每年制造费用总额为 2 000 000 元。甲、乙产品的复杂程度不同，所耗作业量也不一样。依据作业动因设置五个成本库，相关资料如表 7-2 所示。

表 7-2　甲、乙产品作业基本资料

作业名称	成本动因	作业成本(元)	作业动因数		
			甲产品	乙产品	合计
机器调整	调整次数	600 000	3 000	2 000	5 000
质量检验	检验次数	480 000	4 000	4 000	8 000
生产订单	订单份数	120 000	200	400	600
机器维修	维修次数	600 000	400	600	1 000
材料验收	验收次数	200 000	100	300	400
合计		2 000 000			

要求：分别采用作业成本法和传统成本法计算甲、乙两种产品的单位成本。

解：1. 用作业成本法计算甲、乙两种产品的单位成本

（1）计算各项作业的成本分配率，如表 7-3 所示。

表 7-3　作业成本动因分配率

作业名称	成本动因	作业成本(元)	作业动因数			作业成本分配率
			甲产品	乙产品	合计	
(1)	(2)	(3)	(4)	(5)	(6)	(7)=(3)÷(6)
机器调整	调整次数	600 000	3 000	2 000	5 000	120
质量检验	检验次数	480 000	4 000	4 000	8 000	60
生产订单	订单份数	120 000	200	400	600	200
机器维修	维修次数	600 000	400	600	1 000	600
材料验收	验收次数	200 000	100	300	400	500
合计		2 000 000				

（2）计算作业成本法下两种产品的制造费用成本，计算结果如表 7-4 所示。

表 7-4 作业成本法下甲、乙产品的制造费用成本

作业名称	作业成本（元）	作业动因数		作业成本分配率	分配的制造费用（元）	
		甲产品	乙产品		甲产品	乙产品
(1)	(2)	(3)	(4)	(5)	(6)=(3)×(5)	(7)=(4)×(5)
机器调整	600 000	3 000	2 000	120	360 000	240 000
质量检验	480 000	4 000	4 000	60	240 000	240 000
生产订单	120 000	200	400	200	40 000	80 000
机器维修	600 000	400	600	600	240 000	360 000
材料验收	200 000	100	300	500	50 000	150 000
合计	2 000 000				930 000	1 070 000

（3）计算作业成本法下甲、乙产品的单位成本。

单位甲产品制造费用＝930 000÷10 000＝93（元）

单位乙产品制造费用＝1 070 000÷40 000＝26.75（元）

甲产品单位成本＝单位产品直接材料成本＋单位产品直接人工成本＋

单位产品制造费用

＝75＋30＋93＝198（元）

乙产品单位成本＝单位产品直接材料成本＋单位产品直接人工成本＋

单位产品制造费用

＝45＋30＋26.75＝101.75（元）

2. 用传统成本计算法计算甲、乙两种产品的单位成本

甲产品的机器工时＝10 000×10＝100 000（小时）

乙产品的机器工时＝40 000×10＝400 000（小时）

制造费用分配率＝2 000 000÷（100 000＋400 000）＝4（元/小时）

甲产品的制造费用＝100 000×4＝400 000（元）

乙产品的制造费用＝400 000×4＝1 600 000（元）

单位甲产品制造费用＝400 000÷10 000＝40（元）

单位乙产品制造费用＝1 600 000÷40 000＝40（元）

甲产品单位成本＝单位产品直接材料成本＋单位产品直接人工成本＋

单位产品制造费用

＝75＋30＋40＝145（元）

乙产品单位成本＝单位产品直接材料成本＋单位产品直接人工成本＋

单位产品制造费用

＝45＋30＋40＝115（元）

比较两种成本计算法下甲、乙产品总成本和单位成本的结果，如表 7-5 所示。

表 7-5　两种成本计算法下甲、乙产品成本对比表

项目	甲产品(产量 10 000 台)				乙产品(产量 40 000 台)			
	总成本(元)		单位成本(元)		总成本(元)		单位成本(元)	
	传统	作业	传统	作业	传统	作业	传统	作业
直接材料	750 000	750 000	75.00	75.00	1 800 000	1 800 000	45.00	45.00
直接人工	300 000	300 000	30.00	30.00	1 200 000	1 200 000	30.00	30.00
制造费用	400 000	930 000	40.00	93.00	1 600 000	1 070 000	40.00	26.75
合计	1 450 000	1 980 000	145.00	198.00	4 600 000	4 070 000	115.00	101.75

从表 7-5 可以看出,与作业成本法计算法相比,在传统成本法下,甲产品少分配成本 530 000 元(1 980 000－1 450 000),乙产品多分配成本 530 000 元(4 600 000－4 070 000),从而导致在传统成本法下,甲产品的单位成本被低估,乙产品的单位成本被高估。作业成本法较好地反映了制造费用成本的同质性,并且按不同成本动因进行分配,提供的成本信息相对精确。

通过对作业成本计算过程中相关数据信息进行分析,我们还可以更进一步地了解甲、乙两种产品的生产特点。如本月生产甲产品 10 000 台,生产过程中共进行了 3 000 次机器调整,平均每生产 3 台甲产品就要调整机器设备一次;本月生产乙产品 40 000 台,生产过程中共进行了 2 000 次机器调整,平均每生产 20 台乙产品调整机器设备一次。由此可见,相对于乙产品而言,甲产品的生产规模小、批量少、批次多,机器调整费用高。再看一下生产订单,本月每份生产订单的处理成本为 200 元,本月甲产品的生产订单为 200 份,平均每份订单的产品需求量为 50 件,而乙产品的生产订单为 400 份,平均每份订单的产品需求量为 100 件。由于每份订单的处理成本是一样的,每份订单的产品需求量多,则分摊给单位产品的订单成本就少。反之,则单位产品的订单成本就高。

在传统成本法下,采用单一的、主观的分配率进行分配,导致成本信息严重失真,会导致管理决策和方针确定方面产生潜在失误。作业成本法将制造费用按不同的动因分配到一系列成本库中进行归集,然后按照各自的动因率进行分配。即作业成本法将与产出量相关的制造费用和非相关的制造费用区分开来,采用不同的动因进行分配,使得成本库中所归集的制造费用更具有同质性,费用与分配标准之间更具有因果关系,从而使得分配的结果更加精确。

从上述分析中,我们也可以体会到传统成本法只是计算出了最终产品的成本,而作业成本法不仅可以算出最终产品的成本,而且把重点放在成本的形成过程上,可以开展作业分析,寻求降低成本的可靠依据和企业优化作业组合的途径。作业成本法依赖于生产中详细的成本费用资料、投入产出的原始数据等,这些原始数据的取得、信息的收集需要现代电子计算技术等的支持。

【例 7-2】 作业成本法在保险公司中的应用

保险业作为朝阳产业发展迅速,但保险公司面临的社会环境也越来越复杂,保险市场竞争日益激烈。保险公司大量的间接费用需要分摊到公司保险产品的成本。为了保持增强企业的竞争力,提高资源的利用效率,需要合理评估不同项目的成本和收益。某保险公司对外

例 7-2

提供的保险产品有车险、企业财产险、意外及健康险、投资险,某月各险种收入如表7-6所示,某月保险公司客户服务部成本费用如表7-7所示。

表7-6 各险种收入及占比

险种	保费收入(万元)	收入占比
车险	119.81	48.82%
企业财产险	11.26	4.59%
意外及健康险	11.33	4.62%
投资险	103.00	41.97%
合计	245.40	100.00%

表7-7 客户服务部成本费用表

客户服务部成本类型		金额(元)
资源费用	说明	
人员费用	负责新客户签约业务的人员薪酬等支出	7 200
	负责接待理赔业务的人员薪酬	17 800
	小计	25 000
场地租金	客户服务部办公区租金	7 760
设备费用	办公设备折旧、日常维护保养等	9 120
车辆费用	汽油费、过桥过路费及日常维修保养等	12 800
通信费用	办公室的通信费用、人员通信费	4 200
快递费用	收寄客户保险相关资料文件等	1 080
合计		59 960

传统的成本分配方法是按各险种的保费收入占比来分配客户服务部的成本费用。计算结果如表7-8所示。

表7-8 按保费占比分配客户服务部的成本费用

险种	保费收入(万元)	收入占比	客户服务部成本分配(保费占比法)
车险	119.81	48.82%	29 272.47
企业财产险	11.26	4.59%	2 752.16
意外及健康险	11.33	4.62%	2 770.15
投资险	103.00	41.97%	25 165.22
合计	245.40	100.00%	59 960.00

公司财务部决定在客户服务部试点运用作业成本法进行成本费用的分配。具体步骤如下:

第一步,根据业务流程,确认客户服务部的各项作业。公司通过对客户服务部的实地调研,经反复研究和讨论之后,按照业务流程,确定的作业为:保单初审➡保单录入➡核保➡分保➡寄发保单➡理赔立案➡理赔调查结果➡核赔➡结案。

第二步,确定资源动因并收集相关数据,如表7-9所示。

表7-9 相关数据

作业	人力费用		场地租金	设备费用	车辆费用	通信费用	快递费用
	新契约	理赔					
资源动因	工时	工时	人员/每作业	工时	行驶里数	估算	邮寄件数
保单初审	40%	—	20%	5%	—	10%	—
保单录入	20%	—	10%	20%	—	—	—
核保	30%	—	10%	20%	—	—	—
分保	5%	—	5%	5%	—	—	—
寄发保单	5%	—	5%	—	—	—	100%
理赔立案	—	10%	10%	5%	10%	—	—
理赔调查结果	—	50%	20%	20%	80%	80%	—
核赔	—	30%	10%	20%	—	—	—
结案	—	10%	10%	5%	10%	10%	—
合计	100%	100%	100%	100%	100%	100%	100%

第三步,按资源动因将各项资源费用分配给作业,如表7-10所示。

表7-10 分配费用

作业	人力费用		场地租金	设备费用	车辆费用	通信费用（元）	快递费用	合计
	新契约	理赔						
资源动因	工时	工时	人员/每作业	工时	行驶里数	估算	邮寄件数	
保单初审	2 880	—	1 552	456	—	420	—	5 308
保单录入	1 440	—	776	1 824	—	—	—	4 040
核保	2 160	—	776	1 824	—	—	—	4 760
分保	360	—	388	456	—	—	—	1 204
寄发保单	360	—	388	—	—	—	1 080	1 828
理赔立案	—	1 780	776	456	1 280	—	—	4 292
理赔调查结果	—	8 900	1 552	1 824	10 240	3 360	—	25 876
核赔	—	5 340	776	1 824	—	—	—	7 940
结案	—	1 780	776	456	1 280	420	—	4 712
合计	7 200	17 800	7 760	9 120	12 800	4 200	1 080	59 960

第四步,分析作业动因并收集信息,如表7-11所示。例如,保单新契约的初审需要消耗初审人员的精力和时间,不同险种在保险责任、功能、承保风险等方面的差异,投保人自身的个体差异,导致初审人员审核不同保单耗费的时间和精力是不一样的,因此选择时间作为动因。

表7-11 作业动因相关信息

作业	作业动因	作业动因量				
		车险	企业财产险	意外及健康险	投资险	合计
保单初审	工时	70 小时	7 小时	11 小时	2 小时	90 小时
保单录入	录入单数	706 单	26 单	20 单	28 单	780 单
核保	核保工时	45 小时	12 小时	19 小时	2 小时	78 小时
分保	分保工时	1 小时	18 小时	2 小时	——	21 小时
寄发保单	寄发单数	306 单	7 单	9 单	14 单	336 单
理赔立案	立案件数	31 件	1 件	3 件	——	35 件
理赔调查结果	调查时间	45 小时	4 小时	28 小时	——	77 小时
核赔	核赔时间	35 小时	5 小时	20 小时	——	60 小时
结案	结案时间	10 小时	9 小时	11 小时	——	30 小时

第五步,计算作业成本分配率,如表7-12所示。

表7-12 计算作业成本分配率

作业	作业成本(元)	作业动因总量	作业成本分配率
保单初审	5 308	90 小时	58.98 元/小时
保单录入	4 040	780 单	5.18 元/单
核保	4 760	78 小时	61.03 元/小时
分保	1 204	21 小时	57.33 元/小时
寄发保单	1 828	336 单	5.44 元/单
理赔立案	4 292	35 件	122.63 元/件
理赔调查结果	25 876	77 小时	336.05 元/小时
核赔	7 940	60 小时	132.33 元/小时
结案	4 712	30 小时	157.07 元/小时

第六步,分配作业成本,如表7-13所示。

表 7-13 分配作业成本

作业	作业成本分配率	车险		企业财产险		意外及健康险		投资险	
		作业量	成本	作业量	成本	作业量	成本	作业量	成本
保单初审	58.98 元/小时	70 小时	4 128.60	7 小时	412.86	11 小时	648.78	2 小时	117.76
保单录入	5.18 元/单	706 单	3 657.08	26 单	134.68	20 单	103.60	28 单	144.64
核保	61.03 元/小时	45 小时	2 746.35	12 小时	732.36	19 小时	1 159.57	2 小时	121.72
分保	57.33 元/小时	1 小时	57.33	18 小时	1 031.94	2 小时	114.73	—	0
寄发保单	5.44 元/单	306 单	1 664.64	7 单	38.08	9 单	48.96	14 单	76.32
理赔立案	122.63 元/件	31 件	3 801.53	1 件	122.63	3 件	367.84	—	0
理赔调查结果	336.05 元/小时	45 小时	15 122.25	4 小时	1 344.20	28 小时	9 409.55	—	0
核赔	132.33 元/小时	35 小时	4 631.55	5 小时	661.65	20 小时	2 646.80	—	0
结案	157.07 元/小时	10 小时	1 570.70	9 小时	1 413.63	11 小时	1 727.67	—	0
合计			37 380.03		5 892.03		16 227.50		460.44

第七步,比较分析,如表 7-14 所示。

表 7-14 比较分析

险种	保费收入（万元）	收入占比	保费占比法分配结果	作业成本法分配结果	差异
车险	119.81	48.82%	29 272.47	37 380.03	−8 107.56
企业财产险	11.26	4.59%	2 752.16	5 892.03	−3 139.87
意外及健康险	11.33	4.62%	2 770.15	16 227.50	−13 457.35
投资险	103.00	41.97%	25 165.22	460.44	24 704.78
合计	245.40	100.00%	59 960.00	59 960.00	0

仅以客户服务部成本费用分配为试点,从表 7-14 中可以看出,传统保费成本法低估了车险,企业财产险和意外及健康险的成本,严重高估了投资险的成本。作业成本法以作业量为分配基础,以作业为中心,它先根据资源动因将资源费用归集到作业,再根据作业动因,将作业分配到各险种,更加真实地反映成本信息。投资险保费收入高,业务简单清晰,在客户服务部各业务环节投入资源很少;某些险种保费规模较小,复杂程度高,各个环节投入资源较高。

任务三　理解作业成本管理

作业成本管理(activity-based costing management，ABCM)是以提高客户价值、增加企业利润为目的，基于作业成本法的新型集中化管理方法。它通过对作业及作业成本的确认、计量，最终计算产品成本，同时将成本计算深入到作业层次，对企业所有作业活动追踪并动态反映，进行成本链分析，包括动因分析，作业分析等，为企业决策提供准确信息；指导企业有效地执行必要的作业，消除和精简不能创造价值的作业，从而达到降低成本，提高效率的目的。

作业成本管理是通过对作业的识别和管理，选择作业价值最大化而客户成本最小化的活动，旨在提高客户价值，进而提高企业竞争能力的一种管理方法。它既是精确的成本计算系统，也是改进业绩的工具。作业成本管理的设计与运行必须考虑成本动因分析、作业分析和成本节约三方面的要求，并按次序组织衔接，循环进行。

一、成本动因分析

要进行作业成本管理，必须找出导致作业成本发生的原因。每项作业都有投入和产出，作业投入是为了取得产出而由作业消耗的资源，作业产出则是一项作业的结果或产品。然而产出量指标并不一定是作业成本发生的根本原因，必须进一步进行动因分析，找出形成作业成本的根本原因。例如，搬运材料需要消耗人力、使用设备、工具等，搬运材料的根本原因，可能是车间布局不合理造成的，一旦确认是这个原因，就可以采取相应措施，如调整车间布局，减少搬运成本。

二、作业分析

作业分析的主要目标是认识企业的作业过程，以便从中发现持续改善的机会及途径。分析和评价作业、改进作业和消除非增值作业构成了流程价值分析与管理的基本内容。按照对客户价值的贡献，作业可以分为增值作业和非增值作业。改进流程需要先将每一项作业分为增值作业或非增值作业，明确增值成本和非增值成本，再进一步确定如何将非增值成本降至最小。

(一)增值作业

增值作业(value-added activity)是指顾客认为可以增加其购买的产品或服务的有用性，有必要保留在企业中的作业。一项作业必须同时满足以下三个条件才能判定为增值作业：①该作业导致了状态的改变。②该状态的变化不能由其他作业来完成。③该作业使得其他作业得以进行。例如，印刷厂的最后装订工序是先裁边再装订，那么裁边作业使得原有纸张整齐划一，从而改变了原来的状态。这种状态之前的印刷或其他作业均不能实现该目的，而只裁边之后，才能进行后续的装订作业。裁边作业符合上述三项条件，因此为增值作业。按照作业效率，增值作业可以分为高效作业和低效作业。增值成本即是那些以完美效率执行增值作业而发生的成本，或者说是高效增值作业产生的成本。

（二）非增值作业

非增值作业（non-value-added activity）是指对增加客户价值没有贡献的作业，客户不会因为企业消除这类作业而降低愿意支付的金额。非增值作业是不必要的，其判断标准是企业把该作业消除后也不影响产品对顾客服务的潜能。如果一项作业不能同时满足判定为增值作业的三个条件，则可判定其为非增值作业。如检验作业，只能说明产品是否符合标准，而不能改变其形态，不符合增值作业的第一个条件。存货的存储、分类、整理和装运，也是非增值作业；产品因质量问题所进行的返修、重复检测、生产等待工作等都是非增值作业。执行非增值作业发生的成本全部是非增值成本，低效作业的成本也是非增值成本。企业作业成本管理的目标之一就是寻找非增值作业，将非增值成本降至最低。

三、成本节约

激烈地竞争要求企业以尽可能低的成本，及时地生产客户需要的产品。在区分了增值作业和非增值作业后，企业要尽量消除或减少非增值成本，最大化地利用增值作业，减少不必要的耗费，提升经营效率。作业成本管理通过作业消除、作业选择、作业减少和作业共享等措施来降低成本提高效益。

（一）作业消除

作业消除是指消除不增值的作业，即先确定不增值的作业，进而采取有效措施予以消除。例如，将原材料从集中保管的仓库搬运到生产部门，将某部门生产的零件搬运到下一个生产部门都是不增值作业。如果条件许可，将原材料供应商的交货方式改为直接送达原料使用部门，将功能性的工厂布局变为单元制造式布局，就可以缩短运输距离，削减甚至消除不增值的作业。又如，酒店装修风格可能各有不同，但大多数酒店的床上用品及浴室里的毛巾都是白色，除了因为白色让人有干净卫生的感觉，满足了顾客的需求之外，相对于彩色的用品，白色的布草在购置、清洗、消毒等环节成本都要低一些。

（二）作业选择

作业选择是指尽可能列举各项可行的作业并从中选择最佳的作业。不同的策略经常产生不同的作业，例如，不同的产品销售策略会产生不同的销售作业，而作业引发成本，因此，不同的产品销售策略，引发不同的作业及成本。在其他条件不变的情况下，选择作业成本最低的销售策略，可以降低成本。

（三）作业减少

作业减少是指改善必要作业的效率或者改善在短期内无法消除的不增值的作业，如减少整理准备次数，就可以减少整理准备成本。

（四）作业共享

作业共享是指利用规模经济效应提高必要作业的效率，即增加成本动因的数量但不增加作业成本，这样可以减少单位作业成本及分摊于产品的成本。例如，新产品在设计时如果考虑到充分利用现有其他产品使用的零件，就可以免除新产品零件的设计作业，从而降低新产品的生产成本。

思政园地

项目七：作业成本法——
撬动管理创新的支点

【职业资格与技能训练七】

一、单项选择题

1. 作业成本法适用于具有(　　)特征的企业。

A. 间接生产费用比重较小　　　　　　B. 作业环节较少

C. 生产准备成本较高　　　　　　　　D. 产品品种较少

2. 作业成本的缺陷是(　　)。

A. 实施成本较高　　　　　　　　　　B. 实施效果较差

C. 成本决策相关性较弱　　　　　　　D. 间接费用的分配与产出量相关性较弱

3. 某项作业是否为增值作业的判断依据不包括(　　)。

A. 该作业导致了状态的改变

B. 该作业必须是高效率的而且是不可或缺的

C. 该状态的变化不能由其他作业来完成

D. 该作业使其他作业得以进行

4. 根据作业成本管理原理,下列关于成本节约途径的表述中不正确的是(　　)。

A. 将外购材料交货地点从厂外临时仓库变更为材料耗车间属于作业选择

B. 不断改进技术降低作业消耗的时间属于作业减少

C. 新产品设计时尽量考虑利用现有其他产品使用的零件属于作业共享

D. 将内部货物运输业务由自营转为外包属于作业选择

5. 根据作业成本管理原理,某制造企业的下列作业中,属于增值作业的是(　　)。

A. 产品检验作业　　　　　　　　　　B. 零件组装作业

C. 产品运输作业　　　　　　　　　　D. 次品返工作业

6. 作业成本管理中以不断改进的方式降低作业消耗的资源或时间的途径属于(　　)。

A. 作业消除　　　　　　　　　　　　B. 作业选择

C. 作业减少　　　　　　　　　　　　D. 作业分享

二、多项选择题

1. 成本动因按其在作业成本中体现的分配性质不同,可以分为(　　)。

A. 资源动因   B. 作业动因

C. 产品动因   D. 需求动因

2. 下列各项作业动因中,属于交易动因的有(   )。

A. 接受订单次数   B. 发出订单次数

C. 产品安装时间   D. 特别复杂产品的安装

3. 下列各项作业中,属于品种类作业的有(   )。

A. 设备调试   B. 现有产品质量与功能改进

C. 产品检验   D. 新产品设计

4. 下列各项中,属于作业类别的有(   )。

A. 设备作业   B. 生产作业

C. 批别作业   D. 品种作业

5. 下列各项作业中,属于批别作业的有(   )。

A. 设备调试   B. 生产准备

C. 产品检验   D. 新产品设计

6. 下列有关说法中,正确的有(   )。

A. 作业动因需要在交易动因、持续时间动因和强度动因间进行选择

B. 如果每次执行做需要的资源数量相同或接近,应选择交易动因

C. 如果作业的执行比较特殊或复杂,应选择强度动因

D. 如果每次执行所需要的时间存在显著不同,应选择强度动因

7. 下列各项中,属于作业成本管理中的非增值作业的有(   )。

A. 材料验收检验作业

B. 次品返工作业

C. 产品零部件加工作业

D. 产品零部件组装作业

8. 作业成本管理的一个重要内容是寻找非增值作业,将非增值成本降至最低,下列各项中,属于非增值作业的有(   )。

A. 从仓库到车间的材料运输作业

B. 零部件加工作业

C. 零部件组装作业

D. 产成品质量检验作业

9. 改进流程需要先将每一项作业分为增值作业或非增值作业。增值作业必须满足的条件有(   )。

A. 该作业可以提高产品合格率

B. 该作业导致了状态的改变

C. 该状态的变化不能由其他作业来完成

D. 该作业使其他作业得以进行

10. 作业成本法的兴起和运用与(   )以及新的制造环境密切相关。

A. 专业化生产   B. 电脑辅助设计

C. 弹性制造系统   D. 适时生产方式

三、判断题

1. 在作业成本法下,成本动因是导致成本发生的诱因,是成本分配的依据。 （　　）
2. 预期的机器工时可以作为分配机器维护成本的合理动因。 （　　）
3. 消除非增值作业最有效的办法是实施适时生产系统。 （　　）
4. 从作业成本管理的角度看,降低成本的途径中作业消除和作业减少是针对非增值作业而言的。 （　　）
5. 作业动因是引起资源耗用的成本动因,它反映了资源耗用与作业量之间的因果关系。 （　　）
6. 如果作业的执行比较特殊或复杂,应选择持续时间动因。 （　　）
7. 作业成本法就是以"产品消耗作业,作业消耗资源"为基本核算原理的。 （　　）
8. 对作业和流程的执行情况进行评价时,使用的考核指标可以是财务指标也可以是非财务指标,其中非财务指标主要用于时间、质量、效率三个方面的考核。 （　　）
9. 非增值作业的成本一定是非增值成本,非增值成本一定是非增值作业产生的。 （　　）
10. 增值作业中因为低效率所发生的成本属于增值成本。 （　　）
11. 采用作业成本法,作业分类越细越好。 （　　）
12. 作业成本法既是一种成本计算方法,又是一种成本管理工具。 （　　）

四、技能训练

南方高科公司生产两种打印机,假设该公司相关数据如表7-15所示。公司确认了以下3项作业,并记录了作业成本和成本动因,如表7-16所示。

表7-15　相关数据

项目	豪华型打印机	普通型打印机
产量(台)	5 000	15 000
售价(元)	4 000	2 000
单位产品直接材料和人工成本(元)	2 000	800
直接人工工时(小时)	25 000	75 000

表7-16　作业成本和成本动因

作业	作业成本合计（元）	作业动因	作业动因数	
			豪华型打印机	普通型打印机
设备调整	3 000 000	调整次数	200	100
机器运行	16 250 000	机器小时	55 000	107 500
包装	750 000	包装单数量	10 000	15 000
合计	20 000 000			

要求:按作业成本法计算两种产品的单位成本和单位产品利润。

(1)计算各项作业的成本分配率,如表7-17所示。

表 7-17　作业成本动因分配率

作业名称	成本动因	作业成本（元）	作业动因数			作业成本分配率
			豪华型打印机	普通型打印机	合计	
（1）	（2）	（3）	（4）	（5）	（6）	（7）＝（3）÷（6）
合计						

（2）计算作业成本法下两种产品的制造费用成本，如表 7-18 所示。

表 7-18　作业成本法下豪华型打印机、普通型打印机的制造费用成本

作业名称	作业成本（元）	作业动因数		作业成本分配率	分配的制造费用	
		豪华型打印机	普通型打印机		豪华型打印机	普通型打印机
（1）	（2）	（3）	（4）	（5）	（6）＝（3）×（5）	（7）＝（4）×（5）
合计						

（3）作业成本法下豪华型打印机、普通型打印机单位成本的计算，如表 7-19 所示。

表 7-19　豪华型打印机、普通型打印机单位成本的计算

项目（元）	豪华型打印机	普通型打印机
单位产品直接材料和人工成本		
单位产品制造费用成本		
单位产品成本		
售价		
单位产品利润		

项 目 八

预 算 管 理

 知识目标

理解预算管理的概念

识记预算的分类

理解预算管理的作用

掌握固定预算、弹性预算、滚动预算、零基预算的编制方法

掌握经营预算、专门决策预算和财务预算的编制原理和方法

熟悉预算的执行、调整和考核

能力目标

能够采用滚动预算法、零基预算法、弹性预算法等方法编制经营预算、专门决策预算和财务预算

素质目标

培养"预则立,不预则废"的思想观念

养成全局意识

思政目标

通过对销售预算的编制及有关存货期末数量的确定知识点的学习,引导学生建立以销定产和全局管理的职业意识

【导学】

魏文王问名医扁鹊说:"你们家兄弟三人,都精于医术,到底哪一位最好呢?"扁鹊答:"长兄最好,中兄次之,我最差。"

文王再问:"为何?"

扁鹊答:"长兄治病,是治病于病情发作之前。一般人不知道他事先能铲除病因,所以他的名气无法传出去。中兄治病,是治病于病情初起时。一般人以为他只能治轻微的小病,所以他的名气只及本乡里。而我是治病于病情严重之时。一般人都看到我在经脉上穿针放血、在皮肤上敷药等大手术,所以以为我的医术高明,名气因此响遍全国。"

"良医者,常治无病之病,故无病;圣人者,常治无患之患,故无患。"事前预测,防患于未然,是最理想的状态。然而由于没有发生,反而容易忽略了其重要的作用;事中控制,将可能发生的风险扼杀在萌芽状态,由于事态较小,也容易不被引起足够的重视;事后弥补,虽然为时已晚,但是由于看得到后果的严重性,在弥补时更容易得到认同。企业的经营管理过程也是如此。很多企业管理者非常重视财务分析的工作,通过财务分析数据发现企业存在的问题后,努力去纠偏弥补。财务分析固然重要,却往往由于整体目标不够明确,加之管理的惯性、财务数据的滞后性,不能使企业进入到良性循环机制中。此时,即便是高薪聘请来了名气响彻全国甚至全球的"扁鹊"来进行咨询医治,局面也很难扭转。因此,我们应该博采扁鹊三兄弟之长,从战略出发,推行包括目标分解、预算编制、预算控制、预算分析考评在内的全面预算管理,最终实现事前算赢、事中控赢、事后多赢。

任务一　理解预算管理的基本概念

一、预算及预算管理的定义

(一)预算的定义

预算(budget)是指对企业未来一定时期所预计的经营活动,用价值指标或非价值指标进行量化的表现形式。预算是行为计划的量化,这种量化有助于管理者协调、贯彻计划,是一种重要的管理工具。

(二)预算管理的定义

预算管理是指企业以战略目标为导向,通过对未来一定期间内的经营活动和相应的财务结果进行全面预测和筹划,科学、合理配置企业各项财务和非财务资源,并对执行过程进行监督和分析,对执行结果进行评价和反馈,指导经营活动的改善和调整,进而推动实现企业战略目标的管理活动。其内容主要包括预算编制、预算执行和预算考评等。

二、预算管理的作用

预算管理的作用主要表现在以下几个方面。

（一）预算是企业战略执行的工具

战略是企业重大的、全局的、长期的谋略,战略应先具体化为企业一定时期的经营目标,再通过预算细化为各部门的预算目标,而后得到有效执行,最终有力推动企业战略目标的实现。从这一过程来看,预算以企业战略为导向,企业战略通过全面预算加以固化与量化,细化到各执行领域,在企业内部"落地"。因此,预算是企业战略执行的有力工具。

（二）预算是企业资源配置的手段

在诸多的企业管理和控制工具中,预算是用来配置企业资源的最佳手段和方法。通常认为,预算管理是一种日常动态管理的工具,即交互预算。这种交互作用不仅包括预算编制时上下级的参与,而且是组织成员之间持续的对话,讨论变化为什么发生、系统或行为如何适应,以及是否应该采取某种行动去应对这种变化等。通过预算管理,将企业有限的资源进行合理配置,提高资源的利用效率,充分发挥系统的整体效益。

（三）预算是协调部门经济关系的方法

企业各部门（单位）在履行其职责的同时,都要和其他部门（单位）发生经济关系。这种经济关系包括经济责任、经济权限、经济利益,即责、权、利三个方面。它们需要通过企业内部有效的管理来进行协调,而预算管理正是协调这种关系的一种有效方法。协调是指将资源按照规则和配比安排的一种活动,也是专业化分工条件下各自的工作行为成果有序统一的活动。构成综合预算或总预算的各分项预算,必须相互配合协调,只有这样,才可能实现总预算目标。

（四）预算是企业经济活动的控制标准

预算是企业日常经营活动的控制标准,企业在日常经营活动中对照这些标准衡量实际工作,发现偏差、查找分析原因,采取行动纠正偏差,以保证预算目标的实现。

（五）预算是企业绩效考评的主要依据

编制完成的预算,以具体的数据提出了在某一预算期间对某一部门及经理业绩的期望,预算信息有助于上级管理者评价下级管理者的业绩并进行奖惩。同时,这种期望对相关的经理人员及其雇员而言,是一种挑战,因此会激励他们为完成预算的业绩而努力。预算的目的主要在于影响管理者的自由开支决策,以预算为基础的薪酬机制常常用于激励决策者在自由开支决策时充分考虑组织目标。

三、预算的分类

（一）按预算的内容分类

根据预算内容的不同,可分为经营预算（业务预算）、专门决策预算、财务预算和全面预算。

（1）经营预算（业务预算）是指对企业创造利润活动的各项业务的预算,主要有销售预算、生产预算、直接材料预算、直接人工预算、制造费用预算、产品成本预算、销售费用预算、管理费用预算等。销售预算是经营预算的编制起点。

（2）专门决策预算又称特种决策预算,是指企业不经常发生的、需要根据特定决策临时编制的一次性预算,主要包括经营决策预算和投资决策预算。经营决策预算是指与短期经营决策密切相关的专门决策,主要目的是通过最优生产经验决策和存货控制决策来合理地利用或调配企业经营活动所需要的各种资源;投资决策预算是指与项目投资决策密切相关的专门决策,又称资本支出预算,这类预算涉及长期建设项目的投资资金投放与筹措等,并经常跨年度,因此,除了个别项目一般不纳入经营预算,但应计入与此有关的现金预算与预算资产负债表。

(3)财务预算是指与企业资金收支、财务状况和经营成果等有关的预算,主要是现金预算、资产负债表预算、利润表预算等。

(4)全面预算是指涉及企业全方位、全过程和全员的企业整体的综合财务计划,是上面所有预算的总和,反映的是企业未来某一特定期间(一般不超过一年或一个经营周期)的全部生产、经营活动的财务计划,它以实现企业的目标利润为目的,以销售预测为起点,进而对生产、成本及现金收支等进行预测,并编制预计损益表、预计现金流量表和预计资产负债表,反映企业在未来期间的财务状况和经营成果。经营预算和专门决策预算是财务预算的基础,财务预算是整个预算体系的主体。企业各预算之间相互联系、形成一个有机整体。由经营预算、专门决策预算和财务预算构成的全面预算体系如图8-1所示。

全面预算体系图

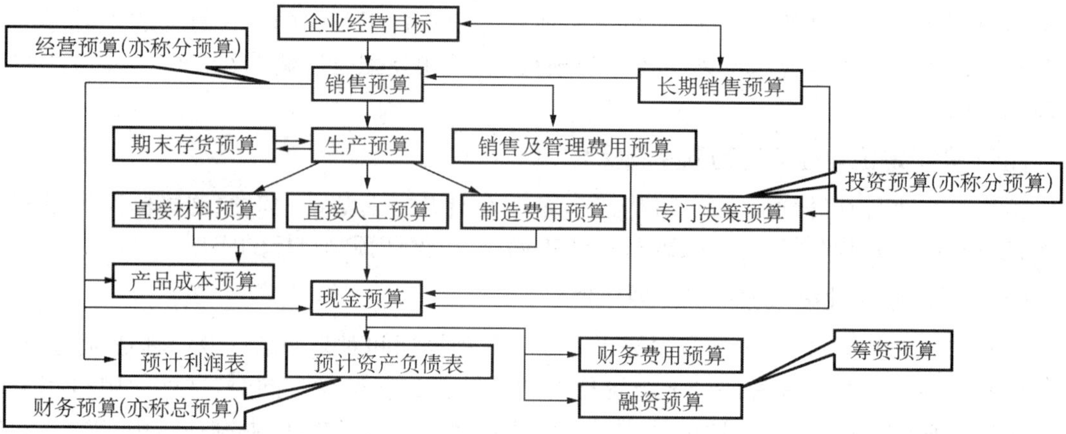

图 8-1 全面预算体系

(二)按预算指标覆盖的时间分类

按预算指标覆盖的时间长短分,为分短期预算和长期预算。

(1)短期预算是指预算期在1年以内(含1年)的预算。

(2)长期预算是指预算期在1年以上的预算。

预算的编制时间可视预算的内容和实际需要而定,可以是1周、1月、1季、1年或若干年。在预算编制过程中,应结合各预算的特点,将长期预算和短期预算结合使用。

四、预算管理的组织体系

全面预算管理组织体系是由全面预算管理的决策机构、工作机构和执行机构三个层面组成的,承担着预算编制、审批、执行、控制、调整、监督、核算、分析、考评及奖惩等一系列预算管理活动的主体。它是全面预算管理有序开展的基础环境,企业全面预算管理能否正常运行并发挥作用,全面预算管理的组织体系将起到关键性的主导作用。

(一)预算管理决策机构

预算管理决策机构是组织领导企业全面预算管理的最高权力组织,一般由企业股东大会或董事会组成,拥有对预算战略、预算目标和预算方案的最终决策权、决算权和监督权。预算管理决策机构的审批权一般有:企业资本性投资预算、企业年度经营目标和基本方针、企业年度全面预算方案、企业年度财务决策与整体预算奖惩方案等。

(二)预算管理工作机构

预算管理工作机构是指负责预算的编制、审查、协调、控制、调整、核算、分析、反馈、考评与奖惩的组织机构,企业董事会或类似机构应当为企业预算的管理工作总负责。企业董事会或经理办公会可以根据情况设立预算管理委员会或指定财务管理部门负责预算管理事宜,其主要职责有:拟定预算目标、政策,制定预算管理的具体措施和办法,审议、平衡预算,组织下达预算,协调解决预算编制和执行中的问题,组织审计、考核预算的执行情况,督促企业完成预算目标。

(三)预算管理执行机构

预算管理执行机构是指负责预算执行的各个责任预算执行主体。一般来讲,从企业的高层到企业基层可以分为三个层面的责任体系,即投资中心、利润中心、成本(费用)中心的预算执行组织体系。

1. 投资中心

通常情况下,投资中心是最高层次的预算责任单位,担负着整个企业的投资战略规划与战略管理工作,是需要对其投资效果负责的责任中心。投资中心的预算目标就是企业的总预算目标,只有具备经营决策权和投资决策权的独立经营单位才能成为既要对成本、收入和利润预算负责,还要对与投资报酬率相关的资本预算负责。一个独立经营的常规企业,就是一个投资中心。投资中心应具有比其他责任中心更大的独立性和更多的自主权,因此,投资中心的预算指标通常是投资报酬率、剩余收益、现金流量等综合性、价值化指标。

2. 利润中心

利润中心处于预算责任网络体系的中间层,是各个具体的业务单元或经营单位,它不仅需要对收入、成本和费用负责,而且还要对利润预算负责。其衡量标准是该责任单位有无收入和利润,凡是能取得收入,实现利润的责任单位都可成为利润中心。利润中心又可分为自然利润中心和人为利润中心。自然利润中心可以直接向企业外部销售产品,在市场上进行购销业务,从而形成利润的责任单位,通常指独立核算的分公司、分部;人为利润中心是在企业内部按照内部转移价格出售产品或提供服务,从而形成内部利润的责任单位,如企业内部的辅助生产部门提供的修理、运输、供水、供电、供气业务。利润中心的预算指标主要是营业收入、成本、费用、利润以及一些非财务指标,如市场占有率、产品质量等。

3. 成本(费用)中心

成本(费用)中心是预算责任网络最低层次的预算责任单位,它需要对成本(费用)负责,并且只能对可控成本(费用)预算负责,一般不形成收入,如各职能部门、车间、工段、班组等。可控成本是指某责任中心事前能够预知其发生,并且能控制和调节其耗用量的成本。判断成本是否可控的依据是:责任中心是否能通过自己的行为有效地影响该成本的数额,该成本是否由责任中心全权使用的某项资产或劳务直接形成,责任中心是否是该成本责任人的直接管理者。如固定资产折旧费、无形资产摊销费均难以确定责任单位,列入不可控成本(费用)。不可控成本(费用)不宜硬性归属到某个部门,一般做法是由财务部门直接控制。成本(费用)中心的预算指标主要是成本和费用。

预算管理决策机构和工作机构不仅承担相应的预算管理责任,而且,预算管理决策机构和工作机构中的某些成员就在预算管理执行机构中担任负责人的职务。因此,对于企业的绝大多数职能管理部门而言,它们都具有预算管理工作机构和预算管理执行机构的双重身份。因此,预算管理决策机构、工作机构和执行机构并非绝对相互分离的三个层面。

任务二　熟知全面预算的编制方法

全面预算常见的编制方法主要有固定预算与弹性预算、增量预算与零基预算、定期预算与滚动预算等。企业应根据自身战略规划、业务特点和管理需要,结合不同工具方法的特征及适用范围,单独选择使用一种适合的预算管理工具方法,也可选择两种或两种以上的工具方法综合运用。

一、固定预算法与弹性预算法

(一) 固定预算法

1. 固定预算法的概念

固定预算法又叫静态预算法,是指在编制预算时,只根据预算期内正常的、可实现的某一固定业务量水平作为唯一基础来编制预算的一种方法。固定预算是最传统、最基本的预算编制方法。

2. 固定预算法的应用

固定预算法一般适用于经营业务稳定,能准确预测产品需求及产品成本的企业,也可用于编制固定费用预算。

3. 固定预算法的评价

(1) 固定预算法的主要优点有:稳定性强,简便易行。

(2) 固定预算法的主要缺点有:①适用性差。因为编制预算的业务量基础是事先确定的某个业务量水平。在这种方法下,不论预期业务量水平实际可能发生哪些变动,都只按照事先确定的某一个业务量水平编制预算。②可比性差。当实际业务量与编制预算所依据的业务量发生较大差异时,有关预算指标的实际数与预算数就会因业务量基础不同而失去可比性。

【例 8-1】　某公司在计划期内预计销售甲产品 20 000 件,预计单位售价为 25 元,单位变动成本为 20 元,固定制造费用为 50 000 元,固定销售费用为 10 000 元。实际销售21 000 件,总售价为 520 000 元,变动成本为 415 000 元,固定制造费用为 50 500 元,固定销售费用为 10 000 元。根据上述资料编制的甲产品固定预算及分析表,如表 8-1 所示。

表 8-1　甲产品固定预算及分析表　　　　　金额单位:元

项目	固定预算	实际执行	差异分析
销售量(件)	20 000	21 000	1 000(有利)
销售收入	500 000	520 000	20 000(有利)
变动成本	400 000	415 000	15 000(不利)
边际贡献	100 000	105 000	5 000(有利)
固定制造成本	50 000	50 500	500(不利)
固定销售费用	10 000	10 000	0
税前利润	40 000	44 500	4 500(有利)

通过实际执行与预算比较,发现实际税前利润超过预算 4 500 元,为有利差异,说明预算执行情况良好。但是,由于实际销售量和预算销售量的数量基础不一样,在固定预算表中无法说明两者形成差异的原因。

(二) 弹性预算法

1. 弹性预算法的概念

弹性预算法是指企业在分析业务量与预算项目数量依存关系的基础上,分析确定不同业务量及其相应预算项目所消耗资源的预算编制方法,其中业务量是指产量、销量、作业量以及与预算相关的弹性变量。

2. 弹性预算法的应用

(1) 应用。从理论上讲,弹性预算法适用于全面预算中所有与业务量有关的预算,尤其是市场、产能具有较大不确定性,预算项目与业务量有密切关系的预算项目;在实务中它主要用于编制成本费用预算和利润预算。以成本费用预算为例,运用弹性预算法编制成本费用预算基本程序如下:

第一步,确定业务量的计量单位。通常情况下,以手工操作为主的车间应选用人工工时,制造单一品种产品的部门应选用实物量,修理部门应选用修理工时。

第二步,确定适用的业务量范围。弹性预算所采用的业务量范围,视企业或部门的业务量变化情况而定,务必使实际业务量不超出相关的业务范围。一般可定在正常生产能力的 70%～120%,或以历史上最高业务量和最低业务量为其上下限,各业务量水平的间隔一般为 5% 或 10% 为宜。因为间隔太大将失去弹性预算的优势,间隔太小会增加不必要的预算编制工作量。

第三步,进行成本性态分析,确定成本与业务量之间的数量关系。成本性态分析是编制弹性预算的关键环节,在编制弹性预算时,需逐项研究并确定各项成本和业务量之间的数量关系,弹性预算的准确性在很大程度上取决于成本性态分析的可靠性。

第四步,计算各项预算成本。在可预见的业务量范围内,根据收入、成本、费用、利润的不同习性,按照一定业务量间隔,分别编制其预算并汇总列入一个预算表中。

（2）方法。弹性预算具体编制时有公式法和列表法两种。

方法一，公式法。公式法是指根据总成本性态模型表达成本与业务量（如产量、销量、工时等）之间的数量关系的方法。其计算公式为：

$$弹性成本预算＝固定成本预算＋\sum（单位变动成本预算×预计业务量）$$

只要根据有关资料确定了公式中的固定成本和单位变动成本，就可以很方便地预算出业务量相关范围内任何水平上的各项预算成本。

由于固定成本主要控制总额，变动成本主要根据单位业务量进行控制，采用公式法编制的弹性成本预算，应事先把单位变动成本的耗费标准、固定费用总额标准确定好，在预算期执行完后，把预计业务量代入弹性预算公式，计算出预计业务量下应该达到的费用水平，即预算额度，然后再与实际发生额进行比较，分析发生成本差异的原因。

公式法的优点是：在一定范围内任何业务量的预算都可以很方便地根据公式计算出来，可比性和适应性强，编制预算的工作量比较小。

公式法的缺点是：成本项目比较多的情况下，固定成本和变动成本分解的工作量较大，并且在进行成本控制与考核时，不能直接查出特定业务量下的总成本预算数，不能及时考核和分析成本开支与预算的差异，不能满足日常控制的需要。

方法二，列表法。列表法是指将确定的业务量变化区间划分为若干水平段，分别确定各段业务水平下的预算金额并在一张表中进行对比列示的方法。

【例 8-2】 某公司制造费用预算采用弹性预算，以直接人工工时为业务量，人工工时在 70 000～120 000 小时，制造费用有人员工资、保险费、租金、维修、水电、材料费用等。根据相关资料可知，车间管理人员工资 15 000 元，保险费 5 000 元，设备租金 8 000 元，修理费＝6 000＋$0.25x$，水电费＝500＋$0.15x$，辅助材料费用＝4 000＋$0.30x$，辅助人员工资＝$0.45x$，检验员工资＝$0.35x$。该公司按列表法编制的预算期制造费用弹性预算如表 8-2 所示。

表 8-2　制造费用弹性预算　　　　　　　　　　　金额单位：元

项目	工时变动范围					
直接人工小时	70 000	80 000	90 000	100 000	110 000	120 000
生产能力利用比例	70%	80%	90%	100%	110%	120%
一、变动成本项目	56 000	64 000	72 000	80 000	88 000	96 000
辅助工人工资	31 500	36 000	40 500	45 000	49 500	54 000
检验员工资	24 500	28 000	31 500	3 500	38 500	42 000
二、混合成本项目	59 500	66 500	73 500	80 500	87 500	94 500
修理费	23 500	26 000	28 500	31 000	33 500	36 000
水电费	11 000	12 500	14 000	15 500	17 000	18 500
辅助材料费	25 000	28 000	31 000	34 000	37 000	40 000
三、固定成本项目	28 000	28 000	28 000	28 000	28 000	28 000

（续表）

项目	工时变动范围					
管理人员工资	15 000	15 000	15 000	15 000	15 000	15 000
保险费	5 000	5 000	5 000	5 000	5 000	5 000
设备租金	8 000	8 000	8 000	8 000	8 000	8 000
制造费用预算	143 500	158 500	173 500	188 500	203 500	218 500

根据上述资料，可以算出制造费用为：$y = 38\ 500 + 1.50x$。

列表法的主要优点是：可以从预算表中直接查到各种业务水平的预算表，并与实际数进行比较，可在一定程度上克服公式法不能直接查到不同业务量水平预算数的不足。

列表法的缺点是：工作量较大，而且其"弹性"不连续，只限于若干种业务量水平，难以描绘业务量变化区间的全部情况，在评价和考核实际成本时，往往需要使用插值法来计算"实际业务量的预算成本"，比较麻烦。

3. 弹性预算法的评价

（1）弹性预算法是为了弥补固定预算法的缺陷而产生的，其主要优点有：①适应性强。由于弹性预算是按照一系列业务量水平编制的，其预算范围较宽、适应性强。②利于预算执行的考核与评价。由于弹性预算是按照一系列业务量水平编制的，任何实际业务都可以找到相同或相近的参照物，所以可直接作为企业预算业绩考评的依据。

（2）与固定预算法相比，弹性预算法的主要缺点是工作量大。

二、增量预算法与零基预算法

（一）增量预算法

1. 增量预算法的概念

增量预算法是指以基期实际经济活动及其预算为基础，结合预算期经济活动及相关影响因素的变动情况，通过调整基期经济活动项目及金额形成预算的预算编制方法。

2. 增量预算法的应用

增量预算法应用的假设前提是：企业现有的每项活动是合理的，在预算期不需要进行调整；企业现有各项业务的开支水平是合理的，在预算期予以保持；以现有业务活动和各项活动的开支水平，确定预算期各项活动的预算数。

3. 增量预算法的评价

增量预算法的主要优点是：编制方法简便，实际操作容易，便于理解，工作量小。

增量预算法的主要缺点是：由于承认现实的基本合理性为出发点，容易导致原来不合理的费用开支可能会继续存在下去，甚至有增无减，最终可能会造成资金的浪费；不利于调动各部门降低费用的积极性，不利于企业长远发展。

（二）零基预算法

1. 零基预算法的概念

零基预算法是指企业不以基期经济活动及其预算为基础，以零为起点，从实际需要与可

增量预算法与
零基预算法

能出发,逐项审议预算期内各项费用的内容及开支标准是否合理,在综合平衡的基础上编制预算的一种方法。

2. 零基预算法的应用

零基预算法适用于企业各项预算的编制,特别是不经常发生的预算项目或预算编制基础变化较大的预算项目。它一般适用于政府、事业单位以及企业职能部门的成本(费用)预算,尤其适用于产出难以辨认的服务性部门的成本(费用)预算。运用零基预算法编制成本费用预算的应用程序如下:

(1)研究分析应发生的成本费用项目、开支的目的和需要开支的数额。企业内部各部门根据预算期的总目标和本部门的具体目标,详细讨论预算期内应该发生哪些费用项目,并对每一项费用开支提出详细计划,说明费用开支的目的以及需要开支的费用数额,提出成本费用预算方案,上报预算管理委员会或财务管理部门。

(2)划分不可避免费用项目和可避免费用项目。在编制预算时,对不可避免的费用项目必须保证资金供应,列为第一层次;对可避免的费用项目,则需要逐项进行成本效益分析,成本效益比大的排在第二层次,成本效益比次之的排在第三层次……以此类推,尽量控制可避免项目纳入预算之中。

(3)决策预算项目资金分配。在编制预算时,按照费用项目层次顺序和轻重缓急,把预算期内可供支配的资金在各费用项目之间进行分配,经过审批形成最终成本费用预算,下达预算招待部门。

【例8-3】 公司为降低费用开支水平,拟对历年来超支严重的业务招待费、劳动保护费、办公费、广告费、保险费等间接费用项目按照零基预算方法编制预算。经多次讨论研究,确定了预算期内上述项目将要发生的数额,如表8-3所示。

表8-3　预计费用项目及开支金额　　　　　　　　　　　　　　　　单位:元

费用项目	开支金额
业务招待费	180 000
劳动保护费	150 000
办公费	100 000
广告费	300 000
保险费	120 000
合计	850 000

假定公司预算年度内对上述费用项目可动用的财力资源只有700 000元。要求:编制费用预算。

解:(1)组织有关部门对预计的费用项目进行分析论证。最终结论是劳动保护费、办公费和保险费在预算期内必不可少,需要全额得到保证,属于不可避免的约束性固定成本;业务招待费和广告费可根据预算期间企业财务情况的酌情增减,属于可避免项目,需通过成本效益分析对其预算数进行适当调整。具体资料如表8-4和表8-5所示。

表 8-4　业务招待费和广告费的成本效益分析表　　　　　　单位:元

费用项目	费用金额	收益金额
广告费	1	6
业务招待费	1	4

（2）根据以上分析排出费用支出的先后顺序是:①不可避免费用项目有办公费、保险费和劳动保护费。②成本效益比相对较大的费用项目有广告费。③成本效益比相对较小的费用项目有业务招待费。

（3）根据以上排列的层次和顺序分配资源,编制预算表。

确定不可避免项目的预算金额＝150 000＋100 000＋120 000＝370 000(元)

确定可分配的资金数额＝700 000－370 000＝330 000(元)

按成本—效益比重将可分配的资金数额在业务招待费和广告费之间进行分配:

广告费可分配资金＝$33\,000\times\dfrac{6}{6+4}=19\,800$(元)

业务招待费可分配资金＝$33\,000\times\dfrac{4}{6+4}=13\,200$(元)

表 8-5　费用预算表　　　　　　単位:元

费用项目	开支金额
业务招待费	132 000
劳动保护费	150 000
办公费	100 000
广告费	198 000
保险费	120 000
合计	700 000

3. 零基预算法的评价

（1）零基预算法是为克服增量预算法的缺陷而设计的,主要优点有:①以零为起点编制预算,在编制过程中,对每项费用开支的大小及必要性进行认真反复的分析、权衡,并进行评定分析,据以判定其开支的合理性和优先顺序,并根据生产经营的客观需要与一定时期内资金供应的实际可能,在预算中对各个项目进行择优安排,最终确定各个项目的预算金额。这种方法不受基期经济活动中的不合理因素影响,不做盲目投入,能灵活应对内外环境的变化,预算编制更贴近预算期企业经济活动需要,提高资金的使用效率,节约费用开支。②有助于增加预算编制透明度,有利于进行预算控制。

（2）零基预算法的主要缺点有:①预算编制工作量较大,成本较高。②预算编制的准确性受企业管理水平和相关数据标准的影响较大。

在实际工作中,某些成本项目的成本-效益关系不容易确定,按零基预算方法编制预算时,不能机械地平均分配资金,而应根据企业的实际情况,有重点、有选择地确定预算项目,保证重点项目的资金需要。

三、定期预算法和滚动预算法

(一)定期预算法

1. 定期预算法的概念

定期预算法是指在编制预算时以固定不变的会计期间(如年度、季度、月度)作为预算期的一种编制预算的方法。

2. 定期预算法的评价

(1)定期预算法的主要优点是:有利于保证预算期间与会计期间在时期上的配比,便于依据会计报告的数据与预算的比较,考核和评价预算的执行结果。

(2)定期预算法的主要缺点是:不利于前后各个期间的预算衔接,不能适应连续不断的业务活动过程的预算管理。

(二)滚动预算法

1. 滚动预算法的概念

滚动预算法又称连续预算法或永续预算法,是指企业根据上一期预算执行情况和新的预测结果,按既定的预算编制周期和滚动频率,对原有的预算方案进行调整和补充,逐期滚动、持续推进的预算编制方法。预算编制周期是指每次预算编制所涵盖的时间跨度。滚动频率是指调整和补充预算的时间间隔,一般可以为月度、季度、年度等。

滚动预算一般由中期滚动预算和短期滚动预算组成。中期滚动预算的预算编制周期通常为 3 年或 5 年,以年度为预算滚动频率。短期滚动预算通常以 1 年为预算编制周期,以月度、季度作为预算滚动频率。

2. 滚动预算法的应用

滚动预算法适用于各类企业。企业应用滚动预算,要求相关人员应具备丰富的预算管理经验和能力;应建立先进、科学的信息系统,及时获取充分可靠的外部市场数据和企业内部数据,以满足预算滚动编制的需要;应重视和加强预算编制基础数据,统一数据标准,包括标准成本、会计核算、市场信息等,确保预算编制以可靠、翔实、完整的基础数据为依据。

【例 8-4】 公司采用滚动预算法编制制造费用预算。已知 2020 年分季度的制造费用预算如表 8-6 所示(间接人工费用预算工时分配率为 5 元/小时,水电与维修费预算工时分配率为 3 元/小时)。

表 8-6 **2020 年制造费用预算**　　　　　　　　　　　　　　　　金额单位:元

项目	第一季度	第二季度	第三季度	第四季度	合计
直接人工预算总工时(小时)	15 000	15 100	15 150	15 200	60 450
变动制造费用					
间接人工费用	75 000	75 500	75 750	76 000	302 250
水电与维修费用	45 000	45 300	45 450	45 600	181 350
小计	120 000	120 800	121 200	121 600	483 600

（续表）

项目	第一季度	第二季度	第三季度	第四季度	合计
固定制造费用					
设备租金	50 000	50 000	50 000	50 000	200 000
管理人员工资	25 000	25 000	25 000	25 000	100 000
小计	75 000	75 000	75 000	75 000	300 000
制造费用合计	195 000	195 800	196 200	196 600	783 600

2020 年第 1 季度末,公司在编制 2020 年第二季度至 2021 年第一季度滚动预算时,发现未来的 4 个季度中将出现以下情况。

（1）间接人工费用预算工时分配率将上涨 10%,即上涨为 5.50 元/小时。

（2）原设备租赁合同到期,公司新签订的租赁合同中设备租金将降低 10%,即降低为 180 000 元。

（3）2020 年第二季度至 2021 年第一季度预计直接人工总工时分别为 15 100 小时、15 150 小时、15 200 小时和 15 250 小时。

（4）假设水电费与维修费预算工时分配率等其他条件不变。

解：根据以上资料编制 2020 年第二季度至 2021 年第一季度制造费用预算表,如表 8-7 所示。

表 8-7　2020 年第二季度至 2021 年第一季度制造费用预算　　金额单位:元

项目	第二季度	第三季度	第四季度	第一季度	合计
直接人工预算总工时（小时）	15 100	15 150	15 200	15 250	60 700
变动制造费用					
间接人工费用	83 050	83 325	83 600	83 875	333 850
水电与维修费用	45 300	45 450	45 600	45 750	182 100
小计	128 350	128 775	129 200	129 625	515 950
固定制造费用					
设备租金	45 000	45 000	45 000	45 000	180 000
管理人员工资	25 000	25 000	25 000	25 000	100 000
小计	70 000	70 000	70 000	70 000	280 000
制造费用合计	198 350	198 775	199 200	199 625	795 950

3. 滚动预算法的评价

（1）滚动预算法是为克服定期预算法的缺陷而设计的,其主要优点有:①有利于强化预算的控制职能。企业通过持续滚动预算编制、逐期滚动管理,可以实现动态反映市场,建立跨期综合平衡,强化预算的决策与控制职能。②连续性强。预算期是连续不断的,始终保持一定期限,有利于结合企业近期目标和长远目标,考虑未来业务活动。③及时性强。能及时将预算的实际执行情况与预算进行对比分析,及时调整和修订预算,使预算与实际情况更加适应,有利于充分发挥预算的指导和控制作用。④完整性和稳定性突出。从一定时期来看,预算内容便形成一个完整的体系,除特殊情况外前后期基本保持一致,有利于企业稳定发展。

(2)滚动预算的主要缺点有:①工作量大。企业应用滚动预算方法时,预算滚动的频率越高,对预算沟通的要求越高,预算编制的工作量越大。②过高的滚动频率容易增加管理层的不稳定感,导致预算执行者无所适从。③预算期与会计期间相脱节。

四、预算的编制程序

企业预算编制一般按照分级编制、逐级汇总的方式,采用自上而下、自下而上、上下结合或多维度相协调的流程编制预算。预算编制流程与编制方法的选择应与企业现有管理模式相适应。一般而言,企业预算的编制应按照以下步骤进行。

(一)下达目标

企业董事会或经理办会根据企业发展战略和预算经济形势的初步预测,在决策的基础上,提出下一年度企业财务预算目标,包括销售或营业目标、成本费用目标、利润目标和现金流量目标,并确定预算编制的政策,由预算委员会下达各预算执行单位。

(二)编制上报

各预算执行单位按照企业预算委员会下达的预算目标和政策,结合自身特点以及预测的执行条件,提出详细的本单位预算方案,上报企业财务管理部门。

(三)审查平衡

企业财务管理部门对各预算执行单位上报的财务预算方案进行审查、汇总,提出综合平衡的建议。在审查、平衡过程中,预算委员会应当进行充分协调,对发现的问题提出初步调整意见,并反馈给有关预算执行单位予以修正。

(四)审议批准

企业财务管理部门在有关预算执行单位修正调整的基础上,编制出企业预算方案,报财务预算委员会讨论。对于不符合企业发展战略或者预算目标的事项,企业预算委员会应当责成有关预算执行单位进一步修订、调整。在讨论、调整的基础上,企业财务管理部门正式编制企业年度预算草案,提交董事会或经理办公会审议批准。

(五)下达执行

企业财务管理部门对董事会或经理办公会审议批准的年度总预算,一般在次年3月底以前,分解成一系列的指标体系,由预算委员会逐级下达各预算执行单位执行。

任务三　掌握全面预算的编制

全面预算的编制是一项工作量大、涉及面广、操作复杂的工作。为使预算编制工作有条不紊地进行,公司可设置一个预算委员会(或预算小组)来负责编制与实施。预算委员会成员一般包括公司总经理、分管销售、生产、财务等职务的副总经理、财务总监等高级管理人员。预算编制涉及企业生产经营的各个部门,因此,它的编制应采取全体动员、上下结合的方式,以提高参与人员完成预算所定目标和任务的自觉性和积极性。

一、经营预算的编制

通常情况下,编制预算的期间为一个年度或一个营业周期,这样可以使预算年度与会计年度保持一致,便于预算执行结果的分析和考核。在预算编制的时间上,一般在当前年度的最后3个月内着手编制下年度的预算,至年底形成完整的预算并颁布以备执行。

(一)销售预算

销售预算

销售预算是指在销售预测的基础上,用于规划预算期销售活动的一种业务预算。它是编制全面预算的关键和起点,其他预算的编制都以销售预算为基础。

销售预算的主要内容包括预计销售量、单价和销售收入等。销售量是根据市场预测或销售合同并结合企业生产能力确定的;单价是通过价格决策确定的;销售收入是根据销售量和单价确定的。其计算公式为:

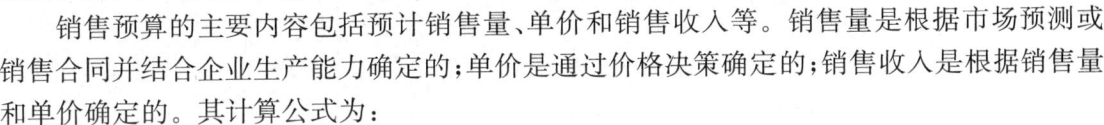

预计销售收入＝预计销售量×预计销售单价

在企业信用销售的情况下,预算期的销售收入一般不等于现金收入。因此,销售预算还应包括现金收入预算,以反映各期预计销售额的应收数和实收数,并为编制现金预算提供必要的资料。其计算公式为:

预计现金收入＝本期预计收回上期应收账款＋本期预计销售额×预计现金收入比例

另外,在编制销售预算时,通常要分品种、分月份、分地区、分业务员等来编制,由销售部门负责编制。为了简化起见,下面举例只按产品、分季度,不考虑增值税编制销售预算。

【例8-5】 某公司只生产与销售甲产品,2020年末的资产负债表如表8-8所示。

表8-8 2020年资产负债表 单位:元

资产	金额	权益	金额
现金	25 000	应付账款	12 328
应收账款	25 000		
原材料	5 800		
产成品	8 604		
流动资产合计	64 404	负债合计	12 328
固定资产	280 000	实收资本	250 000
减:累计折旧	19 500	留存收益	62 576
固定资产合计	260 500	所有者权益合计	312 576
资产合计	324 904	负债及所有者权益合计	324 904

根据以往销售历史记录表明,每一季度销售的产品,当季收到的货款占当季总销售收入

的55%,余下的货款在下一季度收到。同时根据销售的历史记录,预计2021年各个季度的销售量和销售单价数据如表8-9所示。

表8-9 2021年各季度预计销售量和销售单价

项目	第一季度	第二季度	第三季度	第四季度	全年
预计销售量(件)	1 300	2 000	2 000	1 300	6 600
单件(元/件)	90	90	90	90	90

根据上述资料,公司2021年度的分季销售预算和预计现金收入分别如表8-10和表8-11所示。

表8-10 销售预算计算表

项目	第一季度	第二季度	第三季度	第四季度	全年
预计销售量(件)	1 300	2 000	2 000	1 300	6 600
单件(元/件)	90	90	90	90	90
预计销售额(元)	117 000	180 000	180 000	117 000	594 000

表8-11 预计现金收入计算表

单位:元

项目	应收账款数额	实收现金数额				
		第一季度	第二季度	第三季度	第四季度	全年
期初余额	25 000	25 000				25 000
第一季度	117 000	64 350	52 650			117 000
第二季度	180 000		99 000	81 000		180 000
第三季度	180 000			99 000	81 000	180 000
第四季度	117 000				64 350	64 350
合计	619 000	89 350	151 650	180 000	145 350	566 350
期末余额	52 650					

(二)生产预算

生产预算

生产预算是指以销售预算为基础,为规划预算期预计生产量水平而编制的一种业务预算。该预算是所有经营预算中唯一只使用实物量计量单位的预算,可作为编制直接材料预算、直接人工预算、变动制造费用预算和产品成本预算的依据。

生产预算需要根据预计的销售量、并考虑预计期初和预计期末存货按品种分别编制,其计算公式为:

预计生产量=预计销售量+预计期末产成品存货数量-预计期初产成品存货数量

式中,预计销售量来自销售预算,预计期初产成品存货数量等于上季末存货量,预计期末产成品存货数量可根据长期销售趋势来确定,一般是按事先估计的期末存货量占本期销售量的比例进行估算。企业的生产和销售不能做到"同步同量",因此需要设置一定的存货,以保证在发生意外需求时按时供货,并可均衡生产。

生产预算主要由生产部门负责编制,编制生产预算的主要目的在于避免存货过多,形成资金的积压、浪费或存货不足,影响未来期间销售活动正常进行,从而给企业带来不利的影响。

【例 8-6】 沿用[例 8-5]的资料,假定各个季度期末存货量相当于下一季度销售量的11%,预计 2022 年第一季度的销售量为 1 300 件,2021 年年初甲产品存货量为 180 件。则该公司 2021 年分季度生产预算如表 8-12 所示。

表 8-12　生产预算

单位:件

项目	第一季度	第二季度	第三季度	第四季度	全年
预计销售量	1 300	2 000	2 000	1 300	6 600
加:预计期末存货	220	220	143	143	143
预计需要量	1 520	2 220	2 143	1 443	6 743
减:预计期初存货	180	220	220	143	180
预计生产量	1 340	2 000	1 923	1 300	6 563

(三)直接材料预算

直接材料预算是指为了规划预算期内直接材料采购金额的一种业务预算。直接材料预算以生产预算、材料消耗定额和预计材料采购单价等信息为基础,并考虑期初、期末材料存货水平编制的。其相关计算公式为:

直接材料预算

$$预计生产需要量=预计生产量×单位产品材料用量$$

$$预计材料采购量=预计生产需要量+预计期末材料存货量-预计期初材料存货量$$

$$预计材料采购金额=预计材料采购量×预计材料单价$$

式中,预计生产量来自生产预算,单位产品材料用量来自标准成本资料或材料消耗定额资料,材料单价是根据材料市场预计的。预计期初、期末材料存货量是根据当前情况和长期销售预测估计的。直接材料预算主要由物资供应部门负责编制。

由于材料采购与货款支付往往不同步,使得预算期的材料采购成本不等于现金支出。因此,直接材料预算通常还要编制各季度的现金支出预算,以便为编制现金预算提供依据。

【例 8-7】 沿用【例 8-5】的资料,假定公司生产甲产品,每件甲产品的材料消耗定额为3 千克,材料单价为 8 元。购买材料的款项于当季支付 70%,余下款项在下一季度支付完毕。2021 年预计这种材料每一季度末的存货量为下一季度生产需要量的 20%。2021 年年初、年末的材料库存量分别为 725 千克和 800 千克。2021 年年初应付未付的材料采购款为12 328 元。该公司 2021 年度分季度直接材料预算及预计材料采购款现金支出如表 8-13 和表 8-14 所示。

表8-13　直接材料预算

项目	第一季度	第二季度	第三季度	第四季度	全年
预计生产量(件)	1 340	2 000	1 923	1 300	6 563
单位产品材料需要量(千克)	3	3	3	3	3
预计材料需要量(千克)	4 020	6 000	5 769	3 900	19 689
加:预计材料期末存货量(千克)	1 200	1 154	780	800	800
减:预计材料期初存货量(千克)	725	1 200	1 154	780	725
预计材料采购量(千克)	4 495	5 954	5 395	3 920	19 764
材料价格(元/千克)	8	8	8	8	8
预计直接材料采购金额(元)	35 960	47 632	43 160	31 360	158 112

表8-14　材料采购款项现金支出表　　　　　　　　　　单位:元

项目	应付账款数额	实付现金数额				
		第一季度	第二季度	第三季度	第四季度	全年
期初余额	12 328	12 328				12 328
第一季度	35 960	25 172	10 788			35 960
第二季度	47 632		33 342	14 290		47 632
第三季度	43 160			30 212	12 948	43 160
第四季度	31 360				21 952	21 952
合计	170 440	37 500	44 130	44 502	34 900	161 032
期末余额	9 408					

直接人工和制造费用预算的编制

(四) 直接人工预算

直接人工预算是指一种既反映预算期人工工时消耗水平,又规划人工成本开支的业务预算。直接人工预算也是以生产预算为基础计算编制的,其主要内容包括预计产量、单位产品人工工时定额、人工总工时、每小时人工工资(工资率)和人工总成本等。其计算公式为:

预计直接人工总工时=预计产量×单位产品人工工时

预计人工总成本=预计直接人工总工时×每小时人工成本

式中,预计产量来自生产预算,单位产品人工工时和每小时人工成本来自标准成本资料。人工工资需要使用现金支付,所以不需要另外编制现金支出预算,可直接作为编制现金预算的依据。直接人工预算主要由生产部门或劳动人事部门负责编制。

【例8-8】　沿用[例8-5]的资料,假设公司单位产品的工时定额为4小时,直接人工小时工资为5元,公司应支付的工资均于当季发放。公司直接人工预算如表8-15所示。

表 8-15　直接人工预算

项目	第一季度	第二季度	第三季度	第四季度	全年
预计生产量	1 340	2 000	1 923	1 300	6 563
单位产品直接人工工时（小时）	4	4	4	4	4
直接人工小时总数	5 360	8 000	7 692	5 200	26 252
标准工资率	5	5	5	5	5
预计直接人工成本（元）	26 800	40 000	38 460	26 000	131 260

（五）制造费用预算

制造费用预算是指列入产品成本的各种间接费用的预算，通常分为变动制造费用预算和固定制造费用预算两部分。

变动制造费用预算是以生产预算为基础来编制。如果有完善的标准成本资料，用单位产品的标准成本与产量相乘，即可得到相应的预算金额；如果没有标准成本资料，就需要逐项预计计划产量需要的各项变动制造费用。固定制造费用预算需要逐项进行预计，通常与本期产量无关，可在上一年的基础上根据预期变动加以适当修正进行预计，按季度实际需要的支付额预计，然后求出全年数。

为了便于以后编制产品成本预算，需要计算制造费用分配率，其计算公式为：

$$预计变动制造费用分配率 = \frac{变动制造费用预算总额}{人工总工时（预计产量）}$$

$$预计固定制造费用分配率 = \frac{固定制造费用预算总额}{人工总工时（预计产量）}$$

在编制制造费用预算时，还应编制制造费用现金支出预算，为编制现金预算提供资料。一般情况下，制造费用中，除了折旧费用都需要支付现金。因此，根据每个季度制造费用预算总额扣除预计折旧费用后，即是"制造费用现金支出预算"。制造费用预算主要由生产部门负责编制。

【例 8-9】　沿用［例 8-5］的资料，假定公司变动性制造费用人工小时分配率 0.95 元，预计当年固定性制造费用为 72 000 元，其中折旧费用为 18 000 元。公司需要现金支付的制造费用均于发生的当季支付。公司制造费用预算及现金支出预算如表 8-16 所示。

表 8-16　制造费用及现金支出预算　　　　金额单位：元

项目	第一季度	第二季度	第三季度	第四季度	全年
预计直接人工时（小时）	5 360	8 000	7 692	5 200	26 252
变动制造费用分配率	0.95	0.95	0.95	0.95	0.95
预计变动性制造费用	5 092.00	7 600.00	7 307.40	4 940.00	24 939.40
预计固定性制造费用	18 000.00	18 000.00	18 000.00	18 000.00	72 000.00
合计	23 092.00	25 600.00	25 307.40	22 940.00	96 939.40
减：折旧	4 500.00	4 500.00	4 500.00	4 500.00	18 000.00
预计现金支付的制造费用	18 592.00	21 100.00	20 807.40	18 440.00	78 939.40

单位产品成本和期末存货成本的编制

（六）单位产品成本和期末存货成本预算

产品成本由直接材料、直接人工和制造费用构成。编制产品成本预算及期末存货成本预算的依据是销售预算、生产预算、直接材料预算、直接人工预算和制造费用预算等。其主要内容包括产品单位成本预算、产品总成本预算、期末存货成本预算及销货成本预算等，相关计算公式为：

$$预计单位产品成本＝单位产品直接材料成本＋单位产品直接人工成本＋$$
$$单位产品变动制造费用＋单位产品固定制造费用$$

$$期末产成品存货成本＝期初产成品存货成本＋本期产品生产成本－本期销售产品成本$$

式中，期初产成品存货成本和本期销售产品成本，应该根据具体的存货计价方法确定。

确定期末产成品存货成本后，可以与预计期末直接材料存货成本一起，一并在期中存货预算中予以反映。产品成本预算主要由生产部门负责编制，也可以汇总到财务部门编制。

【例 8-10】 沿用[例 8-7][例 8-9]的计算结果，编制公司单位产品成本和期末存货成本预算，如表 8-17 所示。

表 8-17 单位产品成本和期末存货成本预算 金额单位：元

成本项目	价格标准	用量标准	合计
直接材料	8.00 元/千克	3 千克	24.00
直接人工	5.00 元/小时	4 小时	20.00
变动性制造费用	0.95 元/小时	4 小时	3.80
单位成本合计			47.80
期末存货预算	期末存货量（件）	143	
	单位产品成本	47.80	
	期末存货金额	6 835.40	
产品销售成本	期初产成品成本＋本期生产成本－期末产品成本＝8 604＋157 512＋131 260＋24 939.40－6 835.40＝315 480（元）		

（七）销售及管理费用预算

销售费用预算是指为了实现销售预算所需支付的费用预算。它以销售预算为基础，分析销售收入、销售利润和销售费用之间的关系，力求实现销售费用的最有效使用。

管理费用预算是指为规划一定预算期内企业行政管理部门为管理和组织经营活动，预计发生的各项费用水平而编制的一种日常业务预算。

销售及管理费用预算也要进行成本性态分析，即将销售费用划分为变动销售费用和固定销售费用两类，分别编制变动销售费用预算和固定销售费用预算。另外，在编制销售费用预算时，也应编制现金支出预算，为编制现金预算提供资料。销售费用预算主要由销售部门负责编制。

管理费用一般为固定费用，每季度预计管理费用现金支出为全年的平均数。管理费用

销售费用及
管理费用预算

预算一般由行政管理部门负责编制。

【例 8-11】　沿用[例 8-5]的资料,公司预计 2025 年变动性销售及管理费用包括销售人员工资、运输费用、广告费用、佣金等共计 46 200 元;预计 2025 年固定性销售及管理费用共计为 53 600 元,其中管理人员工资为 24 000 元,广告费为 14 000 元,保险费为 8 000 元,租赁费 7 600 元。该公司需要现金支付的销售及管理费用均于发生的当季支付。销售及管理费用预算如表 8-18 所示。

表 8-18　销售及管理费用预算　　　　　　　　　　　　单位:元

项目	第一季度	第二季度	第三季度	第四季度	全年
预计销售量	1 300	2 000	2 000	1 300	6 600
单位变动销售及管理费用	7	7	7	7	7
预计变动性销售及管理费用	9 100	14 000	14 000	9 100	46 200
固定性销售及管理费用					
管理人员工资	6 000	6 000	6 000	6 000	24 000
广告费	3 500	3 500	3 500	3 500	14 000
保险费	2 000	2 000	2 000	2 000	8 000
租赁费	1 900	1 900	1 900	1 900	7 600
合计	13 400	13 400	13 400	13 400	53 600
减:折旧	0	0	0	0	0
销售及管理费用现金支出合计	22 500	27 400	27 400	22 500	99 800

二、专门决策预算的编制

专门决策预算是指根据企业长期投资项目决策而编制的预算。它往往涉及长期建设项目的资金投放与筹集,并经常跨越多个年度。专门决策预算编制依据主要是项目可行性分析资料和筹资计划,同时也是编制现金预算和预计资产负债表的依据。

三、财务预算的编制

(一)现金预算

现金预算又叫现金收支预算,是以经营预算和专门决策预算为基础所编制的,反映预算期内企业现金收支情况的预算。

由于在现金预算中提供了较为详细的预算期企业的现金收支情况,可以使企业加强预算期现金收支的控制,合理使用、调度、筹集资金,保证企业财务活动正常进行。现金预算一般包括如下四部分内容。

现金预算

1. 可供使用现金

可供使用现金是指预算期初的现金余额和预算期内可能发生的现金收入。其计算公式为:

$$可供使用现金＝期初现金余额＋现金收入$$

2. 现金支出预算

现金支出预算是指预算期内可能发生的各项现金支出,如支付材料采购货款、工资、制造费用、销售费用及管理费用、财务费用、偿还应付账款、资本预算中的现金支出以及发放股息和缴纳所得税等现金支出。

3. 现金余缺

现金余缺是指预算期内现金收入预算和现金支出预算相抵后的差额。如果现金余缺小于最低现金限额,表明现金不足,需要通过出售有价证券、发行有价证券或借入短期借款等筹措现金;相反,如果现金余缺大于最低现金限额,表明现金多余,需要运用现金,如偿还短期借款或购入有价证券等。

4. 资金筹措与运用

资金筹措与运用反映预算期内因资金不足而向银行借款、发放短期商业票据、收回投资等引起的现金收入,及资金多余时归还借款本金,支付利息,进行短期投资而引起的现金支出。其计算公式为:

$$期末现金余额＝现金余缺＋现金筹措－现金运用$$

各业务部门的分项预算编制完成以后,财务部门就可以根据各分项预算编制现金预算。现金预算的编制基础是经营预算和专门决策预算。它应按年分季(或分月)进行编制,以便对现金流量在预算期内进行控制。现金预算一般由财务部门负责编制。

【例 8-12】 沿用[例 8-5]至[例 8-11]的资料,假设公司最低现金限额为 17 000 元;预计于 2025 年第一季度购入设备价值 15 000 元,第三季度购入设备价值 20 000 元,第四季度购入设备价值 15 000 元;预计每一季度预交所得税 6 500 元;预计第四季度支付股利 13 585 元;公司借款利率为 10％,借入及归还借款本金数额只能是 1 000 元的倍数。则公司 2025 年现金预算如表 8-19 所示。

表 8-19　现金预算表　　　　　　　　　　　　　　　　单位:元

项目	第一季度	第二季度	第三季度	第四季度	全年
期初现金余额	25 000.00	17 458.00	17 378.00	20 358.60	25 000.00
加:现金收入(表 8-11)	89 350.00	151 650.00	180 000.00	145 350.00	566 350.00
合计	114 350.00	169 108.00	197 378.00	165 708.60	591 350.00
减:现金支出					
直接材料(表 8-14)	37 500.00	44 130.00	44 502.00	34 900.00	161 032.00
直接人工(表 8-15)	26 800.00	40 000.00	38 460.00	26 000.00	131 260.00
制造费用(表 8-16)	18 592.00	21 100.00	20 807.40	18 440.00	78 939.40
销售及管理费用(表 8-18)	22 500.00	27 400.00	27 400.00	22 500.00	99 800.00
所得税	6 500.00	6 500.00	6 500.00	6 500.00	26 000.00
购置设备	15 000.00		20 000.00	15 000.00	50 000.00

（续表）

项目	第一季度	第二季度	第三季度	第四季度	全年
支付股利				13 585.00	13 585.00
合计	126 892.00	139 130.00	157 669.40	136 925.00	560 616.00
现金余（缺）	−12 542.00	29 978.00	39 708.60	28 783.60	30 733.60
资金筹集与运用					
银行借款（期初）	30 000.00①				30 000.00
偿还借款（期末）		12 000.00	18 000.00		30 000.00
利息支出		600.00②	1 350.00③		1 950.00
期末现金余额	17 458.00	17 378.00	20 358.60	28 783.60	28 783.60

注：① 表示向银行借款数除需抵补现金不足外，还要保证期末最低现金余额 17 000 元。

② 归还 12 000 元借款，还需支付利息：$12\,000 \times 10\% \times \dfrac{6}{12} = 600$（元）。

③ 归还 18 000 元借款，还需支付利息：$18\,000 \times 10\% \times \dfrac{9}{12} = 1\,350$（元）。

（二）预计利润表

预计利润表
的编制

预计利润表是综合反映企业在预算期的预计经营成果的预算，是控制企业经营活动和财务收支的依据，是企业最主要的财务预算之一；通过编制预计利润表，可以了解企业预期的盈利水平，明确预算期的经营目标，也为企业财务控制提供依据。

编制预计利润表的主要依据是各项经营预算和现金预算。预计利润表通常是按年编制，但也可根据管理需要分季度编制。

税法的规定与会计处理方法不完全相同，有些费用按税法规定不能列作税前费用，而可以在会计处理上列作税前费用，可能存在诸项纳税调整事项。因此，会计上的税前净利与税法规定的应纳税所得额往往不一致，应交所得税额一般不等于税前利润与所得税税率的乘积。因此，在编制预计利润表时，所得税费用通常为估计值，并已列入现金预算。利润表一般由财务部门负责编制。

【例 8-13】　沿用［例 8-5］至［例 8-12］的资料，编制公司 2025 年预计利润表，如表 8-20 所示。

表 8-20　2025 年度预计利润表　　　　　　　　　　　　　　单位：元

项目	资料来源	金额
销售收入	表 8-10	594 000
减：变动成本		361 680
产品销售成本	表 8-17	315 480
变动性销售及管理费用	表 8-18	46 200
边际贡献		232 320

（续表）

项目	资料来源	金额
减：固定成本		127 550
固定性制造费用	表 8-16	72 000
固定性销售及管理费用	表 8-18	53 600
财务费用	表 8-19	1 950
营业利润		104 770
减：所得税	表 8-19	26 000
净利润		78 770

预计资产负债表的编制

（三）预计资产负债表的编制

预计资产负债表是反映企业预算期期末的预计财务状况的预算。编制预计资产负债表的目的在于判断预算反映的财务状况的稳定性和流动性，如果发现预计财务状况不佳，可及时修改有关预算，以便改善财务状况。预计资产负债表的编制是以期初资产负债表为基础，结合预算期内各项经营预算、专门决策预算、现金预算、预计利润表等进行编制，它是编制全面预算的终点。预计资产负债表一般由财务部门负责编制。

【例 8-14】 沿用［例 8-5］至［例 8-13］的资料，编制公司 2025 年预计资产负债表，如表 8-21 所示。

表 8-21　2025 年度预计资产负债表　　　　　　　　单位：元

资产	金额	权益	金额
现金①	28 783.60	应付账款⑦	9 408.00
应收账款②	52 650.00		
原材料③	6 400.00		
产成品④	6 835.40		
流动资产合计	94 669.00	负债合计	9 408.00
固定资产⑤	330 000.00	实收资本⑧	250 000.00
减：累计折旧⑥	37 500.00	留存收益⑨	127 761.00
固定资产合计	292 500.00	所有者权益合计	377 761.00
资产合计	387 169.00	负债及所有者权益合计	387 169.00

注：① 见表 8-19 的期末余额。
② 见表 8-10，第四季度销售收入的 45%，即 117 000×45%＝52 650（元）。
③ 见表 8-13，第四季度期末材料存货量为 800 千克，800×8＝6 400（元）。
④ 见表 8-17，期末存货金额。
⑤ 见表 8-19，计划期内新购置设备 50 000 元，加到表 8-8 固定资产原金额 280 000 元，合计为 330 000 元。
⑥ 见表 8-16，计划期内计提折旧 18 000 元，加到表 8-8 累计折旧原金额 19 500 元，合计为 37 500 元。
⑦ 见表 8-14，第四季度采购材料款的 30%，即 31 360×30%＝9 408（元）。
⑧ 见表 8-8，实收资本在计划期内未发生变动。
⑨ 留存收益期初余额 62 576（表 8-8）＋税后净利润 78 770（表 8-20）－支付股利 13 585（表 8-19）＝127 761（元）。

四、预算的执行与考核

(一)预算的执行

企业预算一经批复下达,各预算执行单位就必须认真组织实施,将预算指标层层分解,从横向到纵向落实到内部各部门、各单位、各环节和各岗位,形成全方位的预算执行责任体系。企业应当将预算作为预算期内组织、协调各项经营活动的基本依据,将年度预算细分为月份和季度预算,以分期预算控制确保年度预算目标的实现。

企业应当强化现金流量的预算管理,严格执行销售、生产和成本费用预算,努力完成利润指标,建立预算报告制度,要求各预算执行单位定期报告预算的执行情况,利用财务报表监控预算的执行情况,及时向预算执行单位、企业财务预算委员会以至董事会或经理办公会提供财务预算的执行进度、执行差异及其对企业预算目标的影响等财务信息,促进企业完成预算目标。

(二)预算的调整

预算调整是指在预算执行时,由于客观环境的变化或者组织结构调整、人员变化等因素,使得原有预算失去客观性,各责任中心根据预算管理规定提出预算调整需求,经预算管理机构审批后,对预算目标进行的重新修订。

预算本身是一件很严肃的事情,任何部门不经预算管理机构批准不得随意调整预算。

对于预算执行单位提出的预算调整事项,企业进行决策时,一般应当遵循以下要求:

(1)预算调整事项不能偏离企业发展战略。

(2)预算调整方案应当在经济上能够实现最优化。

(3)预算调整重点应当放在财务预算执行中出现的重要的、非正常的、不符合常规的关键性差异方面。

(三)预算的考核

企业预算委员会应当定期组织预算审计,纠正预算执行中存在的问题,充分发挥内部审计的监督作用,维护预算管理的严肃性。预算审计可以采用全面审计或者抽样审计。

预算年度终了,预算委员会应当向董事会或者经理办公会报告预算执行情况,并依据预算完成情况和预算审计情况对预算执行单位进行考核。应当结合年度内部经济责任制进行考核,与预算执行单位负责人的奖惩挂钩,并作为企业内部人力资源管理的参考。

 思政园地

项目八:全面预算管理中的战略
智慧——从资源配置到
人生规划的全局思维

【职业资格与技能训练八】

一、单项选择题

1. 全面预算体系中的最后环节是（　　）。

A. 专门决策预算 　　　　　　　　　B. 业务预算

C. 财务预算 　　　　　　　　　　　D. 预计资产负债表

2. 下列预算属于经营预算的是（　　）。

A. 现金收支预算 　　　　　　　　　B. 预计利润表

C. 制造费用预算表 　　　　　　　　D. 预计资产负债表

3. 下列各项中,不属于零基预算法优点的是（　　）。

A. 编制工作量小

B. 不受现有费用项目的限制

C. 能够调动各方面节约费用的积极性

D. 不受现有预算的约束

4. 下列预算编制方法中,可能导致无效费用开支项目不能得到有效控制的是（　　）。

A. 增量预算 　　　　　　　　　　　B. 静态预算

C. 固定预算 　　　　　　　　　　　D. 定期预算

5. 在下列预算法中,能够适应多种业务量水平并能克服固定预算方法缺点的是（　　）。

A. 弹性预算法 　　　　　　　　　　B. 增量预算法

C. 零基预算法 　　　　　　　　　　D. 滚动预算法

6. 以预算期内正常的、可实现的某一业务量水平为基础编制预算的方法称为（　　）。

A. 定期预算法 　　　　　　　　　　B. 增量预算法

C. 定基预算法 　　　　　　　　　　D. 固定预算法

7. 可以保持预算的连续性和完整性,并能够克服传统定期预算缺点的预算方法是（　　）。

A. 弹性预算 　　　　　　　　　　　B. 零基预算

C. 滚动预算 　　　　　　　　　　　D. 固定预算

8. 按其预算期的时间特征不同,编制预算的方法可划分为（　　）。

A. 增量预算法和零基预算法

B. 固定预算法和弹性预算法

C. 定期预算法和滚动预算法

D. 概率预算法和不确定预算法

9. 在下列各项中,能够同时以实物量指标和价值量指标分别反映企业经营收入和相关现金收入的预算是（　　）。

A. 现金预算 　　　　　　　　　　　B. 销售预算

C. 生产预算 　　　　　　　　　　　D. 产品成本预算

10. 企业全面预算编制的起点是( )。

A. 销售预算   B. 生产预算

C. 产品成本预算   D. 预计利润表

11. 下列计算等式中,不正确的是( )。

A. 本期生产量＝本期销售量＋期末产成品存货量－期初产成品存货量

B. 本期材料采购量＝本期生产耗用量＋期末材料存货量－期初材料存货量

C. 本期收到现金＝本期销售收入＋期末应收款－期初应收款

D. 期末现金余额＝现金余缺＋现金筹措－现金运用

12. 下列预算中,不会对资产负债表中存货金额产生影响的是( )。

A. 直接材料预算   B. 销售费用预算

C. 产品成本预算   D. 生产预算

13. 直接材料预算的主要编制基础是( )。

A. 销售预算   B. 生产预算

C. 现金预算   D. 产品成本预算

14. 某企业 2025 预算年第一季度产品生产量预算为 500 件,单位产品材料用量 8 千克/件,期初材料库存量 70 千克,第一季度还要根据第二季度生产耗用材料的 10% 安排季末存量,预计第二季度生产耗用 750 千克材料。材料采购价格预计 12 元/千克,则该企业第一季度材料采购的金额为( )元。

A. 48 060   B. 39 950   C. 40 000   D. 41 450

15. 某企业编制第四季度的材料采购预算,预计季初材料存量为 500 千克,季度生产需用量为 2 500 千克,预计期末存量为 300 千克,材料采购单价为 10 元,若材料采购货款有 40% 当季付清,另外 60% 在下季度付清,假设不考虑流转税的影响,该企业预计资产负债表年末"应付账款"项目为( )元。

A. 10 080   B. 13 800   C. 23 000   D. 16 200

16. 下列各项中,属于变动制造费用的是( )。

A. 间接人工成本   B. 设备租金

C. 维修费   D. 管理人员工资

17. 直接人工预算的编制基础是( )。

A. 销售预算   B. 生产预算

C. 直接材料预算   D. 预计资产负债表

18. 在编制现金预算时,计算某期现金余额无须考虑的因素是( )。

A. 期初现金余额   B. 期末现金余额

C. 当初现金支出   D. 当期现金收入

19. 在编制现金预算时,下列各项中不属于现金支出的项目是( )。

A. 直接材料采购支出   B. 所得税费用支付

C. 借款利息支出   D. 销售及管理费用支出

20. 企业应当建立预算分析制度,由( )定期召开预算执行分析会议,全面掌握预算执行情况,研究解决预算执行中存在的问题,纠正预算的执行偏差。

A. 董事会   B. 经理办公会

C. 预算管理委员会　　　　　　　　　　D. 财务部门

21. 全面预算管理工作不相容岗位不包括(　　)。

A. 预算编制与预算审批　　　　　　　　B. 预算编制与预算调整

C. 预算审批与预算执行　　　　　　　　D. 预算执行与预算考核

22. 下列各项中,不符合企业进行预算调整事项决策应当遵循的要求的是(　　)。

A. 预算调整事项不能偏离企业发展战略

B. 预算调整方案应当在技术上具有先进性

C. 预算调整方案应当在经济上能够实现最优化

D. 预算调整重点应当放在预算执行中出现的重要的、非正常的、不符合常规的关键性差异方面

二、多项选择题

1. 企业预算管理的主要作用有(　　)。

A. 企业战略实施的工具　　　　　　　　B. 协调部门经济关系的方法

C. 企业绩效考评的主要依据　　　　　　D. 企业资源配置的手段

2. 企业预算的最主要特征有(　　)。

A. 数量化　　　　　B. 表格化　　　　　C. 可延伸性　　　　D. 可执行性

3. 相对固定预算而言,弹性预算的优点有(　　)。

A. 预算成本低　　　　　　　　　　　　B. 预算适应性强

C. 预算工作量小　　　　　　　　　　　D. 有利于预算评价与考核

4. 运用公式"$y=a+bx$"编制弹性预算,字母 x 所代表的业务量可能有(　　)。

A. 生产量　　　　　B. 销售量　　　　　C. 库存量　　　　　D. 材料消耗量

5. 与零基预算法相比,增量预算法的主要缺点包括(　　)。

A. 可能不加分析地保留或接受原有成本项目

B. 可能使成本费用得不到有效控制,造成预算上的浪费

C. 容易使不必要的开支合理化

D. 增加了预算编制的工作量,容易顾此失彼

6. 以下适用于零基预算法编制预算的部门有(　　)。

A. 产品生产车间　　　　　　　　　　　B. 研发部门

C. 财务部门　　　　　　　　　　　　　D. 人力资源部门

7. 采用滚动预算法编制预算时,必须先确定滚动的时间单位。按滚动的时间单位不同可分(　　)三种方式。

A. 逐月滚动　　　　　B. 逐季滚动　　　　　C. 混合滚动　　　　　D. 年度滚动

8. 下列各项中,属于定期预算优点的有(　　)。

A. 能够使预算期间与会计期间相对应

B. 便于实际数与预算数进行对比

C. 有利于对预算执行情况进行分析和评价

D. 有利于充分发挥预算的指导和控制作用

9. 下列预算中属于业务预算的有(　　)。

A. 销售预算　　　　　　　　　　　　　B. 生产预算

C. 专门决策预算　　　　　　　　　　　D. 现金预算

10. 甲公司在预算期间,预计第一、第二季度的销售额分别为 1 000 万元和 1 200 万元,销售当季收回货款的 60%,下季收回货款的 40%。预计年初应收账款余额为 100 万元,在第一季度收回,则下列说法中正确的有(　　　)。(不考虑增值税)

A. 第一季度现金收入为 600 万元

B. 第一季度现金收入为 700 万元

C. 第二季度现金收入为 720 万元

D. 第二季度现金收入为 1 120 万元

11. 下列关于生产预算的说法,正确的有(　　　)。

A. 生产预算是全面预算中唯一以实物量反映的预算

B. 生产预算不仅要确定预算期预计产量,而且要确定预计产品成本

C. 生产预算是编制直接材料预算、直接人工预算和管理费用的依据

D. 生产预算是用来规划预算期产品生产数量的预算

12. 在编制生产预算时,计算某种产品预计生产量应考虑的因素包括(　　　)。

A. 预计材料采购量　　　　　　　　　　B. 预计产品销售量

C. 预计期初产品结存量　　　　　　　　D. 预计期末产品结存量

13. 下列各项中,能够在直接材料预算中反映的内容有(　　　)。

A. 材料耗用量　　　　　　　　　　　　B. 材料采购单价

C. 材料采购成本　　　　　　　　　　　D. 应付材料款的支付情况

14. 直接材料采购预算的内容包括(　　　)。

A. 材料消耗定额　　　　　　　　　　　B. 期初及期末材料存货水平

C. 材料预计单价　　　　　　　　　　　D. 预计材料采购额

15. 下列关于制造费用预算的说法中,正确的有(　　　)。

A. 制造费用预算通常分为变动制造费用预算和固定制造费用预算

B. 为了便于以后编制现金预算,需要编制制造费用预计现金支出

C. 制造费用中的各项费用都须支付现金

D. 固定制造费用通常与产量无关

16. 下列等式中,不正确的有(　　　)。

A. 某种产品直接人工总工时＝预计产量×单位产品人工工时

B. 某种产品直接人工总工时＝预计销量×单位产品人工工时

C. 预计人工总成本＝直接人工总工时×单位产品人工成本

D. 预计人工总成本＝直接人工总工时×每小时人工成本

17. 预计财务报表的编制基础包括(　　　)。

A. 经营预算　　　　　　　　　　　　　B. 专门决策预算

C. 现金预算　　　　　　　　　　　　　D. 人员培训预算

18. 在下列各项中,被纳入现金预算的有(　　　)。

A. 经营性现金收入　　　　　　　　　　B. 经营性现金支出

C. 资本性现金支出　　　　　　　　　　D. 现金收支差额

19. 下列关于预算调整要求的表述中,正确的有(　　　)。

A. 预算调整方案应在经济上能够实现最优化

B. 预算调整事项不能偏离企业发展战略

C. 客观因素导致预算执行结果发生重大差异确需调整预算的,可以调整预算

D. 预算执行部门可以制定预算调整方案并组织执行,报预算管理委员会备案

三、判断题

1. 专门决策预算主要反映项目投资与筹资计划,是编制现金预算的主要依据之一。

（　　）

2. 预算是以货币及其他数量形式反映的企业一定时期全部经营活动各项目标和行动计划与相应措施的数量说明。

（　　）

3. 弹性预算法编制预算的准确性,在很大程度上取决于成本性态分析的可靠性。

（　　）

4. 弹性预算使预算期始终保持在 12 个月,因此富有弹性,它比零基预算更符合实际需要,在实际工作中广泛使用。

（　　）

5. 企业在编制零基预算时,需要以现有的费用水平为依据,但不以现有的费用项目为基础。

（　　）

6. 零基预算的全称是"以零为基础的编制计划和预算的方法",它不考虑以往会计期间所发生的费用项目和费用水平,一切从零出发,根据实际需要逐项审议,在综合平衡的基础上编制费用预算。

（　　）

7. 运用滚动预算法,可随着预算执行不断补充预算,使预算期始终保持一个固定的预算期长度。

（　　）

8. 滚动预算法是为弥补定期预算法的缺点而产生的一种预算方法。　　（　　）

9. 销售预算中的预计单价是按照同类产品或劳务的市场价格来确定。　（　　）

10. 销售预算的编制工作通常由企业财务部门独立完成。　　　　　（　　）

11. 生产预算是日常业务预算中唯一仅以实物量作为计量单位的预算,不直接涉及现金收支。

（　　）

12. 生产预算是规定预算期内有关产品产量、产值和品种结构的一种预算。　（　　）

13. 直接材料预算以生产预算为基础编制,同时要考虑原材料存货水平。　（　　）

14. 制造费用各项目都会导致现金的流出。　　　　　　　　　　　（　　）

15. 某种产品直接人工总成本＝单位产品工时×预计销售量×单位工时工资率。

（　　）

16. 专门决策预算的要点是准确反映项目投资支出与筹措计划,它同时也是编制现金预算和预计资产负债表的依据。

（　　）

17. 现金预算中的现金支出包括预计借款的利息支出。　　　　　　（　　）

18. 预算调整重点应放在预算执行中出现的重要的、非正常的、不符合常规的关键性差异方面。

（　　）

19. 企业正式下达执行的预算,执行部门一般可以调整。　　　　　（　　）

四、技能训练

1. 华明公司生产和销售 A 产品资料如下。

（1）2024 年末的资产负债情况如表 8-22 所示。

表 8-22　2024 年末资产负债表　　　　　　　　　单位:元

资产	金额	负债和所有者权益	金额
流动资产		流动负债	
现金	30 000	应付账款	60 000
应收账款	62 000	应交所得税	
原材料	15 000		
库存商品	23 000	流动负债合计	60 000
交易性金融资产		长期负债	
流动资产合计	130 000	长期借款	50 000
固定资产	1 050 000	股东权益	
减:累计折旧	240 000	普通股	800 000
固定资产净值	810 000	留存收益	30 000
资产合计	940 000	负债和所有者权益合计	940 000

2021—2024 年的销售情况如表 8-23 所示。

表 8-23　2021—2024 年销售量

年度	2021 年	2022 年	2023 年	2024 年
销售量(件)	61 999	62 890	62 980	62 990

按照 2021—2024 年产品历史销量基数,以及不同年份的比重权数,通过加权平均对 2024 年销量进行预测。产品销量权重如表 8-24 所示。

表 8-24　2021—2024 年产品销量权重

年度	2021 年	2022 年	2023 年	2024 年
权重	0.10	0.20	0.30	0.40

预测值为向上取“千”的整数倍,即如果计算结果为 62 867.90 件,则预测值为 63 000 件。

2025 年各季度预计销售占全年预计销售量的比值为:第一季度销售量占比 16%,第二季度销售量占比为 24%,第三季度销售占比 32%,第四季度销售占比 28%。预测销售量为“千”的整数倍。

(2) 2025 年公司制定的价格策略为销售单价 40 元/件。

(3) 每季度销售收入在本季度收到现金 70%,其余 30%在下季度收回。2024 年年末应收账款余额为 62 000 元。

(4) 华明公司希望能在每季度末保持相当于下季度销售量 10%的期末存货,2024 年年末产品的期末存货为 1 000 件,单位成本为 23 元,共计 23 000 元。预计 2022 年第一季度的销售量为 20 000 件。

（5）假设 A 产品只耗用一种材料，2024 年年末库存材料 3 000 千克，华明公司期望每季度季末材料库存量为下季度生产需用量的 10%，2021 年第四季度期末预计的材料库存量为 5 000 千克。

（6）单位 A 产品消耗材料 3 千克，每千克材料采购价格为 5 元。材料采购的货款 60% 在本季度内付清，其余 40% 在下季度付清。2020 年末的应付账款期初余额为 60 000 元。

（7）华明公司单位产品工时为 0.50 小时，每小时工资为 8 元。

（8）华明公司制造费用分为变动制造费用和固定制造费用。变动制造费用分配率为：人工每小时 1 元，修理费每小时 1.50 元，水电费每小时 1 元，其他每小时 2.50 元；年固定制造费用预算为：修理费 96 000 元，水电费 20 000 元，管理人员工资 32 000 元，保险费 12 000 元，折旧 80 000 元。

（9）华明公司变动的销售及管理费用与销售收入有关。销售佣金占比 1.50%，运输费占比 1.50%，广告费占比 7%；年固定销售及管理费用预算为：管理人员工资 20 000 元，办公费 36 000 元，保险费 16 000 元，其他 28 000 元。

（10）华明公司每季度末应保持现金余额 30 000 元，若资金不足或多余，可以以 1 000 元为单位进行借入或偿还，借款年利率为 6%，每季度初借入，每季末偿还，借款利息与偿还本金时一起支付。同时，2025 年公司准备投资 240 000 元购买设备，于第二季度和第三季度分别支付价款 50%。每季度预交所得税 20 000 元，预计在第三季度发放现金股利 50 000 元，第四季度购买国库券 100 000 元。

2. 根据上述资料完成下列实训任务。

（1）根据资料，编制华明公司 2025 年度销售预算表和预计现金收入表如表 8-25 和表 8-26 所示。

表 8-25　2025 年度销售预算表

金额单位：元

项目	第一季度	第二季度	第三季度	第四季度	合计
预计销售量（件）					
预计单价					
销售收入					

表 8-26　2025 年度预计现金收入计算表

单位：元

项目	应收账款数额	实收现金数额				
		第一季度	第二季度	第三季度	第四季度	全年
期初余额						
第一季度						
第二季度						
第三季度						
第四季度						
现金收入合计						
期末余额						

（2）根据资料，编制华明公司 2025 年度生产预算表，如表 8-27 所示。

表 8-27　2025 年度生产预算表　　　　　　　　　　　　单位：件

项目	第一季度	第二季度	第三季度	第四季度	合计
预计销售量					
加：期末存货					
合计					
减：期初存货量					
预计生产量					

（3）根据资料，编制华明公司 2025 年度直接材料采购预算表及预计现金支出计算表如表 8-28 和表 8-29 所示。

表 8-28　2025 年度直接材料采购预算表

项目	第一季度	第二季度	第三季度	第四季度	合计
预计生产量（件）					
单位产品材料用量（千克/件）					
生产需用量（千克）					
加：预计期末存货量					
合计					
减：预计期初存货量					
预计材料采购量					
采购单价（元/千克）					
预计采购金额（元）					

表 8-29　2025 年度预计材料采购现金支出计算表　　　　　　　　单位：元

项目	应付账款数额	实付现金数额				
		第一季度	第二季度	第三季度	第四季度	全年
期初余额						
第一季度						
第二季度						
第三季度						
第四季度						
现金支出合计						
期末余额						

（4）根据资料，编制华明公司 2025 年度直接人工预算表，如表 8-30 所示。

表 8-30　2025 年度直接人工预算表

项目	第一季度	第二季度	第三季度	第四季度	合计
预计生产量（件）					
单位产品工时（小时/件）					
人工总工时（小时）					
每小时人工成本（元/小时）					
人工总成本					

（5）根据资料，编制华明公司 2025 年度制造费用预算表，如表 8-31 所示。

表 8-31　2025 年度制造费用预算表　　　　　　单位：元

项目	小时费用率（元/小时）	第一季度	第二季度	第三季度	第四季度	合计
预计人工总工时						
变动制造费用						
人工						
修理						
水电						
其他						
小计						
固定制造费用						
修理						
水电						
管理人员工资						
折旧						
保险						
小计						
合计						
减：折旧						
预计现金支出						

（6）根据资料，编制华明公司 2025 年度产品生产成本预算表，如表 8-32 所示。

表 8-32　2025 年度产品生产成本预算表　　　　　　　　单位：元

项目	全年生产量（　　　件）			
	价格标准	用量标准	单位成本	总成本
直接材料				
直接人工				
变动制造费用				
合计				
库存商品	数量（件）	单位成本（元）	总成本	
年初存货				
年末存货				
本年销售				

注：存货流转按先进先出法。

（7）根据资料，编制华明公司 2025 年度销售及管理费用预算表，如表 8-33 所示。

表 8-33　2025 年度销售及管理费用预算表　　　　　　　　单位：元

项目	变动费用率（占销售收入）	第一季度	第二季度	第三季度	第四季度	合计
预计销售收入						
变动销售及管理费用						
佣金						
运输费						
广告费						
小计						
固定销售及管理费用						
办公费						
保险费						
管理人员工资						
其他						
小计						
合计						

（8）根据资料，编制华明公司 2025 年度现金预算表，如表 8-34 所示。

表 8-34　2025 年度现金预算表　　　　　　　　　　　单位:元

项目	第一季度	第二季度	第三季度	第四季度	合计
期初现金余额					
加:现金收入(表 8-26)					
可供使用现金总额					
减:现金支出					
直接材料(表 8-29)					
直接人工(表 8-30)					
制造费用(表 8-31)					
销售及管理费用(表 8-33)					
预缴所得税					
购买国库券					
发放股利					
购买设备					
现金支出合计					
现金收支差额					
加:银行存款					
减:银行借款					
支付利息					
期末现金余额					

（9）根据上述预算表，编制华明公司 2025 年度预计利润表，如表 8-35 所示。

表 8-35　2025 年度预计利润表　　　　　　　　　　　单位:元

项目	第一季度	第二季度	第三季度	第四季度	合计
销售收入					
减:变动成本					
变动生产成本					
变动销售及管理费用					
变动成本小计					
边际贡献					
减:固定成本					
固定制造费用					
固定销售及管理费用					

（续表）

项目	第一季度	第二季度	第三季度	第四季度	合计
利息支出					
固定成本小计					
税前利润					
减：所得税（税率25%）					
税后利润					

（10）根据上述资料，编制华明公司2025年度预计资产负债表，如表8-36所示。

表8-36 2025年度预计资产负债表 单位：元

资产	期初金额	期末金额	负债和所有者权益	期初金额	期末金额
流动资产			流动负债		
现金	30 000		应付账款	60 000	
应收账款	62 000		应交所得税		
原材料	15 000		流动负债合计	60 000	
库存商品	23 000		长期负债		
交易性金融资产	130 000		长期借款	50 000	
流动资产合计	1 050 000		股东权益		
固定资产	240 000		普通股	800 000	
减：累计折旧	810 000		留存收益	30 000	
固定资产净值	940 000		负债和所有者权益总计	940 000	
资产总计					

项目九

绩 效 管 理

知识目标

理解绩效管理的作用

熟知绩效管理的应用环境

掌握关键绩效指标的计算和应用

理解经济增加值的概念

掌握经济增加值的计算公式

理解平衡计分卡的含义

掌握平衡计分卡的应用程序

理解关键绩效指标法、经济增加值法、平衡计分卡的优点、不足

能力目标

会计算绩效考核常用的财务指标和非财务指标

能够按照平衡计分卡的原理设计绩效考核方案

素质目标

借鉴平衡计分卡的思想,建立个人发展规划评价体系

思政目标

通过学习各种绩效管理方法及其比较,激发学生的团队沟
通协作、角色定位与职责划分,平衡学生的发展意识

【导学】

昨天做了什么事情？你记得很清楚。

前天做了什么事情？你可能需要回忆一下。

上周做了什么事情？你还能想起多少？

……

是不是很模糊了?!

我们天真地以为能记住很多事情，然而事实上很多事情做过就忘了。

在企业里，每天每个员工都会做很多事情。成功的企业必然会建立一套科学合理的绩效管理体系。帮助企业把经营目标转化为详尽的、可测量的标准，将企业宏观的营运目标细化到员工的具体工作职责，用量化的指标追踪跨部门的、跨时段的绩效变化。通过绩效管理来实现对全公司各层各类人员工作绩效进行客观衡量、及时监督、有效指导。

任务一　理解绩效管理

一、绩效

绩效是指组织或个人在一定时期内投入、产出的效率与效能。其中，投入是指人、财、物、时间、信息等资源；产出是指工作任务、工作目标在数量和质量方面的完成情况。

二、绩效管理

绩效管理是指各级管理者和员工为了达到组织目标，共同参与的绩效计划制定、绩效辅导沟通、绩效考核评价、绩效结果应用、绩效目标提升的持续循环过程。

三、绩效管理的应用环境

绩效管理具有"情境化"特征，因此，绩效管理必须注意其应用环境。

（一）机构设置

企业进行绩效管理时，应当设立薪酬与考核委员会或类似机构，负责审核绩效管理的政策与制度、绩效计划与激励计划、绩效评价结果与激励实施方案、绩效评价与激励管理报告，协调解决绩效管理工作中出现的重大问题。薪酬与考核委员会或类似机构下设绩效管理工作机构，负责制定绩效管理的政策与制度、绩效计划与激励计划，组织绩效计划与激励计划的执行和实施，编制绩效评价与激励管理报告，协调解决绩效管理工作中出现的日常问题。

（二）制度体系

健全的制度体系是有效实施绩效管理的重要前提。因此，企业应当建立健全绩效管理的制度体系,明确绩效管理的工作目标、职责分工、工作程序、工具方法、信息报告等内容。

(三)信息系统

绩效管理的全过程都伴随着大量数据的产生、收集和整合,及时、有效、准确、易执行的绩效管理离不开良好的信息系统支持。企业应当建立有助于绩效管理实施的信息系统,为绩效管理工作提供信息支持。

四、绩效管理的作用

(一)绩效管理促进组织和个人绩效的提升

绩效管理通过设定科学合理的组织目标、部门目标和个人目标,为企业员工指明了努力方向。管理者通过绩效辅导沟通及时发现下属工作中存在的问题,给下属提供必要的工作指导和资源支持,下属通过工作态度以及工作方法的改进,保证绩效目标的实现。在绩效考核评价环节,对个人和部门的阶段工作进行客观公正的评价,明确个人和部门对组织的贡献,通过多种方式激励高绩效部门和员工继续努力提升绩效,督促低绩效的部门和员工找出差距改善绩效。在绩效反馈面谈过程中,通过考核者与被考核者面对面的交流沟通,帮助被考核者分析工作中的长处和不足,鼓励下属扬长避短,促进个人得到发展;对绩效水平较差的组织和个人,考核者应帮助被考核者制定详细的绩效改善计划和实施举措;在绩效反馈阶段,考核者应和被考核者就下一阶段工作提出新的绩效目标并达成共识,被考核者承诺目标的完成。在企业正常运营情况下,部门或个人新的目标应超出前一阶段目标,激励组织和个人进一步提升绩效,经过这样绩效管理循环,组织和个人的绩效就会得到全面提升。

同时,绩效管理通过对员工进行甄选与区分,保证优秀人才脱颖而出,淘汰不适合的人员。通过绩效管理能使内部人才得到成长,吸引外部优秀人才,使人力资源能满足组织发展的需要,促进组织绩效和个人绩效的提升。

(二)绩效管理促进管理流程和业务流程优化

企业管理涉及对人和对事的管理,对人的管理主要是激励约束问题,对事的管理就是流程问题。所谓流程,就是一件事情或者一个业务如何运作,涉及因何而做、由谁来做、如何去做、做完了传递给谁这四个方面的问题。上述四个方面的不同安排都会对产出结果有很大的影响,极大地影响了组织效率。

在绩效管理过程中,各级管理者都应从公司整体利益以及工作效率出发,尽量提高业务处理的效率,应该在上述四个方面不断进行调整优化,使组织运行效率逐渐提高,在提升组织运行效率的同时,逐步优化公司管理流程和业务流程。

(三)绩效管理保证组织战略目标的实现

企业一般有比较清晰的发展思路和战略,有远期发展目标及发展规划,在此基础上根据外部经营环境的预期变化以及企业内部条件制定出年度经营计划及投资计划,在此基础上制定企业年度经营目标。而企业管理者将公司的年度经营目标向各个部门分解就成为部门的年度业绩目标,各个部门向每个岗位分解核心指标就成为每个岗位的关键业绩指标。

五、绩效评价

绩效评价是指评价主体运用数量统计和运筹等方法,采用特定的指标体系,对照设定的评价标准,按照一定的程序,通过定量、定性对比分析,对评价客体在一定期间内的绩效作出客观、公正和准确的综合评判。

财务指标倾向于关注公司经营的短期效果,这只能反映公司的过去,而非财务指标强调为获得长期成功应当采取的必要行动,所以绩效评价指标体系一般由财务性指标和非财务性指标共同构成。

财务指标和非财务指标之间存在着内在的关联,如营运资本水平和产品销售成本水平是资本报酬率的关键驱动器。以资本报酬率作为主要财务评价指标的公司可能需要同时关注经营性指标(生命周期、总产量等),因为这些经营性指标对营运资本水平和产品销售成本产生巨大影响。例如,大陆航空公司在其管理层和非管理层激励计划中运用了"航班准点率"指标,正是因为这一指标将对航空业的收入(通过对顾客保持度的影响)和获利能力产生显著的影响。

(一)绩效评价的财务指标

财务业绩定量评价是指对企业一定期间的盈利能力、资产质量、债务风险和经营增长四个方面进行定量对比分析和评判。评价指标依据各项指标的功能作用划分为基本指标和修正指标,其中,基本指标反映企业一定期间财务业绩的主要方面,并得出企业财务业绩定量评价的基本结果。修正指标是根据财务指标的差异性和互补性,对基本指标的评价结果作进一步的补充和矫正。

(1)企业盈利能力指标,包括净资产收益率、总资产报酬率两个基本指标和营业利润率、盈余现金保障倍数、成本费用利润率、资本收益率四个修正指标。

(2)企业资产质量指标,包括总资产周转率、应收账款周转率两个基本指标和不良资产比率、流动资产周转率、资产现金回收率三个修正指标。

(3)企业债务风险指标,包括资产负债率、已获利息倍数两个基本指标和速动比率、现金流动负债比率、带息负债比率、或有负债比率四个修正指标。

(4)企业经营增长指标,包括营业收入增长率、资本保值增值率两个基本指标和营业利润增长率、总资产增长率、技术投入率三个修正指标。

(二)绩效评价的非财务指标

对知识经济时期的公司进行绩效评价必须引进全面业绩评价方程,在传统的财务指标的基础上增加各类非财务指标。当前在公司中最广泛应用的非财务指标包括:

(1)顾客满意度。

(2)产品和服务的质量。

(3)战略目标,如完成一项并购或项目的关键部分,公司重组和管理层交接。

(4)公司潜在发展能力,如员工满意度和保持力,员工培训和团队精神,管理有效性或公共责任。

(5)创新能力,如研发投资及其结果、新产品开发能力。

(6)技术目标。

(7)市场份额。

六、绩效考核实施原则

（一）清晰的目标

对员工实行绩效考核的目的是让员工实现企业的目标和要求，因为目标引导行为，所以目标一定要清晰。

（二）量化的管理标准

考核的标准一定要客观，量化是最客观的表述方式。很多时候企业的绩效考核不能推行到位，沦为走过场，都是因为标准太模糊，要求不量化。

（三）良好的职业化的心态

绩效考核的推行要求企业必须具备相应的文化底蕴，要求员工具备一定的职业化的素质。事实上，优秀的员工并不惧怕考核，甚至欢迎考核。

（四）与薪酬、晋升挂钩

不与薪酬挂钩的绩效考核是没有意义的，考核必须与薪酬、与晋升挂钩，才能够引起企业由上至下的重视和认真对待。

（五）"三重一轻"原则

绩效考核只有渗透到日常工作的每个环节当中，才能真正发挥效力。

（1）重积累：平时的点点滴滴，正是考核的基础。

（2）重成果：有成果反馈，才可以让员工看到进步，才有前进的动力。

（3）重时效：指定一个固定的时间考核，往往想不起来工作中所发生的事情。因此，考核的时候需要即时考，即时思。

（4）轻便快捷：复杂的绩效考核方式，需要专业人员的指导才可能取得预期效果。针对并不复杂的中小企业，更侧重用简便的方式，为管理者提供和积累考核素材。

任务二　掌握关键绩效指标法

一、关键绩效指标法的概念

（一）关键绩效指标法的定义

关键绩效指标法是指基于企业战略目标，通过建立关键绩效指标体系，将价值创造活动与战略规划目标有效联系，并据此进行绩效管理的方法。关键绩效指标法符合一个重要的管理原理——"二八原理"。在一个企业的价值创造过程中，存在着"80/20"的规律，即20%的骨干人员创造企业80%的价值；而且在每一位员工身上"二八原理"同样适用，即80%的工作任务是由20%的关键行为完成的。因此，必须抓住20%的关键行为，对之进行分析和衡量，这样就能抓住业绩评价的重心。

关键绩效指标是对企业绩效产生关键影响力的指标，是通过对企业战略目标、关键成果领域的绩效特征分析、识别和提炼出的最能有效驱动企业价值创造的指标。

(二)关键绩效指标法的使用和应用对象

关键绩效指标法可以单独使用,也可与经济增加值法、平衡计分卡等其他方法结合使用。关键绩效指标法的应用对象可以是企业,也可以是企业所属单位(部门)和员工。

(三)关键绩效指标法的应用环境

企业在应用关键绩效指标法时,既要遵循绩效管理的一般要求,还要充分关注和分析内外环境。

1. 一般要求

一般要求包括应当设立薪酬与考核委员会、建立健全绩效管理的制度体系,建立有助于绩效管理实施的信息系统等。

2. 综合考虑各种因素

企业应用关键绩效指标法,应当综合考虑绩效评价期间宏观经济政策、外部市场环境、内部管理需要等因素,并以此为基础构建关键绩效指标体系。

3. 明确战略目标

企业应用关键绩效指标法,应当有明确的战略目标。战略目标是确定关键绩效指标体系的基础,而关键绩效指标反映战略目标,衡量和监控企业战略目标的实施效果。

4. 识别关键驱动因素

企业应当清晰地识别价值创造模式,按照价值创造路径识别出关键驱动因素,合理地选择和设置关键绩效指标。

二、关键绩效指标体系的制定程序

(一)制定企业级关键绩效指标

首先,明确企业的战略目标;其次,在企业会议上利用头脑风暴法和鱼骨分析法找出企业的业务重点,也就是企业价值评估的重点;最后,再用头脑风暴法找出这些关键业务领域的关键业绩指标,即企业级 KPI。

(二)制定所属单位(部门)级关键绩效指标

根据企业级关键绩效指标,建立部门级 KPI,并对相应部门的 KPI 进行分解,确定相关的要素目标,分析绩效驱动因数(技术、组织、人),确定实现目标的工作流程,分解出各部门级的 KPI,以便确定评价指标体系。

(三)制定岗位(员工)级关键绩效指标

各部门的主管和部门的 KPI 人员一起再将 KPI 进一步细分,分解为更细的 KPI 及各职位的业绩衡量指标,这些业绩衡量指标就是员工考核的要素和依据。这种对 KPI 体系的建立和测评过程本身,就是统一全体员工朝着企业战略目标努力的过程,也必将对各部门管理者的绩效管理工作起到很大的促进作用。

(四)设定评价标准

指标体系确立之后,还需要设定评价标准。一般来说,指标指的是从哪些方面衡量或评价工作,解决“评价什么”的问题;标准指的是在各个指标上分别应该达到什么样的水平,解决"被评价者怎样做,做多少"的问题。

(五)审核关键绩效指标

必须对关键绩效指标进行审核,如多个评价者对同一个绩效指标进行评价,结果是否能取得一致,这些指标的总和是否可以解释被评估者80%以上的工作目标,跟踪和监控这些关键绩效指标是否可以操作等。审核主要是为了确保这些关键绩效指标能够全面、客观地反映被评价对象的绩效,而且易于操作。

每一个职位都影响某项业务流程的一个过程,或影响过程中的某个点。在订立目标及进行绩效考核时,应考虑职位的任职者是否能控制该指标的结果,如果任职者不能控制,则该项指标就不能作为任职者的业绩衡量指标。比如,跨部门的指标就不能作为基层员工的考核指标,而应作为部门主管或更高层主管的考核指标。

三、关键绩效指标的类型

企业的关键绩效指标一般可分为结果类和动因类两种。结果类指标是指反映企业绩效的价值指标,动因类指标是指反映企业价值关键驱动因素的指标。

(一)结果类指标

1. 投资资本回报率

投资资本回报率(return on invested capital,ROIC)是指企业一定会计期间取得的息前税后利润与其使用的全部投资资本的比例,反映企业在会计期间有效利用投资资本创造回报的能力。其计算公式为:

$$投资资本回报率 = \frac{税前利润 \times (1-所得税税率) + 利息支出}{(期初投资资本 + 期末投资资本) \div 2} \times 100\%$$

$$投资资本 = 有息债务 + 所有者权益$$

2. 净资产收益率

净资产收益率(return on equity,ROE)又称股东权益报酬率、净值报酬率、权益报酬率、权益利润率、净资产利润率,是净利润与平均股东权益的百分比,是公司税后利润除以净资产得到的百分比率。

净资产收益率反映了股东权益的收益水平,是用以衡量公司运用自有资本的效率;指标值越高,说明投资带来的收益越高,体现了自有资本获得净收益的能力。其计算公式为:

$$净资产收益率 = \frac{净利润}{平均净资产} \times 100\%$$

3. 经济增加值回报率

经济增加值率(economic value added rate,EVAR)是指经济增加值占投入资本的比率,可以衡量、比较不同规模企业的增加值。其计算公式为:

$$经济增加值回报率 = \frac{经济增加值}{平均资本占用} \times 100\%$$

4. 息税前利润

息税前利润(earnings before interest and tax，EBIT)就是企业当年实现税前利润与利息支出的合计数。其计算公式为：

$$息税前利润＝税前利润＋利息支出$$

5. 自由现金流

自由现金流(free cash flow，FCF)是指企业一定会计期间经营活动产生的净现金流超过付现资本性支出的金额，反映企业可动用的现金。其计算公式为：

$$自由现金流＝经营活动净现金流－付现资本性支出$$

(二)动因类指标

1. 资本性支出

资本性支出是指企业发生的、其效益涉及两个或两个以上会计年度的各项支出。

2. 单位生产成本

单位生产成本是指生产单位产品而平均耗费的成本。

3. 产量

产量是指企业一定时期内生产出来的产品的数量。

4. 销量

销量是指企业在一定时期内销售商品的数量。

5. 客户满意度

客户满意度是指客户期望值与客户体验的匹配程度，即客户通过对某项产品或服务的实际感知与其期望值相比较后得出的指数。客户满意度收集渠道主要包括问卷调查、与客户的直接沟通、消费者组织的报告、各种媒体的报告和行业研究的结果等。

6. 员工满意度

员工满意度是指一个员工通过对企业所感知的效果与他的期望值相比较后所形成的感觉状态，是员工对其需要已被满足程度的感受。员工满意度是员工的一种主观的价值判断，是员工的一种心理感知活动，是员工期望与员工实际感知相比较的结果。员工满意度，主要通过问卷调查、访谈调查等方式，从工作环境、工作关系、工作内容、薪酬福利、职业发展等方面进行衡量。

四、关键绩效指标选取的方法

关键绩效指标应含义明确、可度量、与战略目标高度相关，指标的数量不宜过多，每一层级的关键绩效指标一般不超过 10 个。关键绩效指标选取的方法主要有关键成果领域分析法、组织功能分解法和工作流程分解法。

(一)关键成果领域分析法

关键成果领域分析法是基于对企业价值创造模式的分析，确定企业的关键成果领域，并在此基础上进一步识别关键成功因素，确定关键绩效指标的方法。

(二)组织功能分解法

组织功能分解法是基于组织功能定位，按照各所属单位(部门)对企业总目标所承担的职责,逐级分解和确定关键绩效指标的方法。

(三)工作流程分解法

工作流程分解法是按照工作流程各环节对企业价值贡献程度,识别出关键业务流程,将企业总目标层层分解至关键业务流程相关单位(部门)或岗位(员工),确定关键绩效指标的方法。

五、关键绩效指标的权重及目标值

(一)关键绩效指标的权重

关键绩效指标的权重分配应以企业战略目标为导向,反映被评价对象对企业价值贡献或支持的程度,以及各指标之间的重要性水平。单项关键绩效指标权重一般设定为5%～30%,对特别重要的指标可适当提高权重。对特别关键、影响企业整体价值的指标可设立"一票否决"制度,即如果某项关键绩效指标未完成,无论其他指标是否完成均视为未完成绩效目标。

(二)关键绩效指标目标值

企业确定关键绩效指标目标值,一般参考以下标准:

(1)依据国家有关部门或权威机构发布的行业标准或参考竞争对手标准。

(2)参照企业内部标准,包括企业战略目标、年度生产经营计划目标、年度预算目标、历年指标水平等。

(3)不能按前两项方法确定的,可根据企业历史经验值确定。

关键绩效指标的目标值确定后,应规定因内外部环境发生重大变化、自然灾害等不可抗力因素对绩效完成结果产生重大影响时,调整目标值的办法和程序。一般情况下,由被评价对象或评价主体测算确定其影响程度,并向相应的绩效管理工作机构提出调整申请,报薪酬与考核委员会或类似机构审批。

六、关键绩效指标法的评价

(一)优点

(1)目标明确,有利于公司战略目标的实现。KPI是企业战略目标的层层分解,通过KPI指标的整合和控制,使员工绩效行为与企业目标要求的行为相吻合,不至于出现偏差,有力地保证了公司战略目标的实现。

(2)提出了客户价值理念。KPI提倡的是为企业内外部客户价值实现的思想,对于企业形成以市场为导向的经营思想是有一定的提升的。

(3)有利于组织利益与个人利益达成一致。策略性地进行指标分解,使公司战略目标成了个人绩效目标,员工个人在实现个人绩效目标的同时,也是在实现公司总体的战略目标,达到两者和谐,公司与员工共赢的结局。

(二)不足

KPI也不是十全十美的,也有不足之处,主要体现在以下几个方面:

(1)KPI指标比较难界定。KPI更多是倾向于定量化的指标,这些定量化的指标是否真正对企业绩效产生关键性的影响,如果没有运用专业化的工具和手段,是难以界定的。

（2）KPI会使考核者误入机械的考核方式。过分地依赖考核指标，而没有考虑人为因素和弹性因素，会产生一些考核上的争端和异议。

（3）KPI并不是针对所有岗位都适用。如企业的清洁工和保安，他们每天都重复简单的日常工作，若采用关键绩效指标法的考核方式就不妥当。还有科技研发部门，科技研发周期长，设定指标以及考核的周期需要另当别论，否则在执行的时候就容易产生问题，甚至会打击被考核者的积极性。

任务三　理解经济增加值

一、经济增加值的概念

（一）经济增加值的定义

经济增加值（economic value added，EVA）是指从税后净营业利润中扣除包括股权和债务的全部投入资本成本后的所得。其核心是资本投入是有成本的，企业的盈利只有高于其资本成本（包括股权成本和债务成本）时才会为股东创造价值。经济增加值为正，表明经营者在为企业创造价值；经济增加值为负，表明经营者在损毁企业价值。

（二）经济增加值法的使用与应用对象

经济增加值法是指以经济增加值为核心，建立绩效指标体系，引导企业注重价值创造，并据此进行绩效管理的方法。经济增加值法较少单独应用，一般与关键绩效指标法、平衡计分卡等其他方法结合使用。

企业应用经济增加值法实施绩效管理的对象包括企业及其所属单位（部门，可以单独计算经济增加值）和高级管理人员。

（三）经济增加值法的应用环境

1. 一般要求

一般要求包括应当设立薪酬与考核委员会、建立健全绩效管理的制度体系，建立有助于绩效管理实施的信息系统等。

2. 树立价值管理理念

企业应树立价值管理理念，明确以价值创造为中心的战略目标，建立以经济增加值为核心的价值管理体系，使价值管理成为企业的核心管理制度。

3. 确定关键价值创造动因

企业应综合考虑宏观环境、行业特点和企业的实际情况，通过识别价值创造模式，确定关键价值驱动因素，构建以经济增加值为核心的指标体系。

4. 建立资本资产管理责任体系

企业应建立清晰的资本资产管理责任体系，确定不同被评价对象的资本资产管理责任。

5. 建立健全会计核算体系

企业应建立健全会计核算体系，确保会计数据真实可靠、内容完整，并及时获取与经济增加值计算相关的会计数据。

6. 加强融资管理

企业应加强融资管理,关注筹资来源与渠道,及时获取债务资本成本、股权资本成本等相关信息,合理确定资本成本。

7. 加强投资管理

企业应加强投资管理,把能否增加价值作为新增投资项目决策的主要评判标准,以保持持续的价值创造能力。

二、经济增加值的计算与绩效评价

(一) 经济增加值的计算

计算经济增加值的公式为:

$$经济增加值＝税后净营业利润－平均资本占用×加权平均资本成本$$

其中,税后净营业利润衡量的是企业的经营盈利情况;平均资本占用反映的是企业持续投入的各种债务资本和股权资本;加权平均资本成本反映的企业各种资本的平均成本率。

1. 税后净营业利润

税后净营业利润等于会计上的税后净利润加上利息支出等会计调整项目后得到的税后利润。

计算经济增加值时,需要进行相应的会计项目调整,以消除财务报表中不能准确反映企业价值创造的部分。会计调整项目的选择应遵循价值导向性、重要性、可控性、可操作性与行业可比性等原则,根据企业实际情况确定。常用的调整项目有:

(1)研究开发费、大型广告费等一次性支出但收益期较长的费用,应予以资本化处理,不计入当期费用。

(2)反映付息债务成本的利息支出,不作为期间费用扣除,计算税后净营业利润时扣除所得税影响后予以加回。

(3)营业外收入、营业外支出具有偶发性,将当期发生的营业外收支从税后净营业利润中扣除。

(4)将当期减值损失扣除所得税影响后予以加回,并在计算资本占用时相应调整资产减值准备发生额。

(5)递延税金不反映实际支付的税款情况,将递延所得税资产及递延所得税负债变动影响的企业所得税从税后净营业利润中扣除,相应调整资本占用。

(6)其他非经常性损益调整项目,如股权转让权益等。

经过上述调整,税后净营业利润的计算公式为:

$$税后净营业利润＝净利润＋(利息支出＋研究开发费用调整项)×(1-25\%)$$

其中,利息支出是指企业财务报表中“财务费用”项下的“利息支出”;研究开发费用调整项是指企业财务报表中“管理费用”项下的“研究与开发费用”和当前确认为无形资产的研究开发支出,对于勘探投入费用较大的企业,经国资委决定,将其成本费用情况表中的“勘探费用"视同研究开发费用调整项,按照一定比例(原则上不超过 50%)予以加回。

2. 平均资本占用

平均资本占用是所有投资者投入企业经营的全部资本,包括债务资本和股权资本。其中债务资本包括融资活动产生的各类有息负债,不包括经营活动产生的无息流动负债。股权资本中包含少数股东权益。资本占用除根据经济业务实质相应调整资产减值损失、递延所得税等,还可根据管理需要调整研发支出、在建工程等项目,引导企业注重长期价值创造。调整后的资本计算公式为:

调整后的资本=平均所有者权益+平均负债合计-平均无息流动负债-平均在建工程

其中,在建工程是指企业财务报表中的符合主业规定的"在建工程"。

3. 加权平均资本成本

加权平均资本成本是债务资本成本和股权资本成本的加权平均,反映了投资者所要求的必要报酬率。加权平均资本成本的计算公式为:

$$k_{wacc}=k_D \frac{DC}{TC}(1-T)+K_S \frac{EC}{TC}$$

式中:TC——资本占用;

EC——股权资本;

DC——债务资本;

T——所得税税率;

k_{wacc}——加权平均资本成本;

k_D——债务资本成本;

K_S——股权资本成本。

(1)债务资本成本。债务资本成本是企业实际支付给债权人的税前利率,反映的是企业在资本市场中债务融资的成本率。如果企业存在不同利率的融资来源,债务资本成本应用加权平均值。

(2)股权资本成本。股权资本成本是在不同风险下,所有者对投资者要求的最低回报率,通常是根据资本资产定价模型确定,其计算公式为:

$$K_s=R_f+\beta(R_m-R_f)$$

式中:R_f——无风险收益率;

R_m——市场预期回报率;

R_m-R_f——市场风险溢价;

β——企业股票相对于整个市场的风险指数。

上市公司的 β 值,可采用回归分析法或单独使用最小二乘法等方法测算确定,也可以直接采用证券机构等提供或发布的 β 值;非上市企业的 β 值,可采用类比法,参考同类上市企业的 β 值确定。

【例 9-1】 M 公司为一家中央国有企业,拥有两家业务范围相同的控股子公司 A 公司

和 B 公司,控股比例分别为 52% 和 75%。在 M 公司管控系统中,A、B 两家子公司均作为 M
公司的投资中心。A、B 两家公司 2024 年经审计后的基本财务数据如表 9-1 所示。

表 9-1 A、B 公司 2024 年基本财务数据　　　　　　　　　金额单位:万元

项目	A 公司	B 公司
1. 无息债务(平均,均为短期债务)	300	100
2. 有息债务(平均,年利率为 6%,均为长期债务)	700	200
3. 所有者权益(平均)	500	700
4. 总资产(平均)	1 500	1 000
5. 息税前利润	150	100
所得税税率	25%	
平均资本成本率	5.50%	

假定不考虑所得税纳税调整事项和其他有关因素。要求:根据资料,分别计算 A、B 两
家子公司的经济增加值,并据此对 A、B 两家子公司作出绩效评价比较。

解:

A 公司经济增加值 = 150 × (1 − 25%) − (500 + 700) × 5.50% = 46.50(万元)

B 公司经济增加值 = 100 × (1 − 25%) − (200 + 700) × 5.50% = 25.50(万元)

从经济增加值角度分析,A 公司绩效好于 B 公司。

(二) 使用经济增加值指标进行绩效评价的效果

经济增加值指标是经济利润的体现,在计算过程中合理调整了会计报表中的一些项目,
特别是扣除了股权资本的成本,因此,经济增加值的值要低于净利润的值,有时净利润上体
现企业盈利,实际可能是亏损的。与净利润指标相比,经济增加值在衡量企业的价值创造能
力和经营绩效时更为准确、全面。

使用经济增加值指标进行绩效评价的效果主要包括以下内容:

(1) 提高企业资金的使用效率。经济增加值的构成要素可以细分为资产周转率和资产
报酬率等指标,经济增加值的计算离不开资本成本。通过实施经济增加值,能够促使企业提
高资金的使用效率,即提高资产周转率和资产报酬率,以进一步提高资产收益水平。

(2) 优化企业资本结构。经济增加值指标考虑了资本成本,与资本成本的高低呈负相关
关系。通过测算经济增加值,企业会考虑优化已有的资本结构,更倾向于使用内部留存收益。
盈利高的企业往往能保留更多的留存收益,其资本结构会趋向于低负债。但在财务风险可控
的前提下,企业也可适当地使用财务杠杆,维持有竞争力的资本成本率,使资本结构逐步优化。

(3) 激励经营管理者,实现股东财富的保值增值。经济增加值是一个具有价值导向的
激励体系。采用经济增加值进行绩效评价,管理者的薪酬直接和经济增加值考核结果挂钩,
可以改善经营管理者与企业所有者之间的委托代理关系,使两者的目标趋向一致,共同致力
于实现企业价值的最大化和股东价值的保值增值。

(4) 引导企业做大做强主业,优化资源配置。从经济增加值的计算公式来看,在其他条
件既定时,税后净经营利润越大,经济增加值就越大。在经济增加值考核体系引导下,企业

必须对其投资进行有效管理,在进行决策时应充分考虑投资成本,把不具有投资价值的项目和非核心业务及时从企业中剥离,加大极具投资价值的核心业务领域投资。通过投资项目的合理规划组合,实现整个企业资源的优化。

三、经济增加值法的评价

经济增加值法的主要优点有:①考虑了所有资本的成本,更真实地反映了企业的价值创造能力。②实现了企业利益、经营者利益和员工利益的统一,激励经营者和所有员工为企业创造更多价值。③能有效遏制企业盲目扩张规模以追求利润总量和增长率的倾向,引导企业注重长期价值创造。

经济增加值法的主要缺点有:①仅对企业当期或未来一年价值创造情况的衡量和预判,无法衡量企业长远发展战略的价值创造情况。②计算主要基于财务指标,无法对企业的营运效率与效果进行综合评价。③不同行业、不同发展阶段、不同规模等的企业,其会计调整项和加权平均资本成本各不相同,计算比较复杂,影响指标的可比性。

任务四　掌握平衡计分卡

一、平衡计分卡

尽管经济增加值指标具有许多优点,但经济增加值指标毕竟是一种财务/价值指标。基于 21 世纪新经营环境,无形资产的重要性凸显,企业创造价值的模式转变,以战略为导向,立足财务指标,又超越财务指标,财务指标与业务(非财务)指标相整合,具有因果关系的战略绩效评价理念便应运而生,这就是平衡计分卡。

(一)平衡计分卡的含义

平衡计分卡(balanced score card, BSC)是指基于企业战略,从财务、顾客、内部业务流程、学习与成长四个维度,将战略目标逐层分解转化为具体的、相互平衡的绩效指标体系,并据此实施绩效管理的方法。

(二)平衡计分卡的应用环境

(1)一般要求。一般要求包括应当设立薪酬与考核委员会、建立健全绩效管理的制度体系,建立有助于绩效管理实施的信息系统等。

(2)明确愿景和战略。企业应用平衡计分卡,应该具有明确的愿景和战略。平衡计分卡应该以战略目标为核心,全面描述、衡量和管理战略目标,并将战略目标转化为可操作的行动。

(3)创新与变革精神的企业文化。平衡计分卡可能涉及组织和流程变革,具有创新精神、变革精神的企业文化有助于成功实施平衡计分卡。

(4)消除壁垒,实现组织协同。良好的组织协同是平衡计分卡顺利实施的前提。企业应当梳理组织结构和职能,消除不同组织职能间的壁垒,实现良好的组织协同。这里的"组织协同"既包括企业内部各级单位(部门)之间的横向与纵向协同,也包括与投资者、顾客、供应商等外部利益相关者之间的协同。

（5）提升员工学习与成长能力。平衡计分卡涉及多个维度,企业应注重员工学习与成长能力的提升,以便更好地实现平衡计分卡的财务、顾客、内部业务流程目标,使战略目标成为每个员工的日常工作。

（6）建立跨界的项目团队。由于平衡计分卡的实施是一项复杂的系统工程,企业通常需要建立由战略管理、人力资源管理、财务管理和外部专家等组成的团队,为平衡计分卡的实施提供机制保障。

（7）建立高效集成的信息系统。在信息系统方面,企业应建立高效集成的信息系统,实现绩效管理与预算管理、财务管理、生产经营等方面的紧密结合,为实施平衡计分卡提供信息支持。

二、平衡计分卡的应用程序

平衡计分卡的应用程序包括制定战略地图、编制绩效计划、制订激励计划、制定战略性行动方案、执行绩效计划与激励计划、实施绩效评价与激励、编制绩效评价与激励管理报告。

（一）制定战略地图

战略地图是为描述企业各个维度战略目标之间因果关系而绘制的可视化的战略因果关系图。战略地图是平衡计分卡的起点,它从财务、客户、内部流程、学习与成长四个维度将战略目标在一张纸上呈现出来,反映了战略目标之间自下而上的逻辑关系,清晰展示出公司或部门未来几年"做什么""怎么做""做到什么程度"。战略地图的通用模型见本书中的项目二"战略管理"。

（二）编制绩效计划

绩效计划是企业开展绩效评价工作的行动方案,包括构建指标体系、分配指标权重、确定绩效目标值、选择计分方法和评价周期、签订绩效责任书等一系列管理活动。制订绩效计划通常从企业级开始,层层分解到所属单位(部门),最终落实到具体的岗位和员工。

1. 确定平衡计分卡四个维度的绩效评价指标

平衡计分卡中财务、客户、内部业务流程、学习与成长每个维度的指标通常有 $4\sim7$ 个,总数量一般不超过 25 个。在构建指标体系时,应以财务维度为核心,其他维度的指标都与核心维度的一个或多个指标相联系。通过梳理核心维度目标的实现过程,确定每个维度的关键驱动因素,结合战略主题,选取关键绩效指标。

（1）财务维度。财务维度以财务术语描述了战略目标的有形成果。企业常用的财务维度指标如表 9-2 所示。

表 9-2 企业常用的财务维度指标

指标名称	计算公式	含义
资产负债率	资产负债率 $=\dfrac{负债总额}{资产总额}\times100\%$	反映企业整体财务风险程度
总资产周转率	总资产周转率 $=\dfrac{营业收入}{总资产平均余额}$	反映总资产在一定会计期间内周转的次数

指标名称	计算公式	含义
资本周转率	资本周转率$=\dfrac{营业收入}{平均资本占用}\times100\%$	反映资本在一定会计期间内周转的次数
投资资本回报率	投资资本回报率$=\dfrac{税前利润\times(1-所得税税率)+利息支出}{(期初投资资本+期末投资资本)\div2}\times100\%$ 投资资本=有息债务+所有者权益	反映企业在会计期间有效利用投资资本创造回报的能力
净资产收益率	净资产收益率$=\dfrac{净利润}{净资产平均余额}\times100\%$	反映企业全部资产的获利能力
经济增加值	经济增加值=税后净营业利润-平均资本占用×加权平均资本成本	反映企业有效使用资本创造价值的能力
息税前利润	息税前利润=税前利润+利息支出	反映企业不扣除利息也不扣除所得税的利润
自由现金流量	自由现金流量=经营活动净现金流量-付现资本性支出	反映企业可动用的现金

（2）客户维度。客户维度界定了目标客户的价值主张。企业常用的客户维度指标如表9-3所示。

表9-3 企业常用的客户维度指标

指标名称	计算公式	含义
市场份额	市场份额$=\dfrac{本企业某商品销售量}{该种商品市场总销售量}\times100\%$	反映企业的销售量在市场同类产品中所占比重
客户获得率	客户数量增长率$=\dfrac{本期客户数量-上期客户数量}{上期客户数量}\times100\%$ 客户交易额增长率$=\dfrac{本期客户交易额-上期客户交易额}{上期客户交易额}\times100\%$	反映企业在争取新客户时获得成功部分的比例
客户保持率	老客户交易增长率$=\dfrac{老客户本期交易额-老客户上期交易额}{老客户上期交易额}\times100\%$	反映企业继续保持与老客户交易关系的比例
客户获利率	客户获利率$=\dfrac{单一客户净利润}{单一客户总成本}\times100\%$	反映企业从单一客户得到的净利润与付出的总成本的比率
战略客户数量	对公司长期发展有至关重要、决定性作用的客户，也包括经过市场调查、预测、分析，具有发展潜力，会成为竞争对手的突破对象的客户	反映客户数量对企业战略目标的实现有重要的作用
顾客满意度	常常通过随机调查获取样本，以顾客对特定满意度指标的打分数据为基础，运用加权平均法得出相应结果	反映企业对顾客需求或期望满足的程度

（3）内部业务流程维度。内部流程代表着企业能够交付吸引和保持目标市场上客户的价值变量，能够满足股东财务回报的需求。企业常用的内部业务流程维度指标如表9-4所示。

表 9-4　企业常用的内部业务维度指标

指标名称	计算公式	含义
交货及时率	交货及时率 $= \dfrac{\text{及时交货的订单个数}}{\text{总订单个数}} \times 100\%$	反映企业一定会计期间内及时交货的比例
生产负荷率	生产负荷率 $= \dfrac{\text{实际产量}}{\text{设计生产能力}} \times 100\%$	反映投资项目在一定会计期间内的产品产量与设计生产能力的比例
产品合格率	产品合格率 $= \dfrac{\text{合格产品数量}}{\text{总产品数量}} \times 100\%$	反映企业合格品的数量比例
存货周转率	存货周转率 $= \dfrac{\text{营业收入}}{\text{存货平均余额}} \times 100\%$	反映存货在一定会计期间内周转的次数
单位生产成本	单位生产成本 $= \dfrac{\text{总成本}}{\text{总产量}}$	反映生产单位产品而平均耗费的成本

（4）学习与成长维度。学习与成长维度确定了对战略最重要的无形资产，将注意力引向企业未来成功的基础，涉及人员、信息系统和市场创新等问题。企业常用的学习与成长维度指标如表 9-5 所示。

表 9-5　企业常用的学习与成长维度指标

指标名称	计算公式	含义
员工流失率	员工流失率 $= \dfrac{\text{本期离职员工人数}}{\text{员工平均人数}} \times 100\%$	反映企业一定会计期间内离职人员的比例
员工保持率	员工保持率 $=1-$ 员工流失率	反映一定会计期间内员工保持的比例
员工生产率	人均产品生产数量 $= \dfrac{\text{本期产品生产总量}}{\text{生产人数}} \times 100\%$ 人均营业收入 $= \dfrac{\text{本期营业收入}}{\text{员工人数}} \times 100\%$	反映一定会计期间内创造的劳动成果与其相应员工数量的比值
培训计划完成率	培训计划完成率 $= \dfrac{\text{培训计划实际执行的总时数}}{\text{培训计划总时数}} \times 100\%$	反映培训计划实际执行的比例
员工满意度	常常通过随机调查获取样本，以员工对特定满意度指标的打分数据为基础，运用加权平均法得出相应结果	反映企业对员工需求或期望满足的程度

2. 平衡计分卡的指标权重分配

平衡计分卡的指标权重分配应以战略目标为导向，反映被评价对象对企业战略目标贡献或支持的程度以及各个指标之间的重要性水平。

企业绩效指标权重同单项关键绩效指标权重。

3. 平衡计分卡绩效目标值的确定与调整

平衡计分卡绩效目标值应根据战略地图的因果关系分别设置。首先，确定战略主题的目标值；其次，确定主题内的目标值；最后，基于平衡计分卡绩效评价指标与战略目标的对应关系,为每个绩效评价指标设定目标值,通常设计 3~5 年的目标值。

平衡计分卡绩效的目标值确定后规定同关键绩效指标的目标值。

（三）制定激励计划

激励计划是指企业为激励被评价对象而采取的行动方案,主要包括激励对象、激励形式、激励条件、激励周期等内容。激励计划可以分为薪酬激励计划、能力开发激励计划、职业发展激励计划和其他激励计划。短期薪酬激励计划主要包括绩效工资、绩效奖金和绩效福利等;中长期薪酬激励计划主要包括股票期权、股票增值权、限制性股票和虚拟股票等;能力开发激励计划主要包括对员工知识、技能等方面的提升计划;职业发展激励计划主要是对员工职业发展作出的规划;而其他激励计划则包括良好的工作环境、晋升与降职、表扬与批评等。

（四）制定战略性行动方案

绩效计划与激励计划制定之后,企业应根据其战略主题,制定战略性行动方案,实现短期行动计划与长期战略目标的协同。制定战略性行动方案主要包括以下三方面内容。

（1）选择战略性行动方案。制定每个战略主题的多个行动方案,并从中区分、排序和选择最合适的战略性行动方案。

（2）提供战略性资金。建立战略性支出的预算,为战略性行动方案提供资金支持。

（3）建立责任制。明确战略性行动方案的执行责任方,定期回顾战略性行动方案的执行进程和效果。

（五）执行绩效计划与激励计划

在执行绩效计划与激励计划的过程中,企业应当按照纵向一致、横向协调的原则,持续地推进组织协同,将协同作为一个重要的流程加以管理,使企业和员工的目标、职责与行动保持一致,创造协同效应。同时,企业应持续深入地开展流程管理,及时识别存在问题的关键流程,根据需要优化完善流程,必要时实施流程再造,将流程改进计划与战略目标相协同。

（六）实施绩效评价与激励

绩效管理工作机构应定期实施绩效评价与激励,按照绩效计划收集相关信息,获取被评价对象的绩效指标实际值,对照目标值,应用选定的计分方法,计算评价分值,并进一步形成对被评价对象的综合评价结果,对被评价对象的绩效表现进行系统、全面、公正、客观地评价,并根据评价结果实施相应的激励。绩效评价过程及结果应有完整的记录,结果应得到评价主体和被评价对象的确认,并进行公开发布或非公开告知。评价主体应及时向被评价对象进行绩效反馈,反馈内容包括评价结果、差距分析、改进建议及措施等,可采取反馈报告、反馈面谈、反馈报告会等形式进行。绩效结果发布后,企业应依据绩效评价的结果,组织兑现激励计划,综合运用绩效薪酬激励、能力开发激励、职业发展激励等多种方式,逐级兑现激励承诺。

（七）编制绩效评价与激励管理报告

绩效管理机构应当定期或根据需要编制绩效评价与激励管理报告,反映绩效评价与激励管理的结果。绩效评价与激励报告应当确保内容真实、数据可靠、分析客观、结论清楚,为报告使用者提供满足决策需要的相关信息。

三、平衡计分卡的五项平衡内容

（1）财务指标和非财务指标之间的平衡。企业考核的一般是财务指标,而对非财务指标(客户、内部流程、学习与成长)的考核很少,即使有也只是定性的说明,缺乏量化的考核,缺乏系统性和全面性。

（2）企业的长期目标和短期目标之间的平衡。平衡计分卡是一套战略执行的管理系统,如果以系统的观点来看平衡计分卡的实施过程,则战略是输入,财务是输出。

（3）结果性指标与动因性指标之间的平衡。平衡计分卡以有效完成战略为动因,以可衡量的指标为目标管理的结果,寻求结果性指标与动因性指标之间的平衡。

（4）企业组织内部群体与外部群体之间的平衡。平衡计分卡中,股东与客户为外部群体,员工和内部业务流程是内部群体,平衡计分卡可以发挥在有效执行战略的过程中平衡这些群体间利益的重要性。

（5）领先指标与滞后指标之间的平衡。财务、客户、内部流程、学习与成长这四个方面包含了领先指标和滞后指标。财务指标就是一个滞后指标,它只能反映公司上一年度发生的情况,不能告诉企业如何改善业绩和可持续发展。而对于后三项领先指标的关注,使企业达到了领先指标和滞后指标之间的平衡。

四、平衡计分卡方法的评价

（一）平衡计分卡的优点

平衡计分卡的主要优点有:①将战略目标逐层分解并转化为被评价对象的绩效评价指标和行动方案,使整个组织行动协调一致。②从财务、客户、内部业务流程、学习与成长四个维度确定绩效指标,使绩效评价更为全面完整。③将学习与成长作为一个维度,注重员工的发展要求和组织资本、信息资本等无形资产的开发利用,有利于增强企业可持续发展的动力。

（二）平衡计分卡的缺点

平衡计分卡的主要缺点有:①专业技术要求高,工作量比较大,操作难度也较大,需要持续的沟通和反馈,实施比较复杂,成本较高。②各个指标的权重在不同层级及各层级不同指标之间的分配比较困难,且部分非财务指标的量化工作难以落实。③系统性强,涉及面广,需要专业人士的指导、企业全员的参与和长期持续地修正与完善,对信息系统、管理能力的要求也较高。

【案例】

平衡计分卡在公用事业企业的应用

[案例介绍] 公司针对绩效评价同战略目标脱节、原有绩效评价未体现出价值管理的要求,考核的过程在指标选择上缺少因果关系、非财务指标考核难以量化等问题,通过使

用战略地图对自身战略作出规划剖析,应用平衡计分卡,从财务、客户、内部业务流程和学习与成长四个维度建立 KPI 指标,构建绩效评价体系,提升了财务绩效完成水平,在资产质量、收益质量、债务风险、经营增长等方面与同行业指标相比取得了不同程度的提高。

一、背景描述

(一) 单位基本情况

乙公司承担着甲汽车集团百余家企业和 30 余万户居民的能源供应,经营的业务范围涉及发电、工业及民用供电、工业及民用自来水供应、工业及民用天然气供应、工业高温水和蒸汽供应、工业和民用采暖供应、工业压缩空气供应。2015 年公司资产规模为 20.28 亿元,实现销售收入为 18.23 亿元,员工数量为 1 937 人,拥有各种动力和传导设备 3 259 台套,发电厂总装机容量 91 兆瓦,供热面积居全国城市集中供热前列。

(二) 存在的主要问题

在乙公司采取基于平衡计分卡的绩效管理以前,绩效管理主要包括对外承接集团公司下达的经营目标,对内分解落实集团下达的管理目标,并实现企业经营的多方面工作任务,如安全、生产保障等。其主要存在以下问题:

一是自 2009 年开始,甲集团开始推行经济增加值在绩效管理中的应用,并按照国资委明确的计算方法、剔除因素、资本成本考核下属公司。但乙公司尚不熟悉 EVA 指标,对于如果落实指标,提升公司价值缺少有效路径。

二是绩效评价同战略目标脱节。乙公司的战略目标直接受制于集团整体战略安排,就公司而言一方面缺少对于未来发展战略的全面梳理,这使得绩效评价目标的确定缺少战略依据。2010 年以后,乙公司开始应用战略地图。

三是在应用平衡计分卡之前,在乙公司内部层面的考核过多注重结果指标的评价,仅应用了一部分过程指标,而且过程指标选择上有一定的随意性,缺少因果关系,所以非财务指标的选择对于乙公司目标实现缺少支撑。2010 年开始,乙公司开始按照财务、客户、内部业务流程、学习与成长四个维度,建立绩效指标体系。

四是非财务指标考核难以量化,在企业管理中,没有计量就没有真正的管理。因为只有通过计量才能有效实施控制并克服绩效评价的主观随意性,使其在客观公正的状态下进行。乙公司原有考核体系存在绩效评价的技术不规范,标准衡量尺度的宽严不一,难以避免考核者个人主观倾向等问题。

(三) 选择相关绩效管理工具方法的主要原因

乙公司成立后在不断加强装备水平的同时,积极提升自身的管理能力。公司的绩效管理展情况反映了国务院国有资产监督管理委员会对国企绩效管理工作的基本要求。按照集团公司整体安排,公司通过使用战略地图对自身战略作出规划剖析,应用平衡计分卡,从财务、客户、内部业务流程和学习与成长四个角度建立 KPI 指标,构建绩效评价体系。公司积极进行组织改革,推行全面预算管理,编制全面预算方案,使能源的生产、供应和经营环节有机结合,有效为通。选择平衡计分卡的原因在于,平衡计分卡指标体系来自对战略的分解,指标的确定同战略目标一致,重点关注公司未来发展和当前经营中决定战略实施效果的核心内容。实施基于平衡计分卡的绩效评价体系,将有效解决公司战略落地问题。

二、总体设计

(一) 总体思路

(1) 前期准备。具体包括：战略分析与战略制定,建立平衡计分卡团队。其中,平衡计分卡团队角色与职责如表9-6所示。

表9-6 团队角色与职责

角色	主要职责
高层发起人	(1) 主导平衡计分卡项目 (2) 提供企业战略等背景信息 (3) 保证项目实施所需资料 (4) 在整个企业内部激发员工对项目的支持和热爱
团队领导人	(1) 组织会议;计划、协调各成员工作 (2) 为团队提供平衡计分卡方法的思想指导 (3) 向企业高层报告项目情况寻支持 (4) 指导和支持建立团队
团队成员	(1) 提供各有关部门专门知识 (2) 参加会议、分析处理讨论各种指标数据 (3) 在所在部门进行宣传,获得支持 (4) 执行团队领导布置的工作

(2) 逐步实施。当企业选择平衡计分卡作为绩效管理的工具后,从总体指标框架构成到具体指标选择将经过以下四个步骤:一是构建战略地图;二是选择战略目标指标;三是确定长期目标值;四是平衡计分卡分解。制定公司层面的战略目标和衡量指标后,必须把战略目标逐层分解到下级部门。公司层的平衡计分卡是分级工作的起始点,它服务于公司的整体战略。然后,将公司平衡计分卡所包含的各种目标和指标传递到下一个层次——各业务部门。从而以公司层平衡计分卡为基础,构建部门平衡计分卡;再以部门平衡计分卡为基础,构建员工个人平衡计分卡。各层级平衡计分卡依次构建,保证公司的战略得以贯彻。

(二) 公司平衡计分卡内容

(1) 公司级平衡计分卡内容。公司每年需依据集团所设定的战略目标来完成相应的公司层级的指标考核。

(2) 部门级平衡计分卡内容。将公司层级的指标逐一分配到部门层面,设计、选择相应的关键指标。部门KPI指导(经营部分)如表9-7所示。

表9-7 部门KPI指导(经营部分)

部门	财务维度	客户维度	内部流程维度	学习与成长维度
财务部	利润总额目标 EVA目标 成本费用率	价格调整	内部控制评价工作完成 管理工作完成情况 财务审批权限管理体系	ERP系统升级完成

（续表）

部门	财务维度	客户维度	内部流程维度	学习与成长维度
规划部	—	技术咨询反馈率	项目方案通过率	技术授课课时
			规划项目完成情况	
			增容审批流程执行情况	
			项目验收配合工作落实情况	
安全部	安全费控制		人身伤亡事故（事件）概率	安全员教育率
	排污费		污染物排放指标	持证上岗率
			不安全因素管控	相关方管理标准化
			重大危险源应依法演练情况	安全管理信息网络化管理
			危险废物处理率	
			危险源辨识率	
保卫部	低耗费用控制		火灾事件、刑事、治安案件	法制、消防员工教育率
	检测费用控制		治安、火险隐患整改率	
	改造费用控制		消防设施配置完好率	
			消防应急预案完善、应急演练完成	
			外委施工消防、治安责任合同签约率	
采购部	采购成本降低目标	基层服务满意度	采购平台建设	业务培训完成目标
	存货占用目标		采购合同资料规范	
			采购总 ERP 系统建设	
			业务外包完成率	
……				

三、应用过程

（一）公司组织基本架构

随着公司的发展，乙公司对组织机构进行变革，以适应经营管理的需要。乙公司成立初期，下设热电厂、检修部、营销部和 13 个职能管理部门。2007 年根据乙公司未来的发展方向，为提高网络经营能力和民用业务效益水平，乙公司进一步精简机构，将 13 个职能部门减少为 7 个部门，将经营体系合并为热电厂、工业动力厂、公用动力厂和北厂。2012 年至今，乙公司根据业务需要进一步调整公司组织机构，目前保留热电厂、工业动力厂、公用动力厂三个经营体系，以及 11 个职能部门。

（二）参与部门与人员

公司管理会计应用机构包括专职机构和参与机构。专职机构主要是指公司成立了专门的绩效工作小组，由一名副总经理负责，工作结果直接向公司管理层汇报。参与部门主要是指财务控制部、企业管理部、各体系的经营管理部门。财务控制部组织开展公司的成本管理、价格管理、预算管理、责任中心绩效管理等工作，配合企业管理部开展绩效管理工作；企业管理部组织开展公司绩效管理工作；各经营管理部门开展部门或分厂内部的成本分析、经营分析、内部管理报告指标管理等工作。实际工作中采取 PDCA 循环，即计划（plan）、执行（clo）、检查（check）、处理（cut），通过公司领导层参与的经营分析会议，形成内部管理报告，通过目标设定、过程控制、结果跟踪、差异分析等过程，实现业务部门和财务部门的融合。

（三）工具方法具体应用模式和应用流程

1. 建立战略地图

（1）提炼公司战略。公司绩效评价小组，根据战略分析，提炼公司战略目标。

（2）构建公司战略地图。

财务维度方面，面对公司外部市场的不断扩充，如果不能及时跟进客户需求，一方面降低了客户忠诚度，另一方面也会引入其他竞争者。实现增长战略可近似地用销售收入的增长来表示。在扩张规模的同时，公司还要特别关注客户价值的提升，避免规模不经济，实施增长战略解决了公司的未来发展问题；引入生产率战略在于解决公司生存问题。公司由于受集团整体战略的制约，在投入方面受到一定限制，为满足产能扩张的资金需求，应当先进行内部融资，减少资金占用，加快资产周转。生产率战略还要求公司降低成本费用，包括生产环节的成本、供应环节的损失和各项期间费用。

客户维度方面，供应量的提高将摊薄热网固定投资成本，提高股东价值。通过客户维度的分析，可以看出如何满足客户需求，而具体措施又需要通过内部业务流程的改进来实现。

内部业务流程维度方面，主要考虑如何通过内部业务流程的调整，满足客户的需求和实现股东价值。通过经营协同，整合采购、生产、设备价值链体系，提供优质产品和优质服务，同时还与生产率提高挂钩，降低成本提高资产利用效率。能源供应需要保持良好的装备状态，装备水平直接影响客户经营。由于公司的装备水平与同行业相比并不占优势，日常对干设备的维护尤为重要，为了保证持续供应，各种原料必须保证供应渠道畅通，尤其是作为重要战略资源的煤炭和天然气，建立良好的供应商战略合作关系，对保障客户需求尤为重要。此外，由于公司供应链长，对于生产组织系统提出很高的要求，这方面的指标也应当予以考虑。维护良好的客户管理有利于提高优质服务，其中客户回款情况与财务维度联系。

需要特别指出的是，乙公司作为一家能源企业，履行社会责任也是构成股东价值的重要方面。公司社会责任主要包括四个方面：安全、节能、环保和社区服务。安全生产是企业公民应尽的责任，公司的一些外资客户已经将安全等问题作为供应商资格管理内容的一部分。公司的经营特点是全年不间断连续生产，一旦发生重大安全事故，不但影响企业形象,还将直接造成重大经济损失。节能工作的进展直接减少公司能源消耗,同时还增加供给能力;环保方面已经成为行业准入条件,达不到环保标准将面临高额的环境补偿费用甚至无法继续经营;社会责任的部分内容已经通过客户维度的优质服务和财务维度的成本减低体现,其余内容在内部业务流程维度中反映。

学习与成长维度方面,主要考虑员工胜任能力和企业文化建设的内容,由于公司现有员工年龄偏大,而生产经营过程中各种新技术不断应用,提高员工胜任能力尤其是符合集团统一人力资源需求很有必要。在企业文化建设内容方面,良好的企业环境需要员工的高度认可,乙公司作为国有企业,党务工作的开展情况是企业文化建设的重要组成内容。

2. 建立公司平衡计分卡

(1) 识别关键成功要素。公司采用自上而下的方式,由公司统一制定平衡计分卡再进行层分解。公司首先在公司内部各层面上进行关键成功要素(critical success factor,CSF)的识别。关键成功要素是确保战略目标必须做好的事情,是对战略目标的分解和实现战略目标路径的具体诠释。对于关键成功要素的筛选和整理,可形成绩效评价指标。关键成功要素不仅是公司层面绩效评价指标的依据,也为其他层面评价指标的选择提供蓝本。

乙公司各部门和各经营体系依据公司长远战略目标、公司当年预算目标及本部门的工作职责,从财务层面、客户层面、内部业务流程层面、学习与成长层面分析和提炼关键成功要素。确定关键成功要素应务求穷尽,必须包括所有本部门可能的CSF,以免遗漏。CSF在提炼过程中可以分一级、二级、三级,以体现CSF的不同层次,一级CSF包含了相应的二级CSF内容,二级CSF包含了相应的三级CSF内容。CSF具体到每个部门应该是具有针对性,这样有助于后续设计关键绩效评价指标,因此备选CSF应尽量细化。备选CSF应尽量覆盖财务层面、客户层面、内部业务流程层面、学习与成长层面四个层面,但也允许个别层面没有CSF的情况存在。通过汇总,形成67个关键成功因素,关键成功因素是对战略地图的细化,为确定评价指标提供依据。

(2) 确定平衡计分卡指标。在确定关键成功因素的基础上,由公司绩效评价工作小组逐一对应战略地图、关键成功因素,形成各维度上的指标体系。首先,指标选择应当结合公司实际情况。能源行业经营特点不同于其他行业,选择的指标应能反映行业特性,不能简单照搬其他类型企业的指标。其次,指标选择还应紧密联系战略目标,选择最能促成战略目标达成的指标。最后,指标选择需要考虑可操作性和可理解性。平衡计分卡虽然是近些年来在公司绩效评价领域出现的新工具,但是综合评价企业经营绩效的管理思想已经在公司管理中有所体现。因此选择的绩效评价指标不是对现有评价项目的否定,应充分利用现行指标,便于公司内部的操作和员工的理解。

公司绩效评价小组通过分析,形成了17个指标组成的公司平衡计分卡指标体系,如表9-8所示。

表 9-8　公司平衡计分卡指标体系

维度	战略目标分解	评价指标
财务维度	股东价值最大化	利润总额
		经济增加值(EVA)
	增长战略	销售收入增长率
	成本改善	成本费用率
	提高资产利用效率	资产周转率
		应收账款周转率
客户维度	提供优质产品	客户价值增长率
	建立品牌	客户满意度
内部业务流程维度	经营协同	重大动能供应障碍小时数
		煤炭合同履约率
	客户管理	供应平衡率
	加强成本控制	发电煤耗
		供热煤耗
	履行社会责任	节能减排项目完成率
学习与成长维度	加强员工培训	员工培训次数
	企业文化建设	员工满意度
		党建工作计划达成率

（3）确定指标权重。平衡计分卡中的平衡关系主要通过指标权重实现。确定权重方法主要分为主观赋值法和客观赋值法两种。主观赋值法主要依据权威专家的个人主观意见确定权重,这种方法客观性差,但是便于解释指标之间的次序安排;客观赋值法是指通过评价矩阵进行数学统计方法确定权重赋值,该方法在大多数情况下精确度高,但有时同实际情况偏差较大,而且对于数据要求高,计算相对复杂。

公司建立的平衡计分卡中部分评价指标初次使用,缺少以往数据,无法进行数值计算。公司绩效评价小组经公司决策层同意,决定采用主观赋值法确定指标权重。由绩效评价小组以集团评价指标权重指导意见为基础,根据公司实际情况,对四个维度指标权重进行调整。集团对于下属公司绩效评价权重指导意见:财务维度占比 60%、客户维度占比 10%、内部业务流程维度占比 10%、学习与成长维度占比 20%。公司战略定位于支撑、服务和社会责任,股东价值最大化不仅体现在财务指标完成情况,更体现在对于集团内其他企业能源供应的保障程度上。因此应适当调低财务维度权重,提高代表能源供应情况的内部业务流程维度权重。最终经绩效评价小组调整后的各维度权重为财务维度占比50%、客户维度占比 10%、内部业务流程维度占比 30%、学习与成长维度占比 10%。公司指标权重如表 9-9 所示。

表 9-9 公司指标权重

维度	评价指标	权重
财务维度(50%)	利润总额	8%
	经济增加值(EVA)	15%
	销售收入增长率	8%
	成本费用率	9%
	资产周转率	5%
	应收账款周转率	5%
客户维度(10%)	客户价值增长率	4%
	客户满意度	6%
内部业务流程维度(30%)	重大动能供应障碍小时数	9%
	煤炭合同履约率	4%
	供应平衡率	5%
	发电煤耗	4%
	供热煤耗	4%
	节能减排项目完成率	4%
学习与成长维度(10%)	员工培训次数	4%
	员工满意度	4%
	党建工作计划达成率	2%

（4）经营管理层面指标分解。形成公司层面的平衡计分卡以后，还需要逐层分解，建立经营层面、业务单元层面和岗位层面的评价指标。经营层面包括职能部门和各经营体系，公司的经营活动主要通过各体系开展，职能部门为体系提供支持和服务。绩效评价小组参照平衡计分卡评价项目，寻找指标承接单位，将所有公司层面的指标分解给部门和各经营体系，为经营体系层面确定评价指标确定依据。绩效评价指标责任分解情况如表 9-10 所示。

表 9-10 绩效评价指标责任分解

维度	评价指标	财务控制部	生产技术部	发展规划部	企业管理部	采购部	安全部	党委工作部	热电厂	工业动力厂	公用动力厂	北厂
财务维度	利润总额	★	★	★	★	★	★	★	★	★	★	★
	经济增加值(EVA)	★	★	★	★	★	★	★	★	★	★	★
	销售收入增长率								★	★	★	★
	成本费用率	★	★		★	★			★			
	资产周转率	★	★			★						
	应收账款周转率	★								★	★	★
客户维度	客户价值增长率								★	★	★	★
	客户满意度								★	★	★	

（续表）

维度	评价指标	财务控制部	生产技术部	发展规划部	企业管理部	采购部	安全部	党委工作部	热电厂	工业动力厂	公用动力厂	北厂
内部业务流程维度	重大动能供应障碍小时数		★						★	★	★	★
	煤炭合同履约率					★						
	供应平衡率								★	★	★	★
	发电煤耗								★			
	供热煤耗								★	★		★
	节能减排项目完成率			★			★					
学习与成长维度	员工培训次数				★							
	员工满意度				★							
	党建工作计划达成率							★				

建立经营层面绩效评价指标的过程同建立公司层面绩效评价指标过程相同。公司应先根据战略目标分解、建立部门或者经营体系的战略地图，经管层面的指标也要基于财务、客户、内部业务流程、学习与成长四个维度。再确定影响战略路径实现的成功要素，在此基础上确定各部门评价指标内容。选择指标应考虑以下因素：①指标确定应参照公司层面评价指标，不能简单照搬公司层面考核指标，应反映本部门或者本体系的经营管理特点，比如热电厂主要负责生产成本的控制，工业动力厂主要关注销售增长率的水平。②指标应当同公司目标关联，公司层面的关键指标应当在经营层面指标中有所体现，如利润指标和经济增加值涉及公司所有部门和体系，应当作为所有部门和体系的评价指标。③指标受控，影响绩效评价指标的结果的成因应当被部门或经营体系控制。

四、取得成效

（一）财务绩效指标显著提升

为便于比较公司实施平衡计分卡前后财务绩效完成水平，需进行行业指标对比。

（1）资产质量指标。实施平衡计分卡期间，资产周转率平均为 1.07 次，按汽车行业全行业标准值对比，介于优秀 1.5 次与良好 1.0 次之间；应收账款周转率 2015 年为 87.69 次，显著优于行业优秀标准 23.6 次；流动资产周转率平均为 2.12 次，优于行业良好水平 2.10 次。

（2）盈利质量指标。盈余现金保障倍数 2015 年为 6.48 元，明显好于行业优秀水平 1.9 元。

（3）债务风险指标。2015 年资产负债率为 28.68%，显著优于行业优秀水平 50%。

（4）经营增长指标。2015 年销售增长率平均为 9.09%，介于行业良好 5.1% 和行业优秀 11.4% 之间。

以下以流动资产周转率为例说明具体情况。公司为解决应收账款占用资金问题，通过流动资产周转率的分解，明确管理责任和数据传递渠道，将经营压力传递给经营管理部门,定期反馈跟踪应收账款管理等指标,应收账款周转率从 2010 年的 19.15 次提高到 2015 年的 87.69 次。应收账款周转率对比如表 9-11 所示。

表 9-11　应收账款周转率对比

评价指标	计量单位	2010 年	2011 年	2012 年	2013 年	2014 年	2015 年
营业收入	万元	155 529	156 153	160 759	181 704	186 095	178 284
应收账款	万元	6 034	5 306	4 739	7 615	1 681	2 386
应收账款周转率	次	19.05	27.54	32.01	29.42	40.03	87.69

(二)公司管理问题得到不同程度的解决

公司采用平衡计分卡和关键绩效评价指标来建立绩效管理体系以后,公司管理问题得到不同程度的解决:①大量基于战略目标的过程指标的应用,丰富了评价内容,体现了实现结果目标的过程路径。②为了保证绩效评价工作的推进,公司成立跨部门的工作小组,各组成员除了履行所在部门的职责,还要从公司的角度审视绩效工作。③虽然面临集团给予公司战略定位变化的困难,但定期的战略地图梳理,使得公司决策层和管理层对于目标的理解实现某种程度的统一。④对于非财务目标难以量化的问题,公司剔除部分无法有效计量的指标,并对可计量的非财务指标,由各指标审核部门以书面方式明确数据来源、指标计算、确认过程。⑤对于考核刚性问题,工作小组明确了指标确认及调整办法,在严肃计算办法的前提下,依据必要的流程可剔除意外因素的影响。⑥在公司尚不具备绩效数据系统的前提下,建立数据库,依靠预算数据、生产数据的支撑,初步整合相关数据。

(三)公司绩效管理水平得到提升

乙公司实施基于平衡计分卡的绩效管理取得的成果,主要体现在经营成果的改进和绩效评价结果的应用上。公司完成集团下达绩效情况,逐步提高,如表 9-12 所示。

表 9-12　2011—2015 年绩效指标统计

序号	内容	2011 年	2012 年	2013 年	2014 年	2015 年
1	绩效评价得分(分)	99.642	108.338	115.285	116.521	117.92
2	指标个数(个)	9	10	9	11	10
3	完成指标个数(个)	4	6	8	8	8
4	未完成指标个数(个)	5	3	1	3	2

案例材料来源:财政部会计司编写组.管理会计案例示范集[M].北京:经济科学出版社,2019.

思考题:

(1)请结合案例谈谈如何有效使用平衡计分卡。

(2)请为你所在的学校开发平衡计分卡,以评估学校发展状况。所开发的平衡计分卡应当清晰明了,并说明每个指标的目的。

 思政园地

项目九：平衡计分卡——
个人战略落地的"导航仪"

【职业资格与技能训练九】

一、单项选择题

1. 绩效管理的最终目的是(　　)。

A. 确定员工奖金　　B. 决定员工升迁　　C. 确定人员培训　　D. 提高员工绩效

2. 绩效管理体系中,首要环节是(　　)。

A. 绩效计划　　　　B. 绩效评价　　　　C. 绩效评估　　　　D. 绩效指标

3. 绩效管理的应用环境不包括(　　)。

A. 设置绩效管理机构　　　　　　　　　B. 建立制度体系

C. 建立信息化系统　　　　　　　　　　D. 确定考核人员

4. 关键绩效指标法的核心是(　　)。

A. 考评标准的确定　　　　　　　　　　B. 新型激励机制的构建

C. KPI 指标的提取　　　　　　　　　　D. 企业战略目标的明确

5. 下列属于动因类指标的是(　　)。

A. 经济增加值　　　　　　　　　　　　B. 销量

C. 息税前利润　　　　　　　　　　　　D. 自由现金流

6. 公司是一家房地产交易中介公司,主要为客户提供二手房信息,促成双方交易并协助办理双方的过户等手续,公司拟用平衡计分卡来考核员工的绩效,下列属于创新与学习角度指标的是(　　)。

A. 销售收入

B. 可供交易的房源涵盖的小区数量

C. 从签约到卖方交房给买方所需时间

D. 本月新增可交易房源数量

7. 甲公司是一家处于成长期的美容美发公司,公司实行会员制,顾客主要通过电话和网络预约方式来门店进行美容美发。甲公司决定采用平衡计分卡进行绩效管理,从创新与学习角度考虑,其平衡计分卡的内容包括(　　)。

A. 顾客续卡率　　　　　　　　　　　　B. 主要员工保留率

C. 顾客订单的增加   D. 顾客的满意度

8. 平衡计分卡的优点是( )。

A. 业绩评价更为全面完整   B. 实施成本高

C. 对信息系统要求高   D. 对管理能力要求高

9. 甲企业是一家处于成长期的健身公司,地处高校密集的大学城。公司实行会员制,顾客主要通过电话和网络预约方式来门店进行健身。甲企业决定采用平衡计分卡进行绩效管理,从顾客的角度考虑,其平衡计分卡的内容包括( )。

A. 顾客订单的增加   B. 顾客续卡率

C. 健身器材的维护   D. 主要员工保留率

10. 单项关键绩效指标权重一般设定在( ),对特别重要的指标要适当提高权重。

A. 5%~20%   B. 5%~30%   C. 10%~20%   D. 10%~30%

11. 某企业税前利润 680 万元,利息支出 36 万元,投资资本的年初余额为 1 500 万元,年末余额为 1 620 万元,企业所得税税率为 25%,则投资资本回报率为( )。

A. 13%   B. 30%   C. 35%   D. 46%

12. 平衡计分卡每个维度的指标通常为 4~7 个,总数量一般不超过( )个。

A. 16   B. 20   C. 25   D. 30

二、多项选择题

1. 绩效管理的原则有( )。

A. 战略导向原则   B. 客观公正原则

C. 规范统一原则   D. 科学有效原则

2. 绩效评价常用的非财务指标有( )。

A. 总资产增长率   B. 市场份额   C. 产品质量   D. 顾客满意度

3. 关于平衡计分卡,说法错误的有( )。

A、平衡包括外部业绩与内部业绩的平衡

B. 领先指标的设定取决于企业的战略和对目标市场的价值定位

C. 各指标要求能够准量化

D. 包括财务、顾客、内部流程、外部环境四个角度

4. 下列指标中,在平衡计分卡中被归为滞后指标的有( )。

A. 市场份额   B. 客户满意度   C. 可选性   D. 客户关系

5. 研发、生产治疗糖尿病药品的仁康公司采用平衡计分卡进行绩效管理。下列各项中,属于该公司的平衡计分卡内部流程角度包括的内容有( )。

A. 每个员工的收入

B. 药品研发人员和生产技术人员的保留率

C. 收益率

D. 新药品占销售的比例

6. 下列各项中,属于绩效管理领域的工具方法有( )。

A. 平衡计分卡   B. 关键绩效指标法

C. 经济增加值   D. 风险矩阵模型

7. 在计算经济增加值时,需要进行调整的会计事项有( )。

A. 大型广告费   B. 营业外收支

C. 股权转让收益   D. 资产减值损失

8. 平衡计分卡是从（　　）角度,将组织的战略落实为可操作的衡量指标和目标值的一种新型绩效管理体系。

A. 财务   B. 顾客   C. 内部运营   D. 学习与成长

三、判断题

1. 企业的关键绩效指标一般可分为结果类和动因类两种。   （　　）

2. 关键绩效指标的目标值确定后,即使在内外部环境发生重大变化,自然灾害等不可抗力因素对绩效完成结果产生重大影响时,也不能对目标值进行调整。 （　　）

3. 经济增加值是企业经营利润扣除全部资本成本之后的所得。   （　　）

4. 经济增加值为负,表明经营者在损毁企业价值。   （　　）

5. 经济增加值一般都是单独应用,很少与关键绩效指标法、平衡计分卡等其他方法结合使用。 （　　）

6. 员工保持率＋员工流失率＝1。   （　　）

7. 平衡计分卡具有实施难度小,指标数量少的优势。   （　　）

8. 学习与成长维度确定对战略最重要的无形资产。   （　　）

四、技能训练

某公司采用平衡计分卡对企业进行战略管理,专注于收入增长和客户的增加,加大对设备和信息技术的投入,优化内部流程和基础建设,有效地实现了成本管控。部门绩效考核维度及指标如表 9-13 所示。

表 9-13 部门绩效考核维度及指标

部门	维度	指标	指标含义	目标值
销售部门	财务	收入增长率	考核收入增长变化的情况	17%
	客户	市场份额	考核企业全部销量占市场全部需求量的比率	14%
	客户	客户流增长率	考核客户今年相比去年增长的人次	30%
	客户	客户满意度	考核线上所有商城消费者和线下所有客户的平均满意度	100%
生产部门	内部业务流程	产能利用率	考核企业年实际产出对设备年最大产量的比率	80%
	内部业务流程	产品合格率	考核企业产品年产量中合格产品数量的比率	100%
	内部业务流程	生产及时率	考核产品及时生产的订单数与所有生产订单数的比率	100%
采购部门	内部业务流程	采购及时率	考核产品及时下达采购的订单数的比率	100%
	内部业务流程	原材料品质达成率	考核原材料检验的合格率	100%
	内部业务流程	不良品退货及时率	考核退货订单在规定退货时间内退货完成的比率	100%
	内部业务流程	物料交回期回复及时准确率	考核采购订单在规定交货时间内及时准确收货的比率	100%

（续表）

部门	维度	指标	指标含义	目标值
仓储部门	内部业务流程	入库准确率	考核生产订单中产品数量准确入库的比率	100%
	内部业务流程	出货准确率	考核准时交货次数所占总交货次数所占的比率	100%
	内部业务流程	库存准确率	考核库存商品数量与账面库存商品数量的比值	100%
研发部门	内部业务流程	阶段成果产出率	考核项目实施的阶段成果产出数量与计划产出数量的比率	100%
	内部业务流程	新产品合格率	考核新产品送检数量中合格数量占比	100%
	内部业务流程	项目计划完成率	考核项目总数量中实际完成数量的比率	100%
人力资源部门	学习与成长	招聘人数（人）	考核今年招聘工作的完成情况	14
	学习与成长	人员流动率	考核公司员工的稳定性和代谢情况	10%
	学习与成长	培训场次（次）	考核今年人力资源举行的培训活动完成情况	13
	学习与成长	员工满意度	考核其他部门员工对人力资源部门的满意度	100%
财务部门	内部业务流程	费用审核准确率	考核费用审核的准确性	100%
	内部业务流程	支付结算准确率	考核财务付款收款的结算工作的准确性	100%
	内部业务流程	财务结账及时率	考核财务结账工作的及时性	100%
	内部业务流程	财务核算准确率	考核财务核算工作的准确性	100%
	内部业务流程	周边部门调查满意度	考核其他部门对财务工作的满意度	100%
总经办	内部业务流程	外事接待安排正确率	考核外事接待工作的严谨性和准确性	100%
	内部业务流程	文件管理正确率	考核印章、合同等文件管理工作的严谨性和准确性	100%
	内部业务流程	后勤管理正确率	考核后勤工作的严谨性和准确性	100%

1. 绩效考核计算办法

（1）完成率计算。

完成率＝实际值÷目标值×100%

（2）完成率对应分数。

完成率≥95%，100分；

95%＞完成率≥90%，90分；

90%＞完成率≥80%，80分；

80%＞完成率≥70%，70分；

70%＞完成率≥60%，60分；

完成率＜60%，0分。

2. 计算分值

（1）根据资料，计算销售部门绩效考核分值，如表9-14所示。

表 9-14 销售部门绩效评价

指标	维度	权重	目标值	实际值	完成率	指标得分	绩效分
市场份额	客户	20%	14%	13%			
客户流增长率	客户	30%	30%	35%			
客户满意度	客户	30%	100%	92%			
收入增长率	财务	20%	17%	16%			

（2）根据资料,计算生产部门绩效考核分值,如表 9-15 所示。

表 9-15 生产部门绩效评价

指标	维度	权重	目标值	实际值	完成率	指标得分	绩效分
产能利用率	内部流程	40%	80%	76%			
产品合格率	内部流程	40%	100%	100%			
生产及时率	内部流程	20%	100%	88%			

（3）根据资料,计算采购部门绩效考核分值,如表 9-16 所示。

表 9-16 采购部门绩效考核评价

指标	维度	权重	目标值	实际值	完成率	指标得分	绩效分
采购及时率	内部流程	30%	100%	85%			
原材料品质达成率	内部流程	30%	100%	100%			
不良品退货及时率	内部流程	20%	100%	100%			
物料交期回复及时准确率	内部流程	20%	100%	95%			

（4）根据资料,计算仓储部门绩效考核分值,如表 9-17 所示。

表 9-17 仓储部门绩效考核评价

指标	维度	权重	目标值	实际值	完成率	指标得分	绩效分
入库准确率	内部流程	30%	100%	95%			
出货准确率	内部流程	30%	100%	89%			
库存准确率	内部流程	40%	100%	88%			

（5）根据资料,计算研发部门绩效考核分值,如表 9-18 所示。

表 9-18　研发部门绩效考核评价

指标	维度	权重	目标值	实际值	完成率	指标得分	绩效分
阶段成果产出率	内部流程	30%	100%	75%			
新产品合格率	内部流程	30%	100%	92%			
项目计划完成率	内部流程	40%	100%	92%			

（6）根据资料，计算人力资源部门绩效考核分值，如表 9-19 所示。

表 9-19　人力资源部门绩效考核评价

指标	维度	权重	目标值	实际值	完成率	指标得分	绩效分
招聘人数（人）	学习与成长	30%	14	26			
人员流动率	学习与成长	35%	10%	15%			
培训场次（次）	学习与成长	20%	13	10			
员工满意度	学习与成长	15%	100%	85%			

注：人员流动率对应分数：
　　60%＜完成率≤150%，100 分；
　　40%＜完成率≤60% 或 150%＜完成率≤200%，60 分；
　　完成率≤40% 或 完成率＞200%，0 分。

（7）根据资料，计算财务部门绩效考核分值，如表 9-20 所示。

表 9-20　财务部门绩效考核评价

指标	维度	权重	目标值	实际值	完成率	指标得分	绩效分
费用审核准确率	内部流程	25%	100%	100%			
支付结算准确率	内部流程	25%	100%	100%			
财务结账及时率	内部流程	20%	100%	90%			
财务核算准确率	内部流程	20%	100%	100%			
周边部门调查满意度	内部流程	10%	100%	90%			

（8）根据资料，计算总经办绩效考核分值，如表 9-21 所示。

表 9-21　总经办绩效考核评价

指标	维度	权重	目标值	实际值	完成率	指标得分	绩效分
外事接待安排正确率	内部流程	35%	100%	89%			
文件管理正确率	内部流程	35%	100%	95%			
后勤管理正确率	内部流程	30%	100%	93%			

项 目 十

管理会计报告与管理会计信息系统

 知识目标

了解管理会计报告概念及分类

熟悉战略层管理会计报告的内容及编制要求

熟悉经营层管理会计报告的内容及编制要求

熟悉业务层管理会计报告的内容及编制要求

熟悉管理会计报告的流程

理解管理会计信息系统的概念

熟悉建设和应用管理会计信息系统应遵循的原则

能力目标

能够按照一定的工作程序生成不同类型的管理会计报告

素质目标

培养问题导向的思维习惯

培养善于总结的学习习惯

思政目标

通过各种管理会计报告的介绍,培养学生严谨的工作作风和良好的工作习惯

【导学】

随着社会经济的不断发展,传统的财务会计报告在不断变化的商业环境中越来越不能精准地捕捉公司价值的变化和驱动因素。仅通过传统财务会计报告提供的历史财务信息来为报告使用者作出决策是远远不够的,企业的决策者需要获得更多与公司发展前景、运营状况、潜在风险等多方面的相关信息。管理会计作为会计的一个分支,打破了传统财务会计单纯记录经济活动的局限性,将会计上升为企业经营管理的一种方式,为企业的经营决策、控制、评价提供了方式方法,有助于企业创造价值。管理会计报告包含财务会计报告中的财务信息和宏观环境等非财务信息,是通过管理信息系统对收集的初始数据和信息进行加工以及处理,按照各个层级管理者的需求情况形成的特定报告。

任务一　编制管理会计报告

一、管理会计报告的概念

企业管理会计报告是指企业运用管理会计方法,根据财务和业务的基础信息加工整理形成的、满足企业价值管理和决策支持需要的内部报告,其目的是为企业各层级的规划、决策、控制和评价等管理活动提供有用信息。

企业管理会计报告与财务会计报告在报告主体、要素、格式、内容等方面均有不同,两大报告系统的主要区别如表10-1所示。

表10-1　管理会计报告与财务会计报告的主要区别

项目	管理会计报告	财务会计报告
报告主体	企业各部门	企业
报告要素	名称、时间、对象、主体、内容	名称、日期、主体、编号、内容
格式	随报告内容而定,不统一	由企业会计准则统一规定
内容	根据企业价值需要和决策支持需要,向使用者提供包括财务信息和非财务信息在内的管理会计信息	按法律要求反映企业的财务状况、经营成果和现金流量等
时间	没有法律的要求,企业可根据需要决定报告时间和周期	按会计法律制度和政府的要求,于会计期末编报
流程	编制、审核、报送等流程与企业组织架构、管理要求相一致	编制、审核、报送等流程与会计法律制度要求一致
范围	分解的数据,关于决策和行为的报告	整体数据,关于整个企业的财务报告

表 10-1 中,关于管理会计报告的名称,一般根据管理会计活动需要来确定,如管理层为分析与评价成本以及影响成本的动因形成的报告名称为"成本核算报告"和"成本分析报告"。管理会计报告的形式要件、编制流程以及使用范围等方面,均具有一定的灵活性,企业管理会计报告的编制、审批、报送、使用等应该与企业的组织架构相适应。不同类型的企业,其管理会计报告内容应当有所不同。企业应考虑成本效益原则,根据自身的管理需要和报告目标确定管理会计报告的内容。在本质上,管理会计报告是一种基于因果关系链的管理活动各环节的结果报告和原因报告。在具体编制管理会计报告时,需要根据管理活动的过程进行设计与编制。

二、管理会计报告的分类

企业管理会计报告体系可以按照使用者所处的管理层级、报告内容、报告功能、责任中心和整体性程度对其进行分类,如表 10-2 所示。

表 10-2　管理会计报告分类表

分类依据	分类结果
使用者所处的管理层级	战略层报告
	经营层报告
	业务层报告
报告内容	综合报告
	专项报告
报告功能	管理规划报告
	管理决策报告
	管理控制报告
	管理评价报告
责任中心	投资中心报告
	利润中心报告
	成本中心报告
整体性程度	整体报告
	分部报告

三、管理会计报告的流程

企业管理会计报告流程包括报告的编制、审批、报送、使用、评价等环节。

(一) 编制

企业管理会计报告由管理会计信息归集、处理并报送的责任部门编制。

(二) 审批

企业应当根据管理会计报告的内容、重要性和报告对象,确定不同的审批流程,经审批

的企业管理会计报告才可以报出。

（三）报送

企业应该合理设计报告报送路径，确保企业管理会计报告及时、有效地送达报告对象。企业管理会计报告可以根据报告性质、管理需要逐级报送或直接报送。

（四）使用

企业应该建立管理会计报告使用的授权制度。企业管理会计报告的使用人应该在权限范围内使用企业管理会计报告。

（五）评价

企业应该评价管理会计报告的质量、传递的及时性和保密情况，并将评价结构与绩效考核挂钩。

企业应当充分利用信息技术、强化管理会计报告及相关信息集成和共享，将管理会计报告的编制、审批、报送和使用等纳入企业统一的信息平台。企业应定期根据管理会计报告使用效果以及内外部环境变化对管理会计报告体系、内容以及编制、审批、报送、使用等进行优化。

四、管理会计报告的类型及内容

一般而言，根据企业的规模、管理幅度和管理任务等具体情况，管理层级可分为战略层、经营层和业务层。管理会计报告按使用者所处的管理层级也可分为战略层管理会计报告、经营层管理会计报告和业务层管理会计报告。

（一）战略层管理会计报告

战略层主要解决企业内外部环境变化时的规划与重大决策、执行与控制，以及战略评价等问题。战略层管理会计报告是为股东大会、董事会和监事会等战略层开展战略规划、决策、控制和评价等方面的管理活动而提供相关信息的报告。战略层管理会计报告包括但不限于战略管理报告、综合业绩报告、价值创造报告、经营分析报告、风险分析报告、重大事项报告、例外事项报告等。这些报告可独立提交，也可根据不同需要整合后提交。战略层管理会计报告应精炼、简洁、易于理解，报告主要结果、主要原因，并提出具体的建议。战略层管理会计报告的类型及基本内容如表 10-3 所示。

表 10-3　战略层管理会计报告的类型及基础内容

分类	基本内容
战略管理报告	包括内外部环境分析、战略选择与目标设定、战略执行与结果，以及战略评价等
综合业绩报告	包括关键绩效指标预算及其执行结果、差异分析以及其他重大绩效事项等
价值创造报告	包括价值创造目标、价值驱动的财务因素与非财务因素，内部各业务单元的资源占用与价值贡献，以及提升公司价值的措施等

（续表）

分类	基本内容
经营分析报告	包括过去经营决策执行情况回顾、本期经营目标执行的差异及其原因、影响未来经营状况的内外部环境与主要风险分析、下一期的经营目标及管理措施等
风险分析报告	包括企业全面风险管理工作回顾、内外部风险因素分析、主要风险识别与评估、风险管理工作计划等
重大事项报告	针对企业的重大投资项目、重大资本运作、重大融资、重大担保事项、重大关联交易等事项进行的报告
例外事项报告	针对企业发生的管理层变更、股权变更、安全事故、自然灾害等偶发性事项进行的报告

【例 10-1】　某集团有限公司战略管理报告目录

某集团有限公司战略分析报告
目录

一、公司简介

二、企业使命

三、外部环境分析

（一）一般环境分析——PEST 分析

1. 政治环境

2. 经济环境

3. 社会文化环境

4. 技术环境

（二）产业环境分析——波特五力模型

1. 现有竞争强度分析

2. 潜在进入者

3. 供应商分析

4. 买方分析

5. 替代产品分析

四、内外部环境分析

（一）EFE 表格分析

（二）内部能力分析

五、SWOT 分析

六、业务组合分析

七、公司层战略

（一）集中战略

1. 市场开发战略

2. 产品开发战略

（二）多元化战略

（三）一体化战略

八、业务层战略

1. 生产制造低成本

2. 渠道运作低成本

3. 人力资源的成本控制

九、职能层战略

（一）财务战略

（二）人力资源战略

（二）经营层管理会计报告

经营层管理会计报告是为经营管理层开展与经营管理目标相关的管理活动提供相关信息的对内报告，主要包括全面预算管理报告、投资分析报告、项目可行性报告、融资分析报告、盈利分析报告、资金管理报告、成本管理报告、绩效评价报告等。经营层管理会计报告应做到内容完整、分析深入。经营层管理会计报告的类型及基本内容如表 10-4 所示。

表 10-4　经营层管理会计报告的类型及基本内容

分类	基本内容
全面预算管理报告	包括预算目标制订与分解、预算执行差异分析以及预算考评等
投资分析报告	包括投资对象、投资额度、投资结构、投资进度、投资效益、投资风险和投资管理建议等
项目可行性报告	包括项目概况、市场预测、产品方案与生产规模、厂址选择、工艺与组织方案设计、财务评价、项目风险分析以及项目可行性研究结论与建议等
融资分析报告	包括融资需求测算、融资渠道与融资方式分析及选择、资本成本、融资程序、融资风险及其应对措施和融资管理建议等
盈利分析报告	包括盈利目标及其实现程度、利润的构成及其变动趋势、影响利润的主要因素及其变化情况，以及提高盈利能力的具体措施等
资金管理报告	包括资金管理目标、主要流动资金项目（如现金、应收票据、应收账款、存货）的管理状况、资金管理存在的问题及解决措施等。企业集团资金管理报告的内容一般还包括资金管理模式（集中管理还是分散管理）、资金集中方式、资金集中程度、内部资金往来等
成本管理报告	包括成本预算、实际成本及其差异分析，成本差异形成的原因以及改进措施等
绩效评价报告	包括绩效目标、关键绩效指标、实际执行结果、差异分析、考评结果以及相关建议等

【例 10-2】　某企业制造部下属两个分厂，每个分厂设有三个车间。其成本管理报告如表 10-5 所示。

表 10-5　成本管理报告　　　　　　　　　单位:元

一分厂甲车间成本报告

项目	预算成本	实际可控成本	成本差异
工人薪酬	58 100	58 000	100(F)
原材料	32 500	34 225	1 725(U)
行政人员薪酬	6 400	6 400	
水电费	5 750	5 690	60(F)
折旧费	4 000	4 000	
设备维修	2 000	1 990	10(F)
保险费	975	975	
合计	109 725	111 280	1 555(U)

一分厂成本报告

项目	预算成本	实际可控成本	成本差异
管理费用	17 500	17 350	150(F)
甲车间	109 725	111 280	1 555(U)
乙车间	190 500	192 600	2 100(U)
丙车间	149 750	149 100	650(F)
合计	467 475	470 330	2 855(U)

制造部成本报告

项目	预算成本	实际可控成本	成本差异
管理费用	19 500	19 700	200(U)
一分厂	467 475	470 330	2 855(U)
二分厂	395 225	394 300	925(F)
合计	882 200	884 330	2 130(U)

注:U 表示不利差异;F 表示有利差异。

从表 10-5 中可以看出,制造部、一分厂有比较大的不利差异,从一分厂内部看其不利差异主要是甲车间和乙车间引起的;从甲车间看,引起不利差异的主要原因是原材料成本超支了。企业应针对成本差异,寻找原因对症下药,以便对成本费用实施有效的管理控制,从而提高业绩水平。

(三)业务层管理会计报告

业务层管理会计报告是为企业开展日常业务或作业活动提供相关信息的对内报告,其报告的对象是企业的业务部门、职能部门以及车间、班组等。业务层管理会计报告应根据企业内部各部门、车间或班组的核心职能或经营目标进行设计,主要包括研究开发报告、采购业务报告、生产业务报告、配送业务报告、销售业务报告、售后服务业务报告、人力资源报告等。业务层管理会计报告应做到内容具体、数据充分。业务层管理会计报告的类型及基本内容如表 10-6 所示。

表 10-6　业务层管理会计报告的类型及基本内容

分类	基本内容
研究开发报告	包括研发背景、主要研发内容、技术方案、研发进度、项目预算等
采购业务报告	包括采购业务预算、采购业务执行结果、差异分析及改善建议等,采购业务报告要重点反映采购质量、数量及时间、价格等方面的内容
生产业务报告	包括生产业务预算、生产业务执行结果、差异分析及改善建议等。生产业务报告要重点反映生产成本、生产数量以及产品质量、生产时间等方面的内容
配送业务报告	包括配送业务预算、配送业务招待结果、差异分析及改善建设等。配送业务报告要重点反映配送的及时性、准确性以及配送损耗等方面的内容
销售业务报告	包括销售业务预算、销售业务执行结果、差异分析及改善建议等。销售业务报告要重点反映销售的数量结构和质量结构等方面的内容
售后服务业务报告	包括售后业务预算、售后服务业务执行结果、差异分析及改善建议等。售后服务业务报告重点反映售后服务的客户满意度等方面的内容
人力资源报告	包括人力资源预算、人力资源执行结果、差异分析及改善建议等。人力资源报告重点反映人力资源使用及考核等方面的内容

五、管理会计报告的应用

企业管理会计报告是企业的内部报告,具有鲜明的个性特征。因为管理会计报告通常根据要解决的问题可以灵活多样,本身并没有形成统一的格式规范。下面以重庆南方摩托车有限公司为例,说明企业管理会计报告的应用。

重庆南方摩托车有限责任公司(以下简称南方摩托),是 2010 年 7 月经中国兵器装备集团公司批准在西永微电园挂牌成立,于 2011 年 1 月正式运行,为摩托车产业专业化运营和管理的公司,注册资金 1.2 亿元。产业总资产 116 亿元,现有 3 家"国家级研发中心"、1 家"国家级摩托车质量监督检验中心"、1 家"省级研发中心"和 3 家"博士后工作站",拥有"建设""嘉陵"2 个"中国名牌"和"建设""嘉陵""大阳""轻骑"四大"中国驰名商标";摩托车整车年生产能力 600 万辆,产品覆盖 50~950 ml 排量,国内市场份额 21.5%,产销位居行业前列。

南方摩托充分应用管理会计的内部管理报告工具,重点从产品、产业、人员、资产、资金、费用等方面进行数据梳理和匹配分析,揭示管理短板、资源现状及其配置效率、价值创造能力等问题,并查找原因,制定措施,形成报告,力求从财务、业务等多方面为公司明确战略方向、落实规划措施提供有力的量化支撑。

(一)编制 13 张管理会计报表

南方摩托编制了 13 张管理会计报表,以资产、利润、人员、成本、产品等为对象。主要分析填列人、财、物资源的分布状况,明确资源在产品、产业中的配置效率,并梳理出经营性损益和非经营性损益,从而揭示相关产品、产业的效益情况。13 张管理会计报表包括 7 张主表和 6 张明细表。

1. 业务结构资产负债表

该表区分为生产经营性和非生产经营性,把低效、无效等资源按照业务板块在资产负债表中进行矩阵式列示,为资源清理、匹配分析以及资源的有序流动和有效性评估提供支撑。

2. 业务结构利润表

该表区分生产经营性和非生产经营性,把传统业务、成长业务和新兴业务等业务板块在利润表中进行矩阵式列示,为业务效益分析、业务调整和规划提供支撑。

3. 业务结构用工规模及人工成本表

该表区分生产经营性和非生产经营性,把人员总数按照业务板块在部门类别中进行矩阵式列示,为人员分析、人员优化调整提供支撑。

4. 产品单品效益分析表

该表矩阵展示每个产品的价格、固定成本、变动成本、利润等构成,分析填列材料占比、毛利、边际贡献总额、现金利润等指标,为产品效益分析、产品结构调整和规划提供支撑。

5. 费用习性汇总表

该表按照成本费用的用途,区分固定和变动成本费用进行分类别矩阵式列示,为成本费用分析和管理提供支撑。

6. 盈利路径表

该表将引起利润增减变化的项目区分为增利部门和减利部分,直观地展现利润增减变化的影响因素,为盈利路径分析、目标管理和战略决策提供支撑。

7. EVA 驱动路径表

该表与投资决策、业务拓展紧密衔接,通过价值诊断和驱动路径分析,查找关键影响因素,为持续提升价值创造能力提供支撑。

除了上述 7 张主表,南方摩托的管理会计报表还包括主业无效资产明细表、主业低效固定资产明细表、非主业资产明细表、盈利结构分析表、偶然性和非持续性收益及成本费用支出明细账、费用习性明细表 6 张明细表。

(二)分析并优化产业战略及日常经营规划

1. 优化产品产业规划

通过将企业内部有关数据代入业务结构利润表、产品单品效益分析表中,并结合主要指标对比情况分析。主要指标对比分析格式如表 10-7 所示。

表 10-7　主要指标对比表　　　　　　　　　　金额单位:亿元

项目	行业	产业		
		合并	合资	本部
营业收入				
经营利润				
毛利率				
期间费用率				
其中:销售费用/收入				

（续表）

项目	行业	产业		
		合并	合资	本部
管理费用/收入				
财务费用/收入				
销售利润率				

通过分析发现：南方摩托本部企业经营利润亏损，毛利率较合资企业低，期间费用率较合资企业高。其主要原因：一是以摩托车为主的传统业务亏损，而成长业务如车用空调、特种车、高端加工等虽边际贡献较高，但营业收入规模小，不足以完全支撑产业整体效益改善；二是在剔除低效、无效资源等非生产经营性效益后生产经营性利润仍亏损，摩托车产品材料占比和盈亏平衡点较高。

对此，南方摩托提出了优化产品、产业规划的对策：一是优化传统业务的产品结构，降低成本，提升盈利能力；二是投入更多资源到车用空调、特种车、高端加工等成长型业务中，扩大盈利产业规模；三是打造外延式转型升级，发展传统业务中大排量和新兴业务通用机械等增量产业。

2. 优化产能管理规划

通过将相关数据代入业务结构资产负债表、费用习性汇总表中分析得出，本部企业传统业务固定资产规模大，存在无效、低效资源，折旧、专用工装、摊销费用占比较高，结合产能利用率对比分析发现，3 家本部企业产能利用率低。产能利用率对比分析格式如表 10-8 所示。

表 10-8 产能利用率对比

金额单位：亿元

项目	产能利用率	年折旧额	产能过剩多承担折旧费
合计			
其中：嘉陵股份			
建设本部			
轻骑有限			

对此，南方摩托提出了优化规划产能管理的对策：一是加强产业内制造资源整合，盘活各成员单位制造资产在其他成员单位的使用，加大共享力度；二是积极开拓市场，扩大产品规模，避免产能闲置；三是做大做强成长业务和新兴业务，实现固定资产资源再平衡；四是利用轻骑有限公司合理规划摩托车产能，严格控制投资规模，使投入与产出匹配，减少资源占用；五是加大处置闲置固定资产，提高资产运营效率。

3. 优化人力资源规划

通过将企业内部相关数据代入业务结构利润表，业务结构用工规模及人工成本表中，并结合现行收入应达人员规模分析发现，本部企业传统业务中有冗员，人力资源未完全发挥作用。按现行收入应达人员规模分析格式如表 10-9 所示。按现行收入规模折算人数，3 家本部企业较行业水平总人数多。若按行业标准配置人员，预计盈利率可提升 3%。对此，南方摩托提出了优化人力资源规划的对策：一是目标牵引，结合现有经济规模和企业最低人员数量要求,明确各单位人员数量减少的目标;二是加大改革调整力度,降低传统业务中的人员总量;三是创新机制,激发员工价值创造能力;四是加快转型升级,加快成长、新兴业务的拓展,积极消化冗余人员;五是加强与相关部门的沟通,寻求人员优化的政策支持。

表 10-9　按现行收入应达人员规模

项目	营业收入(亿元)	人数对比(人)					按行业人数标准配置人员计算盈利率增减(百分比)
		总人数	从业人数	结合行业人数和营业收入比例折算目前营业收入对应的人数			
				应承担人数	较总人数增减	较从业人数增减	
合计							
其中:嘉陵股份							
建设本部							
轻骑有限							

4. 优化资产结构规划

通过将企业内部有关数据代入业务结构资产负债表、业务结构利润表及 EVA 驱动路径表中,并结合按现行收入和对标的总资产周转计算应达资产规模分析发现,本部企业收入与资产占用不完全匹配。按现行收入和对标的总资产周转率计算应达资产规模分析格式如表 10-10 所示。销售规模较低,资产规模较大,存在无效、低效资源、效率效益较低影响价值创造能力的提升。与行业相比,3 家本部企业在剔除无效资产和长期投资后资产总额仍较行业水平高;若按行业标准配置资产,预计盈利率可提升 1% 以上。

表 10-10　按现行收入和对标的总资产周转率计算应达资产规模

项目	营业收入(亿元)	资产总额对比(亿元)			按行业人数标准配置人员计算盈利率增减(百分比)
		资产总额(剔除无效资产和长期投资)	按营业收入及行业总资产周转平均水平折算		
			应达资产总额	较行业水平增减	
合计					
其中:嘉陵股份					
建设本部					
轻骑有限					

对此,南方摩托提出了优化资产结构规划的对策:一是进一步减少存货和应收账款,提高资金周转率;二是加大各成员单位间的研发及管理资产的整合和共享力度;三是加快清理闲置无效、低效资产,推动资产向主业集中,特别是向成长业务集中;四是严格控制投资规模,压缩非主业投资、低效投资、高风险投资和低水平重复投资。

5. 优化负债结构规划

通过将企业内部有关数据代入业务结构资产负债表、业务结构利润表、费用习性汇总表中,并结合负债对比情况进行分析,负债对比分析格式如表 10-11 所示。若发现本部企业资产负债率较高,融资规模和利息支出较大,表明企业存在非经营性费用;若按行业资产负债水平减少带息负债,年节约财务费用 1 亿元以上。

表 10-11　负债对比

金额单位:亿元

项目	资产总额	融资规模	资产负债率	达到行业资产负债率水平应减少负债	减少带息负债	年节约财务费用
三家合计						
其中:嘉陵股份						
建设本部						
轻骑有限						

对此,南方摩托提出了优化负债结构规划的对策:一是盘活资产,加大资产处置的资金收取力度;二是资产处置资金专款专用,除用于经营性和资本性项目外,剩余部分全部用于还贷,以降低融资规模;三是严格控制带息资金来源,加强资本运作,积极寻求权益性融资。

(三) 提出盈亏平衡的路径和方向

通过以上综合分析并结合盈利路径表,南方摩托提出了盈亏平衡的路径和方向,即消除低效、无效资源带来的亏损,提高存量资源的产出效益,加快成长与新兴业务增量增利步伐,在开源的同时实现节流收益,逐步实现摩托车产业止亏、减亏和扭亏目标,确保产业健康持续发展。

任务二　熟悉管理会计信息系统

一、管理会计信息系统

管理会计信息系统是指以财务和业务信息为基础,借助计算机、网络通信等现代信息技术手段,对管理会计信息进行收集、整理、加工、分析和报告等操作处理,为企业有效开展管理会计活动提供全面、及时、准确信息支持的各功能模块的有机集合。

二、建设和应用管理会计信息系统应遵循的原则

企业建设和应用管理会计信息系统,一般应当遵循以下原则。

(一)系统集成原则

管理会计信息系统各功能模块应集成在企业整体信息系统中,与财务和业务信息系统紧密结合,实现信息的集中统一管理及财务和业务信息到管理会计信息的自动生成。

（二）数据共享原则

企业建设管理会计信息系统应实现系统间的无缝对接,通过统一的规则和标准,实现数据的一次采集,全程共享,避免产生信息孤岛。

（三）规则可配原则

管理会计信息系统各功能模块应提供规则配置功能,实现其他信息系统与管理会计信息系统相关内容的映射和自定义配置。

（四）灵活扩展原则

管理会计信息系统应具备灵活扩展性,通过及时补充有关参数或功能模块,对环境、业务、产品、组织和流程等的变化及时作出响应,满足企业内部管理需要。

（五）安全可靠原则

企业应充分保障管理会计信息系统的设备、网络、应用及数据安全,严格控制授权,做好数据灾备建设,具备良好的抵御外部攻击能力,信息系统的正常运行并确保信息的安全、保密、完整。

三、管理会计信息系统的应用环境

企业建设管理会计信息系统,一般应具备以下条件:

(1) 对企业战略、组织结构、业务流程、责任中心等有清晰的定义。

(2) 设有具备管理会计职能的相关部门或岗位,具有一定的管理会计工具方法的应用基础以及相对清晰的管理会计应用流程。

(3) 具备一定的财务和业务信息系统应用基础,包括已经实现了相对成熟的财务会计系统的应用,并在一定程度上实现了经营计划管理、采购管理、销售管理、库存管理等基础业务管理职能的信息化。

四、管理会计信息系统建设和应用程序

管理会计信息系统的建设和应用程序既包括系统的规划和建设过程,也包括系统的应用过程,即输入、处理和输出过程。

（一）管理会计信息系统规划和建设

管理会计信息系统规划和建设过程一般包括系统规划、系统实施和系统维护等环节。

1. 系统规划环节

在管理会计信息系统规划环节,企业应将管理会计信息系统规划纳入企业信息系统 建设的整体规划中,遵循整体规划、分步实施的原则,根据企业的战略目标和管理会计应用目标,形成清晰的管理会计应用需求,因地制宜逐步推进。

2. 系统实施环节

在管理会计信息系统实施环节,企业应制订详尽的实施计划,清晰划分实施的主要阶段、有关活动和详细任务的时间进度。实施阶段一般包括项目准备、系统设计、系统实现、测试和上线等过程。

(1) 在项目准备阶段,企业主要完成系统建设前的基础工作,一般包括确定实施目标、

实施组织范围和业务范围,调研信息系统需求,进行可行性分析,制订项目计划、资源安排和项目管理标准,开展项目动员及初始培训等。

（2）在系统设计阶段,企业主要应对组织现有的信息系统应用情况、管理会计工作现状和信息系统需求进行调查,梳理管理会计应用模块和应用流程,据此设计管理会计信息系统的实施方案。

（3）在系统实现阶段,企业主要完成管理会计信息系统的数据标准化建设、系统配置、功能和接口开发及单元测试等工作。

（4）在测试和上线阶段,企业主要实现管理会计信息系统的整体测试、权限设置、系统部署、数据导入、最终用户培训和上线切换过程。必要时,企业还应根据实际开发部进行预上线演练。

3. 系统维护环节

企业应做好管理会计信息系统的运维和支持,实现日常运行维护支持及上线后持续培训和系统优化。

（二）管理会计信息系统的应用程序

管理会计信息系统的应用程序一般包括输入、处理和输出三个环节。

1. 输入环节

输入环节是指管理会计信息系统采集或输入数据的过程。管理会计信息系统需提供已定义清楚数据规划的数据接口,以自动采集财务和业务数据。同时,数据还应支持本系统其他数据的手工录入,以利于相关业务调整和补充信息的需要。

2. 处理环节

处理环节是指借助管理会计工具模型进行数据加工处理的过程。管理会计信息系统可以充分利用数据挖掘,在线分析处理等商业智能技术,借助相关工具对数据进行综合查询、分析统计,挖掘出有助于企业管理活动的信息。

3. 输出环节

输出环节是指提供丰富的人机交互工具,集成通用的办公软件等成熟工具,自动生成或导出数据报告的过程。数据报告的展示形式应注重易读性和可视性。

最终的系统输出结果不仅可以采用独立报表或报告的形式展示给用户,也可以输出或嵌入其他信息系统中,为各级管理部门提供管理所需的相关的、及时的信息。

五、管理会计信息系统的模块

管理会计信息系统的模块包括成本管理、预算管理、绩效管理、投资管理和管理会计报告。

（一）成本管理模块

成本管理模块应实现成本管理的各项主要功能,包括对成本要素、成本中心、成本对象等参数的设置,以及成本核算方法的配置,从财务会计核算模块、业务处理模块以及人力资源模块等抽取所需数据,进行精细化成本核算,生成分产品、分批次（订单）、分环节、分区域等多维度的成本信息,以及基于成本信息进行成本分析,实现成本的有效控制,为全面成本管理的事前计划、事中控制、事后分析提供有效的支持。

（二）预算管理模块

预算管理模块应实现的主要功能包括对企业预算参数设置、预算管理模型搭建、预算目标制订、预算编制、预算执行控制、预算调整、预算分析和评价等全过程的信息化管理。预算管理模块应能提供给企业根据业务需要编制多期间、多情景、多版本、多维度预算计划的功能，以满足预算编制的要求。

（三）绩效管理模块

绩效管理模块主要实现业绩评价和激励管理过程中各要素的管理功能，一般包括业绩计划和激励计划的制定、业绩计划和激励计划的执行控制、业绩评价与激励实施管理等，为企业的绩效管理提供支持。

绩效管理模块应提供企业各项关键绩效指标的定义和配置功能，并可从其他模块中自动获取各业务单元或责任中主相应的实际绩效数据，进行计算处理，形成绩效执行情况报告及差异分析报告。

（四）投资管理模块

投资管理模块主要实现对企业投资项目进行计划和控制的系统支持过程，一般包括投资计划的制定和对每个投资项目进行及时管控等。投资管理模块应与成本管理模块、预算管理模块、绩效管理模块和管理会计报告模块等进行有效集成和数据交换。企业可以根据实际情况，将项目管理功能集成到投资管理模块中去，实施单独的项目管理模块来实现项目的管控过程。

（五）管理会计报告模块

管理会计报告模块应实现基于信息系统中财务数据、业务数据自动生成管理会计报告，支持企业有效实现各项管理会计活动。管理会计报告应具备以下功能：

（1）管理会计报告模块应为用户生成报告提供足够丰富、高效、及时的数据源，必要时应建立数据仓库和数据集市，形成统一规范的数据集，并在此基础上，借助数据挖掘等商务智能工具方法，自动生成多维度报表。

（2）管理会计报告模块应为企业战略层、经营层和业务层提供丰富的通用报告模板。

（3）管理会计报告模块应为企业提供灵活的自定义报告功能。企业可以借助报表工具自定义管理会计报表的报告主体、期间（定期或不定期）、结构、数据源、计算公式以及报表展现形式等。系统可以根据企业自定义报表的模板自动获取数据进行计算加工，并以预先定义的展现形式输出。

（4）管理会计报告模块应提供用户追溯数据源的功能。用户可以在系统中对报告的最终结果数据进行追溯，可以层层追溯其数据来源和计算方法，直至业务活动。

（5）管理会计模拟可以以独立的模块形式存在于信息系统中，从其他管理会计模块中获取数据生成报告；也可内嵌到其他管理会计模块中，作为其他管理会计模块重要的输出环节。

（6）管理会计报告模块应与财务报告系统相关联，既能有效生成企业整体报告，也能生成分部报告，并实现整体报告和分部报告的联查。

 思政园地

项目十:管理会计报告中的
职业品格——从数据严谨性到
价值传递的责任坚守

【职业资格与技能训练十】

一、单项选择题

1. 下列属于管理会计信息的是( )。

A. 财务信息与非财务信息　　　　　　　　B. 财务信息与人力资源信息

C. 非财务信息与环境信息　　　　　　　　D. 业务信息与非财务信息

2. 下列属于管理会计信息系统应用子系统构成要素的是( )。

A. 实施　　　　　　B. 规划　　　　　　C. 建设　　　　　　D. 输入

3. 下列属于管理会计信息系统安全性原则的是( )。

A. 授权　　　　　B. 设置功能模块　　　C. 补充参数　　　D. 统一标准

4. 下列属于管理会计信息系统信息基础的是( )。

A. 业务与财务信息　　B. 计划信息　　　　C. 投资信息　　　D. 融资信息

5. 下列关于管理会计报告编制的说法中,正确的是( )。

A. 管理会计报告编制后可直接向使用者报送

B. 管理会计报告编制后,经财务部门负责人审批后向使用者报送

C. 管理会计报告编制后,按内容、重要性等进行审批。经审批后向外报送

D. 管理会计报告编制后按内容、重要性等进行审批。经审批后向管理者和有关人员报送

二、多项选择题

1. 下列属于管理会计信息的有( )。

A. 财务信息　　　　B. 非财务信息　　　C. 经济政策　　　D. 利率

2. 下列属于管理会计信息的有( )。

A. 经营业绩变化的原因　　　　　　　　　B. 员工构成

C. 员工能力　　　　　　　　　　　　　　D. 质量指标

3. 下列属于管理会计信息特征的有( )。

A. 多样性　　　　　B. 差异性　　　　　C. 层级性　　　　D. 多变性

4. 下列属于管理会计信息系统实施环节的有( )。

A. 项目准备　　　　　　　　　　　　　　B. 系统设计

C. 测试　　　　　　　　　　　　　　D. 上线运维与支持

5. 就管理会计信息系统本身而言,它包括的子系统有(　　　)。

A. 建设规划　　　　B. 应用　　　　C. 输入　　　　D. 输出

6. 管理会计信息系统中至少包括的功能模块有(　　　)。

A. 成本管理模块　　　　　　　　　　B. 全面预算管理模块

C. 绩效管理模块　　　　　　　　　　D. 管理会计报告模块

7. 关于管理会计报告在以下存在一定的灵活性的有(　　　)。

A. 形式要件　　　　B. 编制流程　　　　C. 适用范围　　　　D. 报告格式

8. 下列属于管理会报告主体的有(　　　)。

A. 管理者　　　　B. 责任中心　　　　C. 财务人员　　　　D. 企业

9. 下列属于管理会计报告的有(　　　)。

A. 战略管理报告　　　　　　　　　　B. 投资分析报告

C. 采购业务报告　　　　　　　　　　D. 所有者权益报告

三、判断题

1. 因管理者决策的内容与重点不同,因而他们所需要的管理会计信息也就不同。　　　(　　　)

2. 管理会计信息是管理者或单位责任中心使用管理会计工具与方法,进行预测、决策、控制、评价时所使用的信息。　　　(　　　)

3. 管理会计信息系统主要完成数据挖掘、在线处理等加工处理即可。　　　(　　　)

4. 与财务报告相比,管理会计报告在形式要件、报告时间、格式等方面有一定的灵活性,所以在编制、报送等环节,不需要考虑企业的战略、组织结构等有关要求。　　　(　　　)